Klaus Kocks

Glanz und Elend der PR

AF125977

Public Relations

Herausgegeben von
Klaus Kocks, Klaus Merten und Jan Tonnemacher

Die Evolution der Kommunikation beschleunigt stetig und längst ist die Mediengesellschaft, die Wirklichkeiten konstruiert, selbst Wirklichkeit geworden. Zunehmend gilt, dass Fiktion und Fakt wechselseitig substituierbar sind. Was Wirklichkeit oder gar Wahrheit ist, wird folglich immer stärker bestimmt durch Vorstellungen von Vorstellungen anderer, durch Meinungen über Meinungen anderer, durch die Konstruktion von Images und die Schaffung von virtuellem Konsens in virtuellen Öffentlichkeiten. Zugleich wird immer deutlicher, dass jeder Kommunikationsprozeß, der Überzeugungen erzeugt, der Konsens befördert, eine genuin soziale Funktion erfüllt. Diese Entwicklung hat die Entstehung und schnelle Ausdifferenzierung eines Berufsfeldes professioneller Konstrukteure von Wirlichkeit geradezu erzwungen – Public Relations.

Vor dem Hintergrund dieser Entwicklung wollen die Herausgeber mit der Reihe „Public Relations" einen Diskurs zu allen belangvollen Arbeitsfeldern von Public Relations eröffnen und ihn nachhaltig beleben: Theoretische Fragen zur Funktion, zur Wirkung, zur Nutzung und zur Kontrolle von Public Relations – mit Edward L. Bernays definiert als „engineering of consent" – sollen in dieser Reihe ebenso ihren Platz finden wie die Diskussion praktischer Probleme und empirischer Befunde von Public Relations.

Vor allem aber soll in dieser Reihe der notwendige Dialog zwischen Theorie und Praxis von Public Relations geführt werden – und dies unter der von Kurt Lewin vorgegebenen Perspektive: „Nichts ist so praktisch wie eine gute Theorie." Dieser Dialog wird – sui generis – zugleich wesentliche Elemente moderner Kommunikationsforschung abbilden.

Klaus Kocks

Glanz und Elend der PR

Zur praktischen Philosophie der Öffentlichkeitsarbeit

Westdeutscher Verlag

Die Deutsche Bibliothek – CIP-Einheitsaufnahme
Ein Titeldatensatz für diese Publikation ist bei
Der Deutschen Bibliothek erhältlich

1. Auflage März 2001

Alle Rechte vorbehalten
© Westdeutscher Verlag GmbH, Wiesbaden, 2001

Der Westdeutsche Verlag ist ein Unternehmen der
Fachverlagsverlagsgruppe BertelsmannSpringer.

www.westdeutschervlg.de

Höchste inhaltliche und technische Qualität unserer Produkte ist unser Ziel. Bei der
Produktion und Verbreitung unserer Bücher wollen wir die Umwelt schonen. Dieses
Buch ist auf säurefreiem und chlorfrei gebleichtem Papier gedruckt. Die Einschweiß-
folie besteht aus Polyäthylen und damit aus organischen Grundstoffen, die weder bei der
Herstellung noch bei der Verbrennung Schadstoffe freisetzen.

Umschlaggestaltung: Horst Dieter Bürkle, Darmstadt

ISBN-13: 978-3-531-13626-4   e-ISBN-13: 978-3-322-80393-1
DOI: 10.1007/978-3-322-80393-1

Inhalt

Zu diesem Buch

Das vorliegende Buch ist kein wissenschaftliches Buch. Oder
doch? Vielleicht auf andere Art? Oder praktische Philosophie?
Der Autor kennt weder Fußnote noch Quellentreue. Er philoso-
phiert und jongliert dabei „mit allen Kristallkugeln, die die Wissenschaften uns anbieten". Auf jeden Fall ist das Buch ein kritisches Buch, dessen Beiträge bisweilen polemisch, deren Lösungs-
vorschläge aber immer konstruktiv sein wollen. Klaus Kocks setzt
sich mit seiner Profession, der PR-Praxis, deren wissenschaftlichen Grundlagen und dem Prozess ihrer Verwissenschaftlichung
auseinander. Beiden Seiten, Praxis wie Wissenschaft, hält er dabei
mit analytisch-entlarvender Offenheit einen Spiegel vor, mit dem
er Nachdenken und Neudenken provozieren will: sein *Wissen-
schaftsspiel*, wie er es selbst nennt, das bewusst den Mainstream
fachlicher Diskussionen verlässt und in Frage stellt. Kocks versteht sich dabei als Publizist, der philosophischen Prinzipien folgend nach Erkenntnis, *gnosis*, sucht.

Für ihn sind Public Relations wie Journalismus Teilbereiche
einer als angewandte Kulturwissenschaft verstandenen Publizistikwissenschaft, einer Wissenschaft freilich, die ihr Erstgebore-
nes pflegt und hätschelt, das nachgeborene Kind PR aber in prob-
lematischen Familienverhältnissen weitgehend wie ein Stiefkind
behandelt. Dabei wirken beide, Journalismus und PR, wechselseitig und teilweise voneinander abhängig an der Konstruktion
einer gesellschaftlichen Wirklichkeit mit, die längst in Medienwelten lebt. *Panfiktionalisierung* – die Aufhebung von Realem und
Fiktivem im Fiktionalen – ist für ihn eine Schlüsselproblematik.
Wirklichkeit besteht hiernach aus Geschichten, Geschichten, deren Fundus begrenzt ist, deren Verlauf und Ausgang damit aber
im Grunde prognostizier- und planbar werden.

Diese Geschichten bilden für Klaus Kocks die Basis einer als
Kommunikationsmanagement verstandenen PR-Arbeit. Wenn er
gleichzeitig vom *Exitus der Public Relations* spricht, dann, weil sich
für ihn die real existierende Öffentlichkeitsarbeit in ihrem noch
immer weit verbreiteten konsensorientierten Selbstverständnis
überlebt hat. Nur eine kleine Minderheit, so sein Urteil, beherr-
sche das Handwerk des Geschichtenerzählens und -mitgestaltens,
viele andere dilettierten. Dieser Vorwurf ist nicht neu. Schon 1973
attestierte der damals scheidende DPRG-Vorsitzende Burger nur
zehn Prozent seiner 500 Verbandsmitglieder, dass sie „wirkliche
PR-Leute" seien. Kocks argumentiert inhaltlich: Seine Beiträge
eröffnen problembezogene Perspektiven für Wirklichkeitskonstruktion und Kommunikationsmanagement, aus denen Kocks
zugleich – ebenso unbarmherzig wie treffsicher – die her-
gebrachten Denkweisen der PR ins Visier nimmt.

Kommunikationsmanagement mache es zunächst nötig,
sich vom linear-eindimensionalen Denken in tektonischen
Strukturen zu lösen. An die Stelle des Verkündens und Multipli-
zierens vermeintlicher Wahrheiten habe *atektonisches Denken* und
Agieren in Kommunikationsnetzen zu treten. Für Kocks müssen
Unternehmen mit ihren verschiedenen Leistungen räumlich-
mehrdimensional als in gesellschaftliche Netzwerke eingebunde-
ne Organismen begriffen werden, deren Existenzbedingungen
sich unter dem Faktor Zeit kontinuierlich verändern. Kommunikationsmanagement etabliert in diesen Netzwerkstrukturen eigene Netzwerke, um an deren kommunikativen Rollenspielen teil-
haben zu können. Die in der PR-Praxis schon fast dogmatisch
gefasste Dialog-Metapher bekommt vor diesem Hintergrund eine
neue Fassung: Dialog wird zu einem sozialen Prozess *zentrifugaler
Kräfte*, der sich gleichermaßen zielgerichtet wie ergebnisoffen
vollzieht. Der Prozess kommt partizipatorischen Ansprüchen von
Menschen nach Teilhabe und Transparenz entgegen; der mit ihm
verbundene inhaltliche Austausch bietet gleichzeitig die Möglichkeit, Handlungsspielräume auszuloten: Dialog erhält also

auch ohne Konsensanspruch zentrale strategische Bedeutung –
nur in einem ganz anderen Sinne.

Neben solchen theoretischen Grundüberlegungen hält Klaus
Kocks auch eine ganze Reihe praktischer Überlegungen bereit.
Die Delegierbarkeit von PR-Arbeit ist solch ein Thema, bei dem er
das Primat durchgängiger Personalisierung nachzuweisen sucht.
An der Frage nach einem notwendigen Informationsstatus von
Mitarbeitern versucht er zu zeigen, dass im Medienzeitalter nicht
unter- oder gar überinformierte Mitarbeiter das zentrale Problem
bilden, sondern motivierte Mitarbeiter, die über die ihre Bedürfnisse befriedigenden Informationen verfügen. Das Beispiel des
„Spindoctoring" nutzt Kocks, um in zehn Fragenkomplexen inhaltliche Anforderungen an den operativ tätigen PR-Manager
neuen Typs vorzustellen. Bei allem Plädoyer für einen strategischen Umgang mit Kommunikation fordert er abschließend die
Aufrechterhaltung der alten Spielregeln des Mediensystems, die
Trennungen zwischen redaktionellem und werblichem Teil wie
zwischen Meldung und Meinung. Seine Begründung hierfür ist
genauso überraschend wie einfach: Strategisches Kommunikationsmanagement braucht die originären Entscheidungsstandards
professioneller Journalisten und damit eine publizistisch intakte,
weil für den Rezipienten berechenbare Medienlandschaft – Journalismus und Public Relations also doch in einem Boot?

Klaus Kocks als Person vorzustellen, heißt in der PR-Branche,
Eulen nach Athen zu tragen: Kaum jemand dürfte hier bekannter
sein. Geboren in Oberhausen, kann seine direkte wie bildhafte
Sprache das Ruhrgebiet nicht verhehlen. Dass der Weg den Pä-
dagogen in die PR führte, war für ihn eine zwangsläufige Entwicklung; im ersten Beitrag dieses Buches zeigt er selbst die Affi-
nitäten beider Berufsfelder auf. Nach Tätigkeiten in der Energie-
wirtschaft (Ruhrkohle, Informationszentrale der Energiewirt-
schaft, Aral, VIAG und Ruhrgas) kam Kocks im Zuge der López-
Affaire 1996 nach Wolfsburg, wo er seither Kommunikationsvor-

stand bei Volkswagen und Generalbevollmächtigter des Kon-
zerns ist.

Hans Leyendecker hat Kocks in einem Portrait in der
SÜDDEUTSCHEN ZEITUNG als einen strategischen Lenker beschrieben, der Öffentlichkeit sucht, aber hinter den Kulissen die Fäden
zieht. Für Rolf Antrecht, der in der Zeitschrift CAPITAL das Verhältnis von Vorstandsvorsitzenden und ihren Kommunikatoren
untersuchte, ist er der Kugelfang seines Vorstandsvorsitzenden,
dessen Schutzschild gegenüber der Öffentlichkeit. Aufmerksame
Beobachter deutscher Wirtschaftskommunikation können dies bestätigen. VW-Chef Ferdinand Piëch selbst hat seinen obersten PR-
Mann in einer Laudatio zum „PR-Manager des Jahres 1997" laut dem
Branchenblatt PRMAGAZIN als einen strategischen Vorausdenker
skizziert, der taktisch handelt und nicht vor unüblichen Dingen zu-
rückscheut, der sich als Intellektueller vor allem für schwierige Aufgaben interessiert, die er unerbittlich analysiert und konsequent offen
legt; er liebe es, in komplexen Strukturen zu denken und politisch zu
handeln; vor allem aber sei er erfolgreich.

Unter dem Pseudonym Theodore Upton Ivory, kurz TUI, hat
Klaus Kocks im Laufe der Jahre eine Vielzahl ironisch-spöttischer,
teilweise britisch-böser Satiren über die PR-Szene vorzugsweise
im PRMAGAZIN veröffentlicht. Auch hinter anderen Pseudonymen
der Kolumne „Harry's Bar" wie hinter Essays zur politischen
Publizistik wird seine Feder vermutet. Er gilt in den Redaktionsstuben als Spezies in der neuen Gattung des „Spindoctoring". Das
Kürzel TUI spiegelt dabei Kocks' Begeisterung für Bertolt Brecht,
über dessen literarische Evolution er promovierte: TUI – Kürzel
der Silbenverkehrung „Tellektuell In" –, das ist bei Brecht das
Geschöpf jenes käuflichen Intellektuellen, der sein Gehirn an
denjenigen vermietet, der ihn bezahlen kann. Selbstbild eines
Kommunikationsmanagers?

Peter Szyszka

Vorbemerkung

„Feuilletonisten sind verhinderte
Kurzwarenhändler. Die Eltern zwingen
sie zu einem intelligenteren Beruf,
aber das ursprüngliche Talent
bricht sich doch Bahn."

Karl Kraus

Glanz und Elend der PR schwankt zwischen Feuilleton und Wissenschaft, es ist ein disparates Buch; es entwickelt nicht *die* Philosophie der Öffentlichkeitsarbeit, sondern übt Philosophien, Darstellungen von Grundfragen der PR vor unterschiedlichen Wissenschaftsgemeinden. Alles läuft auf die Unterscheidung von Wahrheit und Wirklichkeit hinaus – alles handelt vom Verlust der Wahrheit in der Medienwirklichkeit. „Ich habe die Überzeugung, dass die Ereignisse sich gar nicht mehr ereignen, sondern dass die Klischees selbsttätig fortarbeiten. Oder wenn die Ereignisse, ohne durch die Klischees abgeschreckt zu sein, sich doch ereignen sollten, so werden die Ereignisse aufhören, wenn die Klischees zertrümmert sein werden" (Karl Kraus).

Das Buch versammelt Reden, Essays und Vorlesungsmanuskripte der letzten zehn Jahre in einer Überarbeitung, für die ich Peter Szyszka zu danken habe, der sich den Exkursen in die praktische Philosophie mit nüchterner Chronistenpflicht und der kritischen Distanz des Fachwissenschaftlers genähert hat. Da der essayistische Charakter der ursprünglichen Manuskripte nicht aufgehoben werden sollte und wohl auch nicht konnte, ist die nachträgliche Anführung eines wissenschaftlichen Apparates unterblieben. Fußnoten gäbe es viele zu machen, aber ein bibliographischer Anspruch wäre verfehlt. Dem aufmerksamen Leser wird nicht entgehen, dass kryptische Quellenangaben Teil des rhetorischen Spiels sind. Dabei sollte die Satire auf die Wissen-

schaftssprache wie der gelegentliche Philosophenjargon nicht
schrecken: Durch verständliche Bilder und klare Aussagen nimmt
das Rätselhafte nicht überhand. Es sind die Fragen des Alltags
und die Probleme des Berufes, die hier beschäftigen. Reflektiert
wird Praxis in den Theorieangeboten, die die wissenschaftliche
Publizistik macht. Diese freilich sind Kinder und Kegel der zeitgenössischen Sozialwissenschaften, die Enkel und Bastarde der
Aufklärungsphilosophien sind. Denen beizukommen ist auch
dem Praktiker nicht gegeben, ohne die schweren Steine der Weisen anzuheben. Da empfiehlt es sich, auf Teddy Roosevelt zu hören, der empfahl, sanft zu sprechen und einen großen Stock dabei
zu haben. Und schließlich sind die Texte allesamt Glossen – wie
alle Satiren brauchen die Glossen neben dem klaren Wort an alle
auch die hinweisende Andeutung für den Experten. Dass damit
die Leserschaft gespalten wird in jene, die *ignoramus ignorabimus*
zum Leitmotiv ihrer Ablehnung erheben, und solche, denen *sapienti sat* als Motto ihrer Zustimmung gilt, mag unzeitgemäß
enigmatisch anmuten, gehört aber zur Freude des Schreibenden.
Noch einmal Karl Kraus: „Satiren, die der Zensor versteht, werden mit Recht verboten."

Förderung meiner hochschulpädagogischen Ambitionen in der
Publizistik habe ich durch die Professoren Klaus Merten, Maxi-
milian Gottschlich, Barbara Baerns, Claudia Mast, Jan Tonnemacher, Volker Wolff, Stephan Ruß-Mohl, Markus Will und Günter
Bentele erfahren, die mich an ihren Instituten haben lesen lassen.
Die Gastprofessur für Strategisches Kommunikationsmanagement an der Europäischen Journalismus-Akademie der Donau
Universität, die unter der Ägide von Gottschlich der demokratischen Bildung mittel- und osteuropäischer Journalisten galt,
wurde durch die wissenschaftlichen Mitarbeiter Gianluca Wal-
lisch und Peter Weinstich unterstützt. Meine treuesten Lieferan-
ten philosophischer Stücke sind Klaus Lange und Ulrich Wie-
gand. Zwischen den Geschäften zu philosophieren, strapaziert

die Nerven all derer, die täglich neu das Chaos verhindern müssen. Auch deshalb bin ich meinem Stab verpflichtet, insbesondere Christoph Adomat, Antje Dauer, Britta Dörnbrack, Katharina Lux und Kathrin Schoske.

Gewidmet ist dieses Buch denjenigen unter meinen streitbaren Freunden und Kollegen, die mir über zwei Jahrzehnte PR-Praxis als streitbare Freunde und Kollegen geblieben sind: *Errare mehercule malo cum Platone quam cum istis vera sentire.*

K. K.

Glanz und Elend der PR: das Verhältnis von Theorie und Praxis der Public Relations

„Gelassenheit zu den Dingen und Offenheit für das Geheimnis gewähren uns die Möglichkeit, uns auf eine ganz andere Weise in der Welt aufzuhalten. Sie versprechen uns einen neuen Grund und Boden, auf dem wir innerhalb der technischen Welt, und ungefährdet durch sie, stehen und bestehen können".

Martin Heidegger

Im Internetzeitalter wird, so ist allenthalben zu hören, die totale Kommunikation Wirklichkeit; der globale Dialog jedenfalls scheint möglich. Euphorien beherrschen die Diskussionen: Was jetzt alles geht oder ginge im *World Wide Web* begeistert alle modernen Menschen mit der Wucht eines neuen Zeitgeistes. Während im Mittelalter für die Wissbegierigen noch mühsame Eselsritte über die Alpen nötig waren, um in einem italienischen Kloster vielleicht in einen versteckten Folianten blicken zu dürfen, hat heute jeder Schüler an jedwedem Ort zu jedweder Zeit Zugang zu allem Wissen – mit jedem kann er im Chatroom zu allem kommunizieren. Menschheitsträume scheinen wahr geworden zu sein.

Das sind schlechte Zeiten für Skeptizismus oder eine philosophierende Nachdenklichkeit. Und doch gibt es Publizisten wie den Amerikaner Neil Postman, die warnend ihre Stimme erheben; dabei besinnen sich die amerikanischen Wissenschaftler auf europäisches Erbe zurück. Mag der Tenor für die akademischen Ohren der alten Welt auch etwas feuilletonistisch klingen (*„How good is Kant?"*), so zeigt dies doch, dass die Verehrung für die prototypischen *Bill Gates* des Internetzeitalters erstens nicht ungebrochen ist und sich zweitens rückbesinnt auf ein Denken, das historisch vor dieser Welle von Technik-Euphorie bestand. Ringt da Alt mit Neu? *New Economy* mit *Old Economy?* Das Informationszeitalter mit dem scheidenden Industriezeitalter? Fortschritt mit Rückschritt?

Die Situation ist strukturell nicht neu. Als Martin Heidegger Ende der fünfziger Jahre gegen das *bloß rechnende Denken* polemisierte und wieder ein *besinnliches Denken* einforderte, waren es für ihn die frühe Euphorie der Kernspaltungstechnik, die grellen Lichter des *Atomzeitalters*, auf die er einen Schatten werfen wollte. Heidegger war – wohlgemerkt Ende der fünfziger Jahre – erschreckt: „In allen Bereichen des Daseins wird der Mensch immer enger umstellt von den Kräften der technischen Apparaturen und der Automaten." Wie die Bilder sich gleichen, bemerkt der heutige Leser des Heidegger'schen Schauderns vor den damaligen *modern times*, zu denen heute *Ausstiegsszenarien* in den politischen Raum gestellt werden. Aus diesem philosophischen Zögern versuchte Heidegger eine Haltung zu gründen, die er die *„Gelassenheit zu den Dingen"* nannte: „Wir können die technischen Gegenstände im Gebrauch so nehmen, wie sie genommen werden müssen. Aber wir können diese Gegenstände zugleich auf sich beruhen lassen als etwas, was uns nicht im Innersten und Eigentlichen angeht".

Der heutige Leser mag in dem vier Jahrzehnte alten Philosophenstück eine Internetnutzerphilosophie entdecken: „Wir können ‚ja' sagen zur unumgänglichen Benutzung der technischen Gegenstände, und wir können zugleich ‚nein' sagen, insofern wir ihnen verwehren, dass sie uns ausschließlich beanspruchen und so unser Wesen verbiegen, verwirren und zuletzt veröden." Wenn die Aktualisierung erlaubt ist, ein starkes Wort: die Verödung der menschlichen Intellektualität durch das technokratische Denken in der Interneteuphorie. Besinnliches Denken fordert Heidegger stattdessen, das ist im Lebensalltag nicht nur der Vernunfts-Fall, sondern sicher auch das, was bei Immanuel Kant *„Räsonieren"* heißt, jedenfalls soll es etwas anderes sein als ein kulturelles Klima, in dem „das rechnende Denken als das einzige in Geltung und Übung bliebe".

Heidegger entwarf ein Schreckensszenario:

„Welche große Gefahr zöge dann herauf? Dann ginge mit dem höchsten und erfolgreichsten Scharfsinn des rechnenden Planens und Erfindens – die Gleichgültigkeit gegen das Nachdenken, die totale Gedankenlosigkeit zusammen. Und dann? Dann hätte der Mensch sein Eigenstes, dass er nämlich ein nachdenkliches Wesen ist, verleugnet und verworfen. Darum gilt es, dieses Wesen des Menschen zu retten. Darum gilt es, das Nachdenken wach zu halten."

Gerade der Gegenstand dieses Buches scheint diesem Anspruch nicht gerecht zu werden. Public Relations stehen nicht in dem Ruf, Nachdenklichkeit erzeugen zu wollen. Deshalb muss sehr klar zwischen dem unterschieden sein, worauf sich Theorie und Praxis beziehen. Unter *Praxis* ist die Tätigkeit selbst verstanden, der Geschäftszweck dieser intentionalen Kommunikation, wie alles *Know-how*, was eben dazu existiert. Eine *Theorie* der PR wäre – verdiente sie den Titel – Nachdenklichkeit über den Geschäftszweck hinaus, nämlich Nachdenken über das Geschäft als solches. Zwischen der Begeisterung über dieses oder jenes Zauberkunststückchen und Skepsis über das Zaubern selbst und die Welt, in der gezaubert wird, wäre also grundsätzlich zu unterscheiden. Deshalb braucht es Dialektik. „Der Dialektiker führt die Dinge gedanklich in die Krise, dort zeigen sie sich", sagt der Philosoph. Solche Dialektik lässt der Publizist im Modus der Polemik erscheinen. Zu Heideggers Gelassenheit tritt der Zorn eines Karl Kraus.

„Wenn der Stamm in den Wigwam des Medizinmanns blicken kann, bricht sein Zauber", sagen die Hopi-Indianer. Für die europäische Kultur ist seit der Aufklärung der Schleier die zentrale Metapher der Macht. Die Macht ist demnach feminin, eine schöne Frau: ungemein attraktiv, aber gefährlich. Die Rolle des Intellektuellen – und in seiner Folge des Journalisten – ist Enthüllung: den

Schleier für eine Sekunde wegzureißen und wahre Gesichter zu zeigen. Die Rolle des PR-Managers mag es dann sein, den Schleier kokett anzuheben und eine attraktive Momentaufnahme zu gestatten. Beide, Journalist und PR-Manager, gehören jedenfalls zur Mystik der Macht, den Ritualen des Verschleierns und Entschleierns.

Die Frage nach dem wissenschaftlichen Ort der Public Relations ist verbunden mit dem Interesse, die wissenschaftliche Publizistik in ihrem akademischen Dämmerzustand zu stören, sie zumindest aber aus ihrem ideologischen Wolkenkuckucksheim fallen zu lassen und ihre Ambitionen zu stärken, ins wirkliche (Medien-)Leben einzugreifen. Es geht um die Restitution von Bildung und kritischer Kompetenz in einer Welt der Kochrezepte, des Know-hows, der Kniffe und Tricks, der Handwerkelei, des Marketendertums.

Bertolt Brecht wird das Leitmotiv zugesprochen: *Mögen andere von ihrer Schande reden, ich rede von meiner.* Folgen wir dem, auch wenn es hier in erster Linie um Öffentlichkeitsarbeit, Public Relations, um Kommunikationsmanagement geht. Seinen Galilei hat Brecht die Wissenschaftler jenes frühen 17. Jahrhunderts *ein Geschlecht erfinderischer Zwerge* nennen lassen, das *für jeden Zweck gemietet werden kann.* Es geht also ergo in zweiter Linie um das Verhältnis der Wissenschaften zum Phänomen Public Relations. Zum dritten ist für den kritischen Geisteswissenschafter – und als solcher sind viele PR-Manager erzogen worden – das Medium der besseren Erkenntnis die Polemik, sprich Streitkultur, Provokation, Respektlosigkeit, Bildersturm, die Invektive. Zartere Gemüter sind also vorweg um Verzeihung für den folgenden rauen Wind der Ironie zu bitten.

Schließlich sind Profis Anhänger intellektueller Redlichkeit in der Welt berufsständischer Eitelkeiten. Primat der Praxis: Wer über den Beruf professionell redet, sollte den Blick in die Niederungen des Geschäftes richten, nicht auf das Kartenhaus so ge-

nannter Berufsethik. *The proof of the pudding is in the eating.* Zu
fragen ist also summa summaris nach dem Ort, an dem sich das
PR-Gewerbe der kritischen Beurteilung zu stellen hat, um gegenüber dem bunten und blinden Treiben des Marktes eine analytisch erhabene Einsicht zu gewinnen, Theorie zu formulieren und
praxisregulative Kompetenz zu gewinnen.

Mit welcher Autorität nun lassen sich ausgerechnet Kommunikationsmanager – Praxisvertreter also – über dieses Thema aus?
Mit geliehener natürlich. Die dies tun, wären gerne bereit, die
Leihgabe an die Wissenschaft zurückzugeben, wenn diese dies
wünschte. Die Nachfrage scheint dem Eindruck nach im Moment
aber nicht allzu groß zu sein: Die wenigen PR-Lehrstühle üben
sich eher in PR für PR.

Zum Einstieg eine bekannte ordnungspolitische Hypothese,
die unter der Multimedia-Euphorie etwas verschüttet erscheint:
Nehmen wir einmal an, eine unabhängige, jedenfalls eine vielfäl-
tige Presse sei ein Verfassungsinstitut im Sinne der vielzitierten
Vierten Gewalt. *Just for the sake of the argument.* Fragen wir dann
nach dem Verhältnis von Verfassungsanspruch und Verfassungswirklichkeit. Vermessen wir die Kluft zwischen Auftrag
und Selbstverständnis der Vierten Gewalt auf der einen und Me-
dienrealität auf der anderen Seite. Wodurch könnte der Verfassungsauftrag gefährdet sein? Wo liegen die Differenzqualitäten?

Sie finden sich erstens in der ökonomischen Organisation der
Medien – dabei geht es nicht nur um Konzentration, aber auch
darum. Sie finden sich zweitens in den politischen Rahmenbe-
dingungen – dabei geht es um mehr als Parteieneinfluss, aber
auch darum. Sie finden sich drittens in der wettbewerblichen,
sprich erwerbswirtschaftlichen Funktionalisierung von Medien –
dabei geht es um mehr als das neue brancheneigene Modewort
der Quotenhurerei, aber auch darum. Sie finden sich viertens in
der verlegerischen Konzeption der Medien – dabei geht es nicht
nur um Redaktionsstatute, aber auch darum. Sie finden sich

fünftens in der redaktionellen Qualität als Ganzer, also in der Frage, wie Redaktionen geführt werden. Und sie finden sich schließlich und sechstens in der publizistischen Qualifikation der Journalisten, womit sich das Stichwort Journalisten(aus)bildung aufdrängt.

Mindestens ein Paradigma lässt diese Aufzählung der Differenzqualitäten zwischen Verfassungswirklichkeit und Verfassungsauftrag noch aus: die Public Relations, jene moderne Form der Propaganda, die perfideste aller Desinformationen, jene klammheimliche Agitation, das subkutane Handwerk finsterer Mächte; PR als Verführung des aufrechten Journalismus, manchmal sogar dessen Verhinderung – so jedenfalls das Feindbild.

Wie steht nun die Publizistik gegen diese immense Bedrohung? Ein frühes publizistisches Unterfangen fragte danach, wie viele der Nachrichten *wirkliche* Nachrichten und wie viele *PR-generierte* Nachrichten sind. Da fragt der Erkenntnistheoretiker: Was ist denn das, wirkliche Wirklichkeit? Und ein philosophischer Trichter öffnet sich. Mit Verweis auf die an den Universitäten in Münster und Siegen auf die Publizistik applizierten Kulturwissenschaften – Stichwort Konstruktion der Realität im Medium der Fiktionalität, PR als Konstruktion wünschenswerter Wirklichkeiten – wollen wir diesen Argumentationsgang hier abbrechen.

Es ist Stand der Wissenschaften – wenn auch nicht notwendigerweise der Publizistik –, dass sich die vorkritische Unterscheidung von faktisch und fiktiv im Fiktionalen aufhebt. Alles, was sie behandelt, sind Geschichten – nicht nur im Feuilleton, auch im Wirtschaftsteil. Ja, bis hin zum Kurszettel und vielleicht gerade dort. PR-Leute wie Journalisten sind Geschichtenerzähler. Mit dieser Wiedervereinigung ist ein früher originärer Unterschied zwischen dem Werbetexter oder Lohnschreiber auf der einen Seite und dem *wirklichen* Journalisten auf der anderen Seite aufgehoben. Da wächst zusammen, was zusammengehört! Oder wächst zusammen, was nicht zusammengehört? Es geht plötzlich um Politik, Ordnungspolitik, und es geht um Philosophie, praktische Philosophie. Es geht um einen wissenschaftsnahen, wenn nicht wissenschaftlichen Diskurs.

1. These: Public Relations sind eine Praxisart der Publizistik.

Eine Praxisart ist ein Feld von Praktiken, das sich von anderen Feldern durch die Eigenart der Vorgänge der Praxis selbst – nicht aber durch das Selbstverständnis der Praktiker – unterscheidet. Eine Praxisart ist also ein von der Praxis selbst kontingent gehaltenes Segment von Praktiken, die prinzipiell auch in anderen Praxisarten vorkommen könnten, aber im konkreten gesellschaftlichen Prozess eine ökonomische oder politische Einheit bilden. Journalismus ist die ureigenste Zuständigkeit der Publizistik und umfasst ein ganzes Feld unterschiedlicher Praxisarten. Werbung könnte man in vielen Fällen auch als eine Praxisart der Publizistik bezeichnen – aber das ist hier ein Nebenkriegsschauplatz. PR und Journalismus jedenfalls, wie verschieden auch immer, gehören dazu.

2. These: Public Relations-Theorien waren in Deutschland zunächst Applikationen US-amerikanischer Entwicklungen auf die hiesige großbürgerliche Philanthropie, dann mehr Handreichungsliteraturen, deren wissenschaftliche Konsistenz nicht größer war als die von Kochbüchern.

Durch diese vorkritische Tradition ziehen sich berufsständische Interessen in Form von ideologischen Selbstaufwertungsambitionen. Sie sind bis heute ungebrochen und finden auch in den zahlreichen Versuchen Ausdruck, professionelle PR-Ausbildungseinrichtungen und quasi-akademische Titel einzuführen. Die wissenschaftlichen Annäherungen der letzten zehn Jahre schließlich sind Wesensbestimmungen aus der jeweiligen Perspektive der Herkunftswissenschaft des jeweiligen Wissenschaftlers. Der erreichte Stand ist verallgemeinernd als Bestandsaufnahme und Systematisierung des aufgelaufenen Theoriekorpus zu charakterisieren. An den PR-Lehrstühlen ist *common sense* die *ultima ratio* und rhetorisch nett gemachte Verwaltung des kargen Erbes. Es knattert jedenfalls nicht vor kritischem Potential. Das Gemenge der Public Relations-Theorien bedarf der Aufhebung im Hegel'schen Sinne in einer systematischen Leitwissenschaft, der Publizistik; diese muss sich selbst auch in den Reflexionen praktischer Philosophie finden.

3. These: Die Publizistik ist eine angewandte Kommunikationswissenschaft.

Sie beschäftigt sich mit über technische Medien vermittelten Kommunikationshandlungen, insofern diese zur Unterrichtung und Unterhaltung eines Publikums dienen, das als Öffentlichkeit verstanden wird. Mit teilweise idealisierter Überhöhung ist ihr Fokus im wesentlichen auf Journalismus und Massenmedien gerichtet. Die Bezeichnung Massenkommunikationwissenschaft charakterisiert das Fach am treffendsten. In ihrem Kastendenken erliegt sie vielfach der Versuchung, Journalismus als die moralisch wertvollere und Public Relations als eine moralisch minderwertigere Form der Kommunikation zu behandeln – mit Folgen für die wissenschaftliche Integration der Public Relations. PR-Wissenschaftler gelten auch von dieser Seite als bunte Vögel. Notwendig ist eine alle Formen angewandter Publizistik tatsächlich integrierende Kommunikationswissenschaft.

4. These: Diese Kommunikationswissenschaft ist interdisziplinär zu verstehen.

Sie ist ein Querschnittsforschungsfeld, zu dem Philosophie und Philologie die klassischen Beiträge leisten, Sozialwissenschaften (Sozioökonomie, Sozialgeschichte, Sozialpsychologie, Politologie usw.) und Kulturtheorie die neueren. Das Beispiel der Public Relations macht dies deutlich. Die abstrakten Wirkungsmodelle der Massenkommunikation helfen hier kaum weiter, wenn es im Alltag von Unternehmen oder Verbänden um Verstehen und Lösung konkreter Kommunikationsprobleme und den Umgang mit Menschen und ihrer Befindlichkeit geht. Das Füllhorn der Sozialpsychologie ist hier erfolgversprechend zu leeren, ohne dass dabei der Blick für den Verbund der Wissenschaftsbeiträge verloren gehen darf.

5. *These: Die Struktur der Public Relations ist in wissenschaftshistorischer Analogie am ehesten in der Pädagogik gegeben, soweit man diese als praktische Philosophie versteht.*

Die Domäne der Pädagogik sind die lernzielorientierte und evaluationsfähige Reduktion von fachwissenschaftlicher Komplexität zu operationalen Einheiten und die Konzeption, Durchführung und Kontrolle des entsprechenden sozialen Prozesses zur Erreichung der Lernziele. Dies ist – *ceteris paribus* – Public Relations als ein strategischer, im Idealfall konzeptionsgeleiteter und damit strikt zielgerichteter wie stets zielgebundener Prozess auch.

6. *These: Alle konzeptionellen Vorstellungen und Handlungen der Public Relations finden strukturell also ihre Entsprechung in der Pädagogik, soweit man diese als praktische Philosophie versteht.*

In der Analyse des zu vermittelnden Gegenstandes und seiner Zurichtung auf die Zielsetzung des zu initiierenden Kommunikationsprozesses ist die Pädagogik mit ihrer Disziplin Didaktik den PR-Theorien sogar deutlich überlegen. Diese fachlichen Bezüge kommen nicht nur im Alltagsgeschäft, sondern auch in der akademischen Public Relations-Ausbildung zu kurz, die allzu oft nur Ausbildung, und zu wenig Bildung ist.

7. *These: Eine im Humboldt'schen Sinne gegenseitige wissenschaftliche Befruchtung zwischen Public Relations-Theorien und Pädagogik/praktischer Philosophie findet nicht statt.*

Die Gründe sind vielfältig: So gilt Pädagogik in der Modekonjunktur des Wissenschaftsbetriebes als Wissenschaft einer pädagogischen Hochschule frömmelnder Blaustrümpfe, also wenig. Weiter herrscht bei nahezu jedermann ein entwicklungspsychologisch erklärbares Ressentiment gegen Lehrer vor: *If you don't know how to learn, teach. If you don't know how to teach, teach*

the teacher. Ihrer notorischen Profilneurose zuliebe hat sich die
PR-Branche gegenüber der Werbung zu einem berufsständischen
Wesen *sui generis* stilisiert. Lehrstühle folgen mit unterschiedlichen Graden der Selbstverleugnung dem Selbstdarstellungsdrang
des Gewerbes, halten ideologische Hilfsangebote feil und bewahren so zugleich den Premiumcharakter ihrer Spezialisierung gegenüber *traditionellen* oder *generalistischen* Wissenschaften. Lehr-
amtsstudiengänge wurden schließlich wegen ihrer permissiven
Prüfungsordnungen von Studenten minderer Leistungsbereit-
schaft überschwemmt, von denen ein Teil mangels beruflicher
Perspektiven nun als umgeschulte Lehrer in die PR-Branche
kommt und dort nicht in den Ruf gelangt, mehrheitlich zu den
Leistungsträgern zu gehören.

*8. These: Die Publizistik nimmt ihren wissenschaftlichen Führungsan-
spruch als forschungsregulative Kompetenz gegenüber Public Relations
nicht wahr.*

Sie will sie vielleicht auch gar nicht wahr haben! Sie hat sich
von dem Schrecken vor den aufblühenden Kommunikationsjar-
gons (Semiotik – Strukturalismus – Konstruktivismus) noch nicht
erholt. Sie ergeht sich über weite Strecken im Selbstmitleid einer
angestaubten, jüngst um elektronische Medien erweiterten Zeitungswissenschaft. Ihre Selbstzweifel, ob es nicht angezeigt wäre,
sich als Disziplin demütig den Kommunikationswissenschaften
unterzuordnen, lassen sich durch zwei wesentliche Gründe nachhaltig zerstreuen. Erstens hat der Begriff Kommunikation eine
solche semantische Inflation erfahren, dass seine Bezeichnungs-
funktion als referentielle Qualität verloren gegangen ist. Wenn
die Verbindung eines Rechners mit einer technischen Mess-
einrichtung mit der gleichen Kategorie belegt wird wie das
Wahrnehmen einer Verkehrsampel wie das Seifenopernschauen
bei RTL wie ein Leitartikel in der FAZ wie ein Gespräch unter
Freunden wie Goethes Faust wie die Schöpfungsgeschichte, dann
kann man wohl kaum noch von einer signifikanten wissenschaft-

lichen Kategorisierung reden. Kommunikation ist (fast) alles –
und damit (fast) nichts. Zweitens ist der für die Definition der
Publizistik wesentliche Begriff des als Öffentlichkeit gedachten
Publikums nicht nur begrifflich, sondern auch historisch präzise;
er konstituiert den realen Zuständigkeitsbereich der Publizistik
im Pandämonium des *Kommunikativen*.

9. These: Zur Publizistik gehören unzweifelhaft Journalismus und PR.

Die damit eingeforderte wissenschaftliche Hegemonie der Pub-
lizistik über das PR-Gewerbe hat nicht nur eine definitorische
Rechtfertigung. Die Praktiken in den Praxisarten Journalismus,
Werbung und PR nähern sich in der Entwicklungsgeschichte der
Massenmedien selbst immer stärker an. Es ist die Medienwirklichkeit selbst, die Dinge zusammenbringt, die nicht zusammen-
gehören. Es gibt nicht nur einzelne Mischgenres, sondern *Misch-
medien*, in denen das Trennungsgebot vollständig aufgehoben ist:
Die Verbindung von Redaktion und Werbung ist ohnehin eine
Basislogik der ökonomisierten Medien. Wir erleben heute eine
große Nachfrage nach *Werbeumfeldjournalismus* – das ist die redaktionelle Ummantelung von Werbung nach der strategischen
Maßgabe der Werbetreibenden – die Grundidee der General-
anzeigerpresse des ausgehenden 19. Jahrhunderts lässt grüßen.
Der Schwanz wackelt in der idealisiert überhöhten Medienwelt
also mancherorts längst mit dem Hund. Ob man das mag oder
will, ist Gegenstand einer philosophisch geleiteten Meinungsbildung.

*10. These: Public Relations – zu deutsch Öffentlichkeitsarbeit – sind die
vorsätzlichen Bemühungen zur Gestaltung der Beziehungen eines Unternehmens oder einer anderen Organisation zur Öffentlichkeit mittels
Kommunikation.*

Sie umfassen eine jeweilige Gesamtheit von zielgerichteten
und bewirtschafteten Kommunikationsvorgängen zur Funktionalisierung der politischen Identität einer Organisation. PR gibt
es also historisch erst solange und aktuell nur dort, wo eine In-

stitution über ihre primäre Zielsetzung, ihren *Geschäftszweck* hinaus eine sekundäre *politische* Rolle annimmt, die zu Differenzen zwischen der Organisation als solcher und deren Umfeld als solchem führt. PR bezieht sich immer auf eine sekundäre politische Rolle, in die eine Organisation mittels Kommunikation gerät oder geraten will.

11. These: Politische Identität in diesem Sinne ist die (Fremd-)Wahrnehmung einer Organisation als problematisierter Teil des Gemeinwesens.

Cum grano salis geht es immer um Akzeptanz, d. h. die kommunikative Entproblematisierung der politischen Existenz einer Organisation. Das ist spezifisch für PR. Werbung ist einsehbarerweise etwas ganz anderes. Lobbying auch. Lobbying (Governmental Relations) wirkt zwar wie PR, aber nicht auf die Öffentlichkeit überhaupt und/oder jeweils relevante Teile dieser, sondern nur auf die Entscheider in Politik und Verwaltung selbst. Lobbying begreift aber seine Zielgruppe nie als Öffentlichkeit; es (be-)fördert vielmehr Geheimnisse.

12. These: Die Publizistik wird die Kulturwissenschaften weiter befragen müssen, was die Konstruktion der Wirklichkeit im Fiktionalen ist.

Das ist die zwölfte und letzte These. Hinter den Mühen der Definition liegen die Mühen der Analyse. Kläglich ist die Anwendung des Instrumentariums Inhaltsanalyse in der Publizistik. Die Aussagekraft der mit dieser Methode durchgeführten Untersuchungen bleibt zu oft in der oberflächlichen, zum Teil willkürlich anmutenden semantischen Deskription stecken, die wenigsten verdienen das Prädikat *Analyse.* Gehoben formulierte Inhaltsangaben sind durchgehende Praxis. Methodisch ist schon die Annahme unsinnig, eine Textexegese könne den Blick auf den tatsächlichen publizistischen Prozess öffnen. Man starrt in ein Schaufenster und wähnt dies als Blick durch ein Fenster auf das Leben selbst. Die eigentliche Aporie entsteht durch die naive Unterscheidung von Faktischem oder Fiktivem. Tatsächlich hebt sich ja in jeder *Geschichte* – so nennt der Journalist zu Recht einen druckfähigen Text – Faktisches und Fiktives auf im Fiktionalen.

Zum Schluss eine Geschichte, die in Jean Luc Godards Film „Bande à part" erzählt wird. Es handelt sich um eine Episode aus einem nord-amerikanischen Indianerstamm. Man muss dazu wissen, dass ein großer Teil der Indianer eine sehr kollektive Form des Erzählens pflegte: Die tradierten Geschichten wurden in genau tradierter Form erzählt, wobei das Publikum darauf achtete, dass sich keine Innovationen einschlichen: *Ein Indianerstamm hat ein Standesmitglied aus der Gemeinschaft ausgestoßen, da dieses immer wieder in grober Weise lügenhafte Erzählungen von sich gab. Der Ausgestoßene erhält ein Boot und Verpflegung, und es wird ihm erlaubt, nach einigen Jahren, für den Fall, er habe sich im Exil gebessert, zu seinem Stamm zurückzukehren. Die Zeit vergeht, und der Indianer kehrt zurück. Man fragt ihn neugierig nach seinen Erlebnissen. Er sei den Fluss hinunter gerudert, berichtet der Heimgekehrte, und habe schließlich in den großen Städten die Wigwams des weißen Mannes gesehen: Sie ragten bis in den Himmel. Vor ihren Zelten stehend verbannen die Indianer den Lügner auf Lebzeiten.*

Eine solche Verbannung nach kühner Rede wagen die PR-Praktiker wohl nicht, während sie vor den Wigwams der Medizinmänner sitzen und deren Zauber erliegen. Als meine Generation noch studierte, gab es Professoren, die eben dies, die Entzauberung, als ihre Profession begriffen. Sie sind seltener geworden, wiewohl nicht ganz ausgestorben. Wenn Sokrates schweigt, beginnen die Schüler miteinander zu plaudern. Dann füllen Versuche der praktischen Philosophie die bedrückende Stille der verstummten Weisheit, vielleicht gar der verlorenen.

Die lebensphilosophische Haltung der PR:
das Gnomonische Prinzip

„Sapienti Sat"

Notbehelfe sind oft enthüllender als perfekte Lösungen, zeigen sie doch die Grenzen eines Unternehmens im Versuch, diese zu überwinden. Die Griechische Tragödie, Urform allen Charakterhandelns, musste mit einer engen Bühne leben, ohne die Freiheit des Romans oder die Möglichkeiten des Films, uns in fernste Länder und furchtbarste Abenteuer zu entführen. Man denke nur, wie ärmlich die medialen Möglichkeiten des Sophokles gegenüber denen eines Homer ausfielen. Die antiken Genies erfanden als Notbehelf die Teichoskopie. Über eine Mauer gelehnt, berichtet der Seher dem Publikum von fernen Schlachten, die ihm, auf der Bühne über eine vermeintliche Mauer in die Ferne sehend, zugänglich sind, den Zuschauern aber verborgen bleiben. Der Bericht vermittelt dem Publikum lebendige Bilder, wilde Berichte über eine Welt, die ihm nicht erfahrbar ist. Und dennoch ist das Berichtete berichtenswert. Die berichtete ferne Welt erklärt die nahe Welt, die das Publikum erleben kann. Dankbar saugt es die Mauerschau in sich auf, weil sie Sinn stiftet. Gleichzeitig ahnt es aber doch, dass hinter der Mauer eigentlich nur Kulisse und Bühnenstaub liegen, nicht aber das tosende Leben und schon gar nicht die fernen unbekannten Welten.

Zuschauer sein heißt, diese Diskrepanz auszuhalten. Ein begeisterter Zuschauer überbrückt sie vollständig. Dies war nicht nur zu Zeiten Sophokles' so, dies gilt auch in der Gegenwart. Die Bewohner der Mediengesellschaft sind vor allem eines: begeisterte Zuschauer. Sie haben gelernt, den unterbewussten Vorbehalt beiseite zu schieben und die bunten Bilder der Teichoskopie als seelische Labung zu empfinden. Diese erleichtert das Ertragen des nahen Lebens so sehr, dass das Publikum geneigt ist, ihnen mit der Logik der Suchtkranken die Mitte seines Erlebens zu öffnen. Ganz gleich, ob im Alltagsleben und damit außerhalb des Medienerlebens, auf der Bühne, am Ort der Handlung oder jenseits des Orchestergrabens im dunklen Zuschauerraum: Ohne die Teichoskopie fehlt der weite Horizont.

Tua res agitur – die Rede ist von der Mediengesellschaft. Der Journalist ist der Seher von der Mauer. Er weiß alles, was er auf seinem REUTERS-Schirm lesen kann. Er ist ein Zeitzeuge des Hörensagens, dem er mit flottem Vortrag den Anschein des Authentischen zu verleihen weiß. Das ist es, was Zeitungen vermitteln: den Anschein des Authentischen. Fremdes, Neues, Wahres, Wirkliches wird so dargeboten, dass das häusliche Setzei mit Bratkartoffeln wieder in die Welt, in die ganze Welt passt. Die Welt des unmittelbaren Erlebens strukturiert sich in der Tonalität des mittelbaren Erlebens, so dass Fernes nah wird und Nahes fern. Auf Dauer verlieren sich die Distanzen, die Welten verschmelzen. Das Reale und das Fiktive heben sich auf im Fiktionalen.

Diese Panfiktionalität ist der fundamentale Wesenszug der Medienwelten. Mehr noch: Eigentlich ist dies das Kulturprinzip als solches. Das wirklich gelebte Leben erscheint so als die nahe Fiktion; das nur durch Medien erlebte Leben als eine ferne Fiktion, die vielen aber wirklicher ist als das Wirkliche. Wichtig sei nicht die Wirklichkeit, sagen die Publizistik seit Jahrzehnten und die Philosophie seit Jahrhunderten, wichtig sei die Auffassung, die das Publikum von ihr hat. Gewendet bedeutet dies, dass diese Auffassung uns *die Wirklichkeit* ist: Wir leben in Geschichten und wir leben als Geschichten in Geschichten.

Im so genannten Sommerloch der Medienkonjunktur taucht Nessie auf, das Ungeheuer von LOCH NESS, aus der Tiefe des schottischen Sees. Wir kennen das Ritual der Zeitungen im ereignisarmen August, sind gewarnt und glauben dem Medienspektakel nicht. Mit gleicher erkenntnistheoretischer Skepsis sollte man das Urlaubsfoto der heilen Politikerfamilie in privater Sommerfrische betrachten, das die Zeitungen jetzt auf der ersten Seite bringen, das russisch-amerikanische Bemühen um die in die Krise geratene Raumstation MIR, den Schwarzen Freitag an der WALL STREET. Darf allen Nachrichten die gleiche Skepsis gelten? Wenn die Teichoskopie als Symbol der Medienwelt taugt, dann müsste man dem Ungeheuer von LOCH NESS prinzipiell den gleichen Wirklichkeitsstatus zubilligen wie dem Schwarzen Freitag an der Börse.

Selbst wenn man geneigt ist, diesem Gedanken zu folgen, bäumt sich doch gesunder Alltagsverstand auf: Das eine scheint wirklicher als das andere. Wir sind sicher, dass es das schottische Ungeheuer eigentlich nicht gibt. Unsicher sind wir, was das Börsengeschehen angeht. Wie viel Kausalität, Nachvollziehbarkeit ist in der Kursbewegung und wie viel Prognostizierbarkeit? Und was wäre, wenn ein Börsengerücht, ein Märchen auf dem Parkett, den Schwarzen Freitag ausgelöst hätte? Was wäre, wenn dies eine Nessie-Geschichte für Investmentbroker gewesen wäre – nicht wirklicher oder wahrer als das Sagenwesen, aber doch wirksamer? *Als ich*, schrieb einst Brecht, *die Vorgänge an der Chicagoer Börse studierte, das Buch senkte und sie verstand und zugleich nicht verstand, wusste ich, ich war in eine böse Sache geraten.*

Schon lange diskutiert die Publizistik den Tatbestand der Selektion in der thematischen Darbietung von Medien: ihre Nachrichten. Nicht alles, was passiert, steht in der Zeitung. Dies freilich ist so wahr, wie es vorkritisch ist. Natürlich wählt der Teichoskop aus, was er berichtet. Aber eben doch nicht in völliger Beliebigkeit – dann hätte jede Zeitung über eine eigene Welt zu berichten, und die berichteten Welten würden nicht zusammenpassen. Jedermann lebte dann nach seinem Gutdünken in kognitivem Chaos.

Wenn verschiedene Redakteure, die in keinem interaktiven oder kommunikativen Zusammenhang stehen, sich gleichwohl ähnlich verhalten, muss ihrem Verhalten ein gemeinsames Muster zugrunde liegen. Sicherlich kann man sich dies nicht leicht als ein *hidden pattern* vorstellen, aber wir sehen doch Regelmäßigkeiten, prognostizierbare Regelmäßigkeiten, die nicht als interaktive Konvention erklärbar sind. Die Selektionslogik kann kaum nach so etwas erkenntnistheoretisch Zweifelhaftem wie *der* Bedeutung eines Ereignisses bestimmt sein.

Um dies zu erläutern, muss man nicht in eine Positivismus-Debatte einsteigen. Schon aus der Alltagserfahrung ist bekannt, dass es Vorgänge gibt, die mal Alltagsgeschehen sind, dem mit völliger Gleichgültigkeit begegnet wird, die aber ein andermal auf der bunten Seite unserer Zeitung stehen und ein drittes Mal *breaking news* sind. Es kommt also auf den Stellenwert in der jeweiligen Tagesordnung an. Wer aber setzt die Agenda? Erinnert sei an die Logik der antiken Bühne. Vorne das für das Publikum sichtbare Königsdrama: Dies ist das Spiel, um das es geht. Was uns freilich im Charakterhandeln der Könige fehlt, um deren Spiel zu verstehen, eben dieses, und nur das, berichtet uns die Teichoskopie. Es geht dem Teichoskopen in einem intellektuell umfassenden Sinne um die Kulisse. Die Agenda, in welche die ferne Welt eingefügt wird, ist die der nahen Welt. Was dort erklärungsbedürftig scheint, ergänzungsbedürftig oder zu legitimieren ist, wird mit Berichten aus der Welt belegt. Zurück aus der Griechischen Tragödie in die Redaktionsstube der Gegenwart. *Was*, fragt sich unser Journalist, der die Agenturmeldungen durchgeht, *was ist aus der weiten Welt für meine Leser interessant?* Und hat er etwas Derartiges gefunden, dann sagt er: *Das ist eine Geschichte!* Und alles andere nicht!? Aus dieser Perspektive wäre es naiv zu bedauern, dass Medien nicht über *alles* Geschehene berichten: Das ist nicht ihre Aufgabe.

Das Kind muss vom Kopf auf die Füße gestellt werden: Die Medien berichten nicht die Geschehnisse, sie entscheiden, was geschehen ist. So bekommt das amerikanische Redakteursmotto *all that's fit to print* seine philosophische Tiefe. Ob der Redakteur sich dessen bewusst ist oder nicht: *Fit to print* bestimmt, was wesentlich sein soll, also wahr. Was nicht als *fit to print* erachtet wird, bleibt unwesentlich, wird unwirklich, vielleicht sogar unwahr. Die Wirklichkeit unserer Welt ist für uns die uns vermittelte Welt. Eine Nachrichtenagentur übermittelt keine Nachrichten: Sie erzeugt Nachrichten und nutzt dazu Meldungen über vermeintliche oder tatsächliche Ereignisse als Material.

Zu fragen ist erneut, was eigentlich das Selektionshandeln des Redakteurs bestimmt, während er uns unsere Realität konstruiert. Er verwirft von tausend Meldungen, die ihm sein weltweit vernetzter Computer anbietet, neunhundert, liest einhundert aufmerksam, arbeitet zehn auf und bringt eine nach vorne. Angenommen, die zehn aufgearbeiteten Meldungen kollidieren aussagenlogisch nicht mit anderen Meldungen, können also als zutreffend bezeichnet werden. *Dann hat der Redakteur doch, da ja kein Widerspruch zu anderen Meldungen besteht, Wahres und nicht irgend etwas von ihm Konstruiertes berichtet,* wendet hier der *advocatus diaboli* ein. Dies scheint der Panfiktionalität der Eingangsargumentation zu widersprechen: Mag er auch ausgewählt haben, der Journalist, so hat er doch in aller Regel Richtiges ausgewählt, Wirkliches aus Wirklichem.

Bei der Auflösung dieses argumentativen Widerspruchs hilft das an dieser Stelle in die Publizistik einzuführende *Gnomonische Prinzip*. Dem Teichoskopen ist das Zeigen zu eigen. Dieser deiktische Gestus ist immer Ausdruck intentionalen Kommunizierens. Zeigen heißt Totalität reduzieren, radikal die Gesamtheiten von allem und jedem zu zerreißen, heißt herauszuheben. *Mach es wie die Sonnenuhr, zähl die heiteren Stunden nur!* ruft uns tausendfach ein Sinnsprüchlein entgegen. Zunächst scheint dies ein Motto der Public Relations oder der Werbung sein. Hier findet sich aber das Megasymbol der Medienkommunikation überhaupt: das Gnomonische Prinzip.

Gnomon nennt die Antike den Zeiger der Sonnenuhr. Seinem Prinzip ist eigen, nie zu lügen und dabei doch nicht immer die Wahrheit zu sagen. Zeigt er die Zeit, dann stimmt sie, denn der Sonnenschatten ist frei von Zweifeln. Scheint sie aber nicht, die große solare Mutter, so schweigt unser Gnomon in stiller Würde. Die Sonnenuhr geht weder vor, noch nach, noch falsch, ihr Gnomon belügt uns nicht: Nie! Warum dann Erfindung und Erfolg des Chronometers? Nun: Der Gnomon zeigt wahrhaft die Zeit ... wenn die Sonne scheint; des Nachts aber zeigt er nichts. Es unterliegt nicht uns, dem Betrachter, zu entscheiden, wann er etwas zeigen soll und wann nicht. Selbst die Sonne, Zentrum unseres Universums, hat nur sehr vermittelt Gewalt über ihn. Die störenden Wolken, Herren über Licht und Schatten, weiß sie nicht wegzubrennen, ohne dadurch andernorts neue Bewölkung zu erzeugen, die bald wieder, beinahe unsteuerbar, heraufzieht. Nicht ohne Kausalitäten, nein, mit vielen Kausalitäten.

Willkommen in der Kybernetik: Sie beschreibt hochkomplexe, dezentralisierte, nicht homogen steuerbare, überdeterminierte und extrem fraktale Systeme, deren Wirkungszusammenhänge eher dem Aufbau von Organismen ähneln als dem von Architekturen. Argumentativ wird damit – man entschuldige den Euphemismus – eine kopernikanische Wende nachvollzogen. Die Erde ist nicht mehr Scheibe, nicht mehr Zentrum des Universums. Der Journalist ist nicht mehr die unabhängige Feder, die nach ihrem Gutdünken, nach Charakter und Wahrheitsliebe die verborgenen Welten dem Leser aufdeckt. Wir befinden uns in einem Sonnensystem, das nur ein Teil der Milchstraße ist, die wiederum nur Galaxie unter Galaxien ist. Mediale Kommunikation ist demnach allgegenwärtiger Teil des Kulturprozesses einer Gesellschaft und allgegenwärtiger Teil ihres ökonomischen Handelns und Teil ihrer politischen Formation. Medien spiegeln nicht Wirklichkeit. Sie sind Bilder, Gemälde, die wir ansehen. Diese Bilder sind Segmente des kulturellen Kaleidoskops, Kurzgeschichten einer Geschichten erzählenden Geschichte.

Radikale Folgen des Gnomonischen Prinzips werden deutlich, wenn man es in allen Feldern der Medienwelt zu Ende denkt. Um es schlaglichtartig vorwegzunehmen: Natürlich ist es nur ein Mythos, dass die Medien die Bedürfnisse eines Publikums befriedigen, Medien also vom Publikum benötigt werden. Dies ist das Selbstverständnis der in den Medienwelten Gewerbetreibenden, die für ihr Gewerbe Legitimationen bemühen – bis hin zum Verfassungsauftrag, den sie zweifelsfrei haben. Das Primat der Praxis lautet freilich: Medien benötigen für sich ein Publikum. Emsig und verzweifelt schaffen sie sich dieses Publikum: Medien konstituieren *ihr* Publikum.

Dies ist eine Polemik, welche der publizistischen Medienkritik nicht fremd ist. Zeigt Medienkritik den intellektuellen Ausweg aus den Irrungen und Wirrungen der Medienwelten? Zerreißt die kritische Publizistik den philosophischen Schleier, der sich hier über eigentlich einfache Prozesse legt? Medienkritik ist von tiefer Nutzlosigkeit – aber das ist Briefmarkensammeln und *bird watching* auch. Nichts wäre in diesem *saeculum* der Effizienz angenehmer als gelegentliche Nutzlosigkeit. Sie hätte ja etwas von Muße. Zur hedonistischen Tugend der Nutzlosigkeit kommt aber bei den Medienkritikern noch eine gefährliche Wirkung auf Dritte: Sie, die moralischen Placebos der Mediengesellschaft, versprechen Heilung vom multimedialen Jahrmarkt der Eitelkeiten und sind doch nur ein weiteres Krankheitsbild der alle dahinraffenden Seuche.

Die Mediennutzung im Ausmaß der dann so genannten Massenmedien schien schon der FRANKFURTER SCHULE im Nachkriegsdeutschland ein Pandämonium. Heute spricht der Bücherfresser Sloterdijk gar von Ersatzreligion. Er meint dies nicht anerkennend, sondern in seinem eigenen Verständnis als Zyniker, der sich am Verlust der bildungsbürgerlichen Weltorientierung erfreut. Denn wäre Mediennutzung ersatzreligiöses Handeln, wären die intellektuellen Instrumente der Religionskritik nutzbare, schon im Mittelalter geschärfte rhetorische Waffen. Publizistik träte im Luther'schen Gestus auf. Die Folgen sind bekannt: Dem Katholizismus folgten die Calvinismen – wenig ist für denjenigen gewonnen, der das Licht der Aufklärung scheinen lassen will.

Wem dies zu drastisch oder philosophisch ist, dem wollen wir die Einleitung aus Luhmanns Buch zur Realität der Massenmedien anbieten, ein sprachliches Stahlbad im Soziologenjargon:

> „Was wir über unsere Gesellschaft, ja über die Welt, in der wir leben, wissen, wissen wir durch die Massenmedien. Das gilt nicht nur für unsere Kenntnis der Gesellschaft und der Geschichte, sondern auch für unsere Kenntnis der Natur. Was wir über die Stratosphäre wissen, gleicht dem, was Platon über Atlantis weiß: Man hat davon gehört. Oder wie Horatio es ausdrückt: So I have heard, and do in part believe it. Andererseits wissen wir so viel über die Massenmedien, dass wir diesen Quellen nicht trauen können. Wir wehren uns mit einem Manipulationsverdacht, der aber nicht zu nennenswerten Konsequenzen führt, da das den Massenmedien entnommene Wissen sich wie von selbst zu einem selbstverstärkenden Gefüge zusammenschließt. Man wird alles Wissen mit dem Vorzeichen des Bezweifelbaren versehen – und trotzdem darauf aufbauen, daran anschließen müssen. Die Lösung des Problems kann nicht, wie in den Schauerromanen des 18. Jahrhunderts, in einem geheimen Drahtzieher im Hintergrund gefunden werden, so gerne selbst Soziologen daran glauben möchten. Aber es geht nicht um ein Geheimnis, das sich auflösen würde, wenn man es bekannt macht. Eher könnte man von einem ‚Eigenwert‘ oder einem ‚Eigenverhalten‘ der modernen Gesellschaft sprechen – also von rekursiv stabilisierten Funktoren, die auch dann stabil bleiben, wenn ihre Genetik und ihre Funktionsweise aufgedeckt sind."

Dies wiederum klingt nach schwerer Kost, die neuere Beiträge der Publizistik zu verdauen versuchen. Luhmanns Systemtheorie führt allerdings nicht über sich hinaus, sondern in sich hinein. Sie führt also zu nichts. Meister Luhmann hierzu selbst:

> „Die Systemtheorie hat sich von Vernunft und Herrschaft emanzipiert. Vernunft und Herrschaft sind für sie weder im Sinne der alteuropäischen Lehrtradition kongruent gesetzte, noch im Sinne der dagegen reagierenden Aufklärungstradition kontradiktorische Begriffe; sie sind überhaupt keine brauchbaren Begriffe mehr."

Das allerdings geht zu weit, wobei es natürlich ein kraftloses Argument des Konservatismus ist, dass die Dinge zu weit gehen. Aber: Der radikale Konstruktivismus geht überhaupt zu weit. Nicht mal alle Professoren der Publizistik scheinen ihn zu verstehen – insbesondere nicht jene, die, statt Forschung am Objekt, PR fürs Objekt machen. So weit ist es mit uns gekommen, jedenfalls mit denen, die den Verführungen der konstruktivistischen Publizistik zu folgen bereit waren: Unser edles Erkenntnisstreben erhält den Beigeschmack von sinnlosen Wahrheitsritualen – aber das ist eine andere Geschichte ...

Orte der besseren Erkenntnis müssen ohnehin nicht immer akademische Weihen haben. Im Vorraum des *Men's Room* eines Londoner Clubs, einem vergleichsweise engen Gang, finden sich rechts und links der Flucht mannshohe Spiegel, die sich fast parallel gegenüberstehen. Betrachtet man sich selbst im Spiegel und im Spiegel sein Spiegelbild und dessen Spiegelbild und wiederum dessen Spiegelbild, so ergibt sich der Eindruck einer unendlichen Tiefe, von der wir aber wissen, dass sie bloße Untiefe ist. Denken wir uns nun den eitlen Gentleman vor dem Spiegel weg. Nehmen wir nun an, der Spiegel, sagen wir der rechte Spiegel, betrachte sich im Spiegel, also dem linken, womit dann der Spiegel sein Spiegelbild im Spiegel sieht, in dem er wiederum ... Die Illusion der endlosen Tiefe, fast eine Aufhebung von Raum und Zeit. Eine gewisse Sinnleere entsteht, wenn der Spiegel sich derart im Spiegel betrachtet. Vielleicht ist der Vorgang sogar der perfekte Ausdruck von Sinnlosigkeit, ein Ritual, das nichts anderes bedeutet

als es selbst: die Ritualisierung der Eitelkeit ohne Objekt – eine
gründlich säkularisierte Religion. Seit der antiken Mythologie
neigen sich die jungen Götter über die glasklaren Seen; dabei erschüttern ihre zarten Seelen an ihrem Spiegelbild. Der Spiegel ist
eine kulturhistorisch durchgängige Metapher für Erkenntnisprob-
leme. Vielen wird dies noch aus der Auseinandersetzung mit den
erkenntnistheoretisch verzweifelten Versuchen der materialisti-
schen Widerspiegelungstheorie in Erinnerung sein: ein Spiegel
auch hier in diesem Begriff.

Von der Philosophie zurück zur Publizistik. Nicht zufällig
heißt das Hamburger Magazin SPIEGEL – wenn dies Zufall wäre,
es wäre ein trefflicher. Dieser SPIEGEL kann als mögliches Objekt
einer Medienkritik betrachtet werden. Spiegeln wir also diesen
SPIEGEL in unserem Spiegel. Was kann man gegen ihn sagen? Was
kann man zu seinem Vorteil vortragen? Schnell ist der Aspekt
abgehandelt, dass er verlegerisch eine erfolgreiche Veranstaltung
ist. Ebenso unumstritten scheint, dass es sich hier um eine Redaktion handelt, die von ihren Arbeitsbedingungen her einen
vergleichsweise großen Freiraum genießt und sich Themen
gründlich und ausführlich widmen kann, wenn sie will. Beide
Aspekte sind nicht unwesentlich, denn der verlegerische Erfolg
gibt die Freiheit, die in der Freiheit der Redaktion sodann sinnvoll
genutzt ist. Bis hier also publizistisch nur Erfreuliches. Nun beginnt das verminte Gebiet: Handelt es sich um ein Nachrichtenmagazin, eine Info-Illustrierte oder gar um ein linkes Kampfblatt?
Warum finden besorgte Politikergemüter und ebenso angerührte
Industrielle oft, dass hier das Negative so hervorgehoben und das
Positive so verschwiegen wird? Damit ist von Tendenz die Rede,
von Wertung, Meinung und Kritik: von Dingen also, die des Intellektuellen Freude, aber des Philisters Gräuel sind.

Welche Rolle spielt der so genannte *investigative Journalismus*?
Er ist ja weder mit der intellektuellen Freude an Kritik noch mit
der philiströsen Abneigung gegen jedes Nachdenken hinreichend

eingegrenzt. Bekannt ist, dass es ihn seit seinen Anfängen in dieser Form gibt. Im Amerika der zwanziger Jahre nannte man dies *muckraking*: Dreck aufwirbeln. Bei Upton Sinclair lässt sich dies sehr schön nachlesen, wenn er den Zorn der Chicagoer Fleischkönige auf die *muckrakers* der Sensationspresse beschreibt: eine kulturelle oder politische Situation, die an die Großstadt des kapitalistischen Aufschwungs gebunden ist. Sie ist auch der historische Ort der Massenblätter.

Es ist aber nicht die Sensation allein, der vermeintlich moralisch minderwertige Appell an niedere Instinkte, welcher die Massenblätter nach oben treibt. Dies zeigt die mehrfache Doppelbödigkeit der Paparazzi-Debatten: Die Grenzen zwischen dem lüsternen Drang, Verborgenes zu sehen, und der Neugier auf Unbekanntes und Unerkanntes sind fließend. Es gibt sie, die große, gesellschaftspolitisch bedeutende Aufdeckung: als Bestandteil der Sensationsgier wie in publizistischer Reinkultur. WATERGATE ist hier paradigmatisch zu nennen oder der NEUE HEIMAT-Skandal in Deutschland oder die noch immer nicht ganz aufgearbeitete Barschel/Engholm-Geschichte. Oder war es eine Engholm/Barschel-Geschichte? Oder eine Stasigeschichte? Oder gar ein Medienskandal?

Dieser Argumentation soll hier nicht weiter gefolgt werden: Dies alles ist suspekt, zumindest nicht frei von Ambiguitäten, die für die eine Seite eben die hehre Gratwanderung des Berufsstandes ausmachen, die für die andere die moralische Fragwürdigkeit der Journaille beschreiben: Was soll und was darf die Presse?

Zwar könnte man bei diesen Ambiguitäten auf dem Niveau eines SPIEGELs und einer seriöser Tageszeitung weiter argumentieren. Dabei wäre es aber ein allzu leichtes und vordergründiges Spiel, ein Exempel etwa an der Talkshow einer Frau Schreinemakers zu statuieren. Überhaupt stellt der Boulevardjournalismus täglich neu unter Beweis, dass er *nach unten offen* ist. Bergmän-

nisch ausgedrückt heißt dies: Die Teufe steigt weiter. Bei der neu-
en Pornographie des Betroffenheitsjournalismus werden nicht
schöne Körper entblößt, sondern abgeschmackte Seelenzustände.
Vermeiden wir also die profane Wollust des Infotainments und
gehen zurück zur Höhe der publizistischen Verfassungsinstitute.

Zwischen verlegerischem Interesse auf der einen und Ge-
meinwohl wie Individualwohl von Berichterstattungsobjekten
oder Lesern auf der anderen Seite zu vermitteln, das wäre die
Aufgabe der Publizistik, wie es gerne heißt: keine leichte Aufgabe. Medienkritik wäre also das praktische Feld der Publizistik,
jener Wissenschaft, die sich mit Kommunikationshandlungen
beschäftigt und ihre Zielgruppe als Öffentlichkeit begreift. Gemeint ist damit natürlich nicht Kritik in der Art eines *Literarischen
Quartetts*. Publizistischer Medienkritik kann es nicht um selbstbewusst vorgetragenen Geschmack gehen. Die hypotrophen Egos
einer solchen Kritik sind selbst literarische Figuren – nicht selten
aus gar nicht so großartigen, sondern aus recht mediokren Roma-
nen, öfter Wesen abgestandener Populär-Dramen als Geistes-
Titanen hoher Kultur oder gar eines wissenschaftlichen Verständ-
nisses.

Freilich ist jede Wissenschaft so einheitlich wie die Gemeinde
ihrer Wissenschaftler: also uneinheitlich. Aber zwei Axiome einen
sie doch, diese Damen und Herren Medienkritiker, denn sie sind
die Grundpfeiler, auf denen das Erkenntnisdilemma der gesamten Disziplin thront. Die erste Grundannahme der Medienkritik
lässt sich folgendermaßen beschreiben: Es ist der Versuch, aus
einem Omelett Küken zu ziehen. Wir alle wissen, dass man Eier
zerbrechen muss, wenn man ein Omelett machen will. Dieser
Prozess ist plausibel. Schwierig ist allerdings seine Umkehrung:
aus Omeletts Küken brüten. Wir reden damit über das Problem
der Irreversibilität von Erkenntnisprozessen. Die zweite abstruse
Grundannahme der Medienkritik ist ihr Glaube, aus ihrem Geschäft des Zeitunglesens und Fernsehguckens lernen zu können,

was Wirklichkeit sei. Tatsächlich blickt die Medienkritik in ein hübsch drapiertes Schaufenster, meint aber, durch ein Fenster hinaus ins Leben zu blicken. Dies ist, akademisch formuliert, der Tatbestand der Autoreferentialität.

Beide Irrtümer bezeichnen den Versuch des Gnomons, das Sonnensystem, dessen Schatten er wirft, zu beschreiben: Willkommen in der Welt der Paradoxie! Beide Irrtümer klingen philosophisch so gewichtig und sind sie im Alltagsprozess so häufig, dass wir sie relativ einfach beobachten können: Unser Medienkritiker schlägt die FAZ auf und liest einen Artikel – sagen wir sechzig Zeilen – über ein ökologisches Thema. Verfolgen wir nun den Prozess, werden wir merken, dass unser Medienkritiker während der gesamten Zeit von den beiden Grundannahmen begleitet wird. Unser Proband wird meinen, dass er aus der Zeitungslektüre zumindest annäherungsweise erfährt, was wirklich geschehen ist: *Hinter dem Blatt* – das ja in der Tat zum Weltbesten gehört, was Journalismus zu bieten hat – *steckt immer ein kluger Kopf*. Dieser also blickt in das Schaufenster und meint, es wäre ein Fenster. Ferner wird er meinen, er könne aus dem Artikel selbst schließen, wie er entstanden sei: das Küken also aus dem Omelett entwickeln.

Folgen wir einem Beispiel: Es geht um Laubenpieper, Kleingartenkolonien, Schwermetall auf Erdbeeren und Krematorien. Dabei ist es egal, ob es sich um einen realen oder fiktiven Fall handelt. Unser Medienkritiker hat also in der FAZ gelesen, dass die allfälligen Befürchtungen von krebserzeugenden Umweltbeeinträchtigungen in der Nähe von Krematorien durch deren Nahbereichsemissionen weit übertrieben seien. Es hatte in Berlin ein durch die Senatsverwaltung verhängtes Verzehrverbot für Salate und Obst in der Nähe des Krematoriums Willmersdorf gegeben. Wie aber jetzt die Zeitschrift SCIENTIFIC REVIEW berichtet, sind die *hidden hazards of cremation* gar nicht so virulent. Dies hat Professor Morris an einer Vergleichsstudie mit 18 nordameri-

kanischen Krematorien und deren Auswirkung auf eineiige
Zwillinge nachgewiesen. Dank kluger Kontextassoziationen – er
hat schließlich auch den politischen Teil seiner Zeitung gelesen –
weiß unser Publizist nun, dass es um ein umweltrechtliches Problem geht, einen strittigen Anwendungsfall der Bundesimmissi-
onsschutzverordnung. Er vermutet nun, dass die FAZ einen Um-
weltskandal vertuschen will. Oder aber den nützlichen Idioten
aus der Wissenschaft Gehör verleiht. Oder aber, ja, was oder
aber?

An die Senatsverwaltung in Berlin war ein deutsches Unternehmen, die RUHESANFT GMBH, herangetreten und hatte die
Kommerzialisierung von kommunalen Dienstleistungen angeboten, wie wir sie aus der Müllentsorgung ja schon kennen. Das
private Unternehmen wollte das Krematorium zu deutlich nied-
rigeren Kosten betreiben. Die FDP-Fraktion jubelt. Dann gehen
aber Meldungen in der örtlichen SPD-Fraktion ein, dass zufällig
anwesende Bürger aus der englischen Partnerstadt berichtet haben, dass dort Gärten geschlossen worden sind, weil ... Es tau-
chen in der Lokalpresse – unerklärlich, durch wen lanciert – erste
Hinweise auf eine erhöhte Kindersterblichkeit auf. Die Aktivitäten der BÜRGERINITIATIVE LAUBENPIEPERS GLÜCK E.V. und deren
Wirkung auf die Fraktion der GRÜNEN lassen wir hier außen vor,
obwohl dies die Lokalpresse mit leidenschaftlichen Debatten füllt.

Die RUHESANFT GMBH gehört zur englischen HOLY FIRE LTD.
Die englische HOLY FIRE LTD. vermarktet europaweit kommunale
Dienstleistungen. Die Gesellschaft will in London gerade an die
Börse gehen. Ihre Geschäftätigkeit ist erfolgreich, leidet aber an
einer gewissen Liquiditätsschwäche. Analysten von der DEUT-
SCHEN MORGAN GLENFIDDICH verbreiten sich über diesen Makel
in der FINANCIAL TIMES. Der PLATOW BRIEF nimmt Witterung auf.
In der Londoner City gibt ein australischer Verleger einen Lunch,
es mehren sich Gerüchte um einen Übernahmeversuches durch
die australische BURN, PEACE AND SMOKE PTY.

Bärbel Ehrlichmann vom Privatsender plant schon einen Beitrag über *Omas Blei auf dem Blumenkohl*. Es werden Interviewpartner per Zeitungsinserat gesucht; für die Talkshow am Vormittag von Ilona Fliegenfänger trainiert ein Caster bereits zwei Betroffenengruppen auf ein Streitgespräch: Die einen haben Tante Luise trotz ihres Schwermetallgehalts feuerbestattet, die anderen jetzt nach Verzehr von Pflaumenkompott aus eigener Zucht eine Allergie. Als Überraschungsgast ist Omas erster Verlobter angekündigt, den sie vor vierzig Jahren aus den Augen verloren hat und der nun vom Blumenkohl kosten will ...

Dies wäre alles hinzunehmen, wenn nicht im Branchendienst NEW BUSINESS gestanden hätte, dass die internationale PR-Gruppe HILLY BILLY & BOLTON einen Etat gewonnen hätte, mit dem offensichtlich auch Investor Relations gemacht würde. Es seien schon Kursveränderungen bei der HOLY FIRE LTD. zu sehen. Eigenartigerweise seien in diesen Auftrag nicht nur das Büro Sydney und das Büro London der PR-Gesellschaft eingeschaltet – also die Investor-Relations-Experten an den Finanzplätzen –, sondern auch die Berliner Partneragentur KUPFER, TAUSCH UND PARTNER, die einen zweifelhaften Ruf in den Bereichen *verdeckte Pressearbeit* und *Event Marketing* genießt.

Für PR-Laien unter den Publizisten: Was wäre, wenn eine verdeckte Pressearbeit eben jenes Ereignis oder jenen ökologischen Zusammenhang überhaupt nur inszeniert hätte, um darüber den Börsenwert eines zu akquirierenden Unternehmens zu senken, womit sich die Übernahmekosten und der Abwehrwille verringerten? Was wäre, wenn dies so wäre, aber die instrumentalisierte Umweltgefahr gleichwohl bestünde? Wäre der Fall dann authentisch oder fiktiv? Gibt es ein wahres Leben im falschen und ein falsches im wirklichen?

Wie viel Naivität gehört dazu zu glauben, derartige Komplexität aus dem Text der Zeitung herauslesen zu wollen? Im Grunde stehen alle Ideologiekritiker, Inhaltsanalytiker und publizistischen *Zwischen-den-Zeilen-Leser* vor einer religiösen Annahme: jener der Exegese. Was also bei der Bibel, dem Wort des Herrn, möglicherweise für den gebildeten Theologen oder den gläubigen Laien Wirklichkeit wird, nämlich die Wahrheit zwischen den Buchstaben zu erfahren, soll hier medienkritisches Bewusstsein leisten. Ein solches Wunder wollen wir für unseren Medienkritiker und seine sechzig Zeilen in der FAZ gerne annehmen, aber glauben können wir daran nicht so recht. Im übrigen war natürlich das ganze Beispiel fiktiv: Es gibt keine HOLY FIRE LTD. und keinen LAUBENPIEPER-Skandal. Oder doch?

Was also ist Medienkritik: Eine Erscheinung dessen, was sie zu untersuchen vorgibt? Sie ist ein Teil des Problems, das sie zu lösen meint. Sie ist nicht die Medizin, das Wundermittel, sondern eine Facette der Krankheit. Wie ernst nehmen wir Medienkritik? So ernst wie das, was sie zu kritisieren vorgibt, wie die Medien selbst. Nicht ernster! Sie ist der intellektuelle Hochseilakt im Medienzirkus, eine erhabene Show in der Kuppel, während in der Manege die Löwen brüllen und die Clowns scherzen. Auch sie, gerade sie gehorcht dem Gnomonischen Prinzip.

Wo liegt der Ausweg? Vielleicht in der Etablierung einer Metakommunikation durch *ihre* Wissenschaft, die Publizistik? Nun, man lernt nicht kochen, indem man viel isst. Man lernt nicht keltern, indem man Wein trinkt. Lapidar: Wer das Produkt verstehen will, muss die Produktion kennen. Zu fordern ist also zunächst – im Sinne der Ersten Hilfe – der Notrettung des Darniederliegenden durch gelegentliche Aufhebung der eingeschliffenen Arbeitsteilung: Schickt die Handwerker des Geschäftes in die Hörsäle, schickt die Professoren an die Rotation. Dies dient dem Zweck, die Annahmen der Kritiker über die Praxis der Praxis anzunähern.

Dies lässt sich am Beispiel eines guten Essens erläutern: Es gibt Restaurants, in denen befrackte Oberkellner die Speisen durch automatische Türen in den Saal schleppen und dem Geist jeder

Blick in die Küche verwehrt ist. Es gibt aber auch Restaurants, in denen die Küche nur durch eine große Glasscheibe abgetrennt ist, den Köchen also bei ihrem Wirken zugesehen werden kann. Die Fische des Tages werden hier dem Gast vor der Zubereitung präsentiert, der Unterschied zwischen einem *Loup de Mer* und einem Babytigerhai erläutert. Und wer hat selbst nicht schon versucht, eine Seezunge zu braten, was furchtbar daneben ging ... (die Metaphorik des kulturellen Wandels in der Restauration wird später noch aufzuwärmen sein).

Zu fordern ist die Etablierung einer Metakommunikation seitens der Publizistikwissenschaft. In der *Wine-and-dine-Metapher* heißt dies: Diese Metakommunikation ist Lebensmittelchemiker, Kulturanthropologe, Psychologe und sonst noch alles. Sie kann halt darlegen, dass der ganze Aufstand nur gemacht wird, damit man satt wird, also um einen Verbrennungsmotor zu betreiben. Weil sie das alles darlegen kann, ist sie auch nicht arrogant oder gar prätentiös: Sie schätzt wie Grönemeyer eine anständige Currywurst. Soweit der Gedankengang, dessen Sätze klingen, als entstammten sie der Kulturrevolution oder einem Drittmittelantrag bei der Deutschen Forschungsgemeinschaft. Über die Systemtheorie wurde schon gesagt, dass sie als eine sich selbstoptimierende Theorie nicht über sich hinausführe, sondern sich in sich selbst verliere. Gleichwohl kann die Hypothese von der Konstruktion der Wirklichkeit im Medium der Fiktion aufrechterhalten werden: Geschichte als Geschichten.

Natürlich gibt es unterschiedliche Qualitäten von Geschichten. Dazu zunächst ein Beispiel und dann die akademische Fassung dieser These. *Woher*, so eine Frage aller Fragen, *kommen die kleinen Kinder?* Erster narrativer Ansatz: *Vom Klapperstorch.* Zweiter narrativer Ansatz: *Wenn der Papa die Mama ganz lieb hat, dann schickt der liebe Gott ein Engelchen* – auch die weiteren möglichen Geschichten werden das Wunder der Menschwerdung nie ganz durchdringen. Aber es wird eine *Ebene* der Geschichten geben,

die es einem Achtzehnjährigen erlaubt, sich auf dem Rücksitz von
Papas Ford im Autokino zu vergnügen, ohne eine ungewollte
Schwangerschaft zu riskieren. Es gibt also unterschiedliche Dis-
kursebenen, deren jeweilige Geschichten einen unterschiedlich
erfolgreichen Zugang zur Wirklichkeit erlauben. Zugang zur
Wirklichkeit meint: handeln können. Handeln können meint,
Vorsätze zu haben, die zur Erfüllung gebracht werden. Dabei ist
zugleich die Rede von *Arbeit* und *Spiel*, also intentionalem, teleo-
logischem Verhalten: Dazu hilft es, nicht mehr an den Klapperstorch zu glauben.

Der in Berlin erscheinende TAGESSPIEGEL hat in seinem Zei-
tungskopf das Motto *rerum cognoscere causas* – die Ursachen der
Dinge erkennen. Das ist der erwartete qualitative Sprung! Endlich
Schluss mit der Spiegelei! Die Ursachen der Dinge erkennen, das
ist ein erhabenes Programm. Hinter diese Dinge sehen zu wollen,
erscheint ohnehin sinnlos, denn: Kann man prüfen, ob der Spiegel
richtig spiegelt, indem man ihn von der Wand nimmt und seine
Rückseite betrachtet? Wohl kaum.

Also heißt dieser Sprung nicht, mehr Dinge erkennen, Bunte-
res sehen oder den Spiegel auf den Spiegel richten zu wollen.
Stattdessen springt der Blick von der Faktenhuberei auf *rerum
cognoscere causas*: die Ursachen der Dinge erkennen! Ein Projekt
ist damit umschrieben, das eigentlich gar nicht so akademisch ist,
wie es klingt. Die Rede ist vom publizistischen Imperativ: Lasst
uns die Hintergrundgeschichte schreiben! Lasst uns die Hintergrundgeschichte der Hintergrundgeschichte schreiben! Entwickeln wir die Kunst des Zweifelns, die höchste aller publizistischen Tugenden. Erzählen wir zu einer alten Geschichte die neue,
zum Märchen die Wahrheit, die morgen schon selbst wieder
Mythos ist, den wir entschleiern werden. Nichts stimmt wirklich,
nichts stimmt endgültig. Der größten Selbstverständlichkeit wird
auf die Schulter geklopft. Widerlegen wir den Irrtum von gestern
und bereiten den von morgen vor.

Der Ausweg aus dem erkenntnistheoretischen Dilemma der konstruktivistischen Publizistik, der hier anempfohlen wird, ist natürlich eine Flucht. Wir fliehen vor der wissenschaftlichen Aporie in die Praxis. Legitim kann das nur sein, wenn diese nicht teleologisch ist. Es mag uns und hier erlaubt sein, da wir, die philosophierenden Praktiker, nur glossieren, uns also nur als Publizisten über die Publizistik äußern. Wir sind – das dürfte nach allem klar sein – ohne jeden Anflug von Minderwertigkeit in unserer praktischen Philosophie Gnomone und dies mit ständischem Stolz – aber auch nicht mehr. Den Wissenschaftlern ist dieser Weg verstellt. Trotzdem bleiben die Globaltheorien aus. Zu wenig Zeit zwischen all den Lehrverpflichtungen, sagen die Ordinarien – gleichwohl tummelt sich dieser und jener auf den Verbandstagungen oder lehrt aus Erholungsgründen in dieser oder jener Provinz. Vielleicht ist aber auch die Erwartung an die Wissenschaftler falsch, sprich kindlich-naiv oder quasi-religiös. Wissenschaft hat (im Gegensatz zur Ideologie) selten Erlösungspotential (sie ist keine Ersatzreligion). Darf also, so muss abschließend gefragt werden, an sie überhaupt die Forderung gestellt werden, einen archimedischen Punkt zu finden, mit dem ihre Wissenschaftler die Lügenwelt ein für allemal aus den Angeln heben?

Was ist Konstruktivismus?
Zur philosophischen Verwirrung in der Publizistik

> *„Ich habe das Wasser von Tschangscha getrunken,*
> *und ich aß die Fische von Wuhan.*
> *Jetzt aber, überquerend den tausendmeiligen Strom,*
> *blicke ich weit in den offenen Himmel von Dschou.*
> *Unbesorgt der Wind trüge auf und die Wellen schlügen.*
> *Denn es ist besser als Müßiggang in den Höfen.*
> *Und heut' ist alles weit und frei.*
> *Und ein Strom war's an dem Konfuzius sprach:*
> *So aber ist alle Natur im Fluss."*

Ein Image ist nach landläufiger Auffassung etwas Besonderes; ein positives Image allemal. Der Starruhm von Hollywoods Gnaden oder der Glamour eines Sternchens ist von dieser Qualität des *Ach-so-Schönen.* Wer würde nicht gern wie Rex Gildo – um nur ein solches Menschenbild zu nennen – als der ideale Freund aller Frauen gelten, mit ewiger Jugend und nicht versiegender Partylaune ausgestattet? Aber dazu braucht man – wir wissen es von Marylin Monroe aus *Some like it hot* – einen Agenten: *„Ask my agent!"* Der Ruf, derartige Wunderdinge schaffen zu können, begründete einst den Nimbus der Public Relations. Verglichen mit so schnöden Dingen wie Werbung ist sie eine eher geheimnisumwitterte Kommunikationsdisziplin, die – wenn sie schon keine Menschheitsträume erfüllen kann – doch so manches in ein günstiges Licht zu rücken weiß. Hier seien *Imagekonstrukteure* am Werk, so der *terminus technicus.* Wer hätte nicht gern – und sei es nur für die Mit- und Nachwelt – ein schönes Bild von sich selbst? Aber: Wo (Neon-)Licht ist, ist auch Schatten. Bescheidenere Gemüter und zurückhaltendere Seelen beschleicht Skepsis: Alles nur Illusionstheater? Jahrmarkt der Eitelkeiten? Bildnisse des Dorian Gray?

Als der Schlagersänger Rex Gildo an den Folgen eines Selbst-
mordversuches verstarb, suchten sich die Feuilletons das tragische Ende des einst gefeierten Stars durch einen Imagekonflikt zu
erklären. Einerseits habe es den Ruf des jugendlichen Liebhabers
gegeben, der tagein tagaus mit *Hossa-Rufen* die *Fiesta Mexicana*
feierte, den die Damenwelt verehrte wie dereinst seine Film-
traumpartnerin Gitte. Andererseits sei da der erfolg- und vielleicht auch mittellose Animateur von Provinzveranstaltungen
und Betriebsfesten in Möbelhäusern gewesen, der im Rentenalter
seinen jugendlichen Liebhaber nicht mehr habe halten können
und Zuflucht bei Schönheitschirurgen und im Alkohol suchte. In
einer Boulevardzeitung fand sich die zugespitzte Frage: *Kann ein
Image tödlich sein?* Und ein TV-Magazin wusste: *Sein Image hat ihn
gekillt!* Das ist insbesondere jenen in der Publizistik aus der Seele
gesprochen, die schon immer vor den trügerischen Fiktionalitäten
der Medienwelten gewarnt haben und ihre Hoffnung auf eine
bessere Gesellschaft weiterhin auf den *Verständigungsorientierten
Dialog* setzen. Dort können bunte Trugbilder nur den nüchternen
Sinn verstellen.

An philosophischer Radikalität hat die Frage nach den Trug-
bildern der Publicity durch eine wissenschaftliche Strömung gewonnen, die *Konstruktivismus* oder gar *radikaler Konstruktivismus*
genannt wird. Wie bei vielen Zeitgeistbewegungen gibt es zwei
Lager. Einigen Zeitgenossen scheint das konstruktivistische Ge-
dankengut eine höchst erfreuliche Mode, mit der sich zu schmü-
cken nicht falsch sein kann. Anderen sind Sprache und Denken der
Image-Konstrukteure ein Gräuel, weil schwer verständlich, un-
gewohnt bis verwirrend, von beliebiger Moral und mit unabseh-
baren Folgen – Teufelszeug also. Solche Polarisierungen erlauben
Statusberichte. Sie geben Gelegenheit, den Konstruktivismus als
das *Neue* vor seinen Feinden und seinen Freunden zu bewahren.
Auf dass es dem radikalen Konstruktivismus, sei er nun der *Stein*

der Weisen oder nur des *Kaisers neue Kleider*, besser gehe als Rex Gildo: Dem wurde ein Imagekonflikt zum Verhängnis.

Was nun ist Konstruktivismus? Worum geht es? Im Kern geht es um eine philosophische Disziplin namens Erkenntnistheorie oder – weiter gefasst – Epistomologie. Das ist etwas anderes als jene von Lehrerpartys bekannten Konversationswissenschaften der Sozialpsychologie, in denen man Alltagserfahrungen terminologisch ein wenig aufpoliert. Auch die klassische Publizistik an unseren Universitäten – zumeist gehobene Zeitungslehre – hat mit dieser anderen Qualität ihre Probleme; allzumal leidet das, was vielerorts von PR-Pensionären und PR-Professoren als *Theorie der Public Relations* zusammengedichtet wird – unnötig, denn Erkenntnistheorie handelt nicht von unbekannten Kontinenten. Es geht um die so einfache Frage wie: *Was ist wirklich?* Oder besser gefragt: *Was ist wirklich wirklich?* Man interessiert sich für die Bedingungen der Möglichkeit von Erkenntnis – bezogen auf Verstand und Vernunft, nicht die Physiologie der Wahrnehmung.

In der Philosophiegeschichte landet man damit bei der Schlüsselfrage, welche die Moderne eröffnet hat, und bei Immanuel Kant und seinen Prinzipien der reinen Vernunft. „Was Gegenstände betrifft, so fern sie bloß durch Vernunft und zwar notwendig gedacht, die aber (so wenigstens, wie die Vernunft sie denkt) gar nicht in der Erfahrung gegeben werden können, so werden die Versuche, sie zu denken (denn denken müssen sie sich doch lassen), hernach einen herrlichen Probierstein desjenigen abgeben, was wir als die veränderte Methode der Denkungsart annehmen, dass wir nämlich von den Dingen nur das a priori erkennen, was wir selbst in sie legen", schrieb der gute alte Immanuel Kant um 1787, die Methode grundlegend, die zwei Jahrhunderte später im Konstruktivismus wieder aufscheint. Es ist nicht klug, sich in diesem Licht zu wärmen, ohne nach der Sonne zu fragen, die es abstrahlt. Jeder Versuch aber, die Transzendentalphilosophie Kants in sechs Sätzen zu erläutern, ist zum Scheitern verurteilt.

Damit tritt das Dilemma der Konstruktivismusrezeption, die allfällige Verwirrung in der Publizistik, in die erste Runde: Intellektuelle Basis des Konstruktivismus ist das aufgeklärte Denken Kants. Dies wissen einige kenntnisreiche Freunde des Konstruktivismus und die Kenntnisreichen unter den Kritikern räumen durchaus ein: *Was am Konstruktivismus gut ist, ist von Kant; was an ihm nicht von Kant ist, ist auch nicht gut.* Wie aber seine Abneigung gegen die *Imagekonstrukteure* begründen, wenn man Kant nun überhaupt nicht kennt? Dass Kant intellektuell schwer zugänglich ist, sich dem Alltagsverständnis bei einer spontanen Begegnung verschließt, könnte man wohl freimütig zugeben. Aber es ist dem Philister ein Gräuel, Wissenslücken einräumen zu müssen. Diesen Mut haben nur die wirklich Gebildeten!

Aus diesem Dilemma haben die Kritiker des Konstruktivismus schließlich einen Ausweg gefunden: durch eine gärtnerische Maßnahme. Man trennte die suspekten Triebe von ihren Wurzeln und pflanzte sie auf einen neuen Stamm. Dieser der Baumschule entlehnte Kniff des Pfropfens erwies sich als segensreich. Nun konnte man die neuen Wurzeln erstens leichter beschreiben – was auch die Freunde des Konstruktivismus mit Erleichterung nutzten –, vor allem aber man konnte sie einfacher kritisieren – was die Feinde natürlich erfreute. Aus Erkenntnistheorie wurde in dieser Baumschule Wahrnehmungspsychologie, aus Philosophie wurde also Psychologie, aus Psychologie schließlich Anthropologie und letztendlich Biologie, aus etwas intellektuell sehr Abstraktem also ein Prinzip des materiellen Lebens. So hing der Apfel der Erkenntnis zu guter Letzt an einem Pflaumenbaum, wofür er nun zu tadeln war.

Die Betriebswirtschaftler Ansgar Zerfaß und Andreas Georg Scherer entdeckten 1993 die *Irrwege der Image-Konstrukteure:*

„Beim radikalen Konstruktivismus handelt es sich um eine Erkenntnistheorie [sic!], die im wesentlichen auf die Untersuchungen der
chilenischen Biologen Maturana und Varela zurückgreift. Der Ansatz
stützt sich auf die Untersuchung von Wahrnehmungsprozessen in lebenden Systemen und führt zu einer Erkenntnistheorie [sic!], nach
der sich jegliche Kognition, jedes Erkennen aus der funktionalen
Struktur eines erkennenden Organismus erklären lässt. Erkenntnis
wird somit als ein rein biotisches Phänomen aufgefasst. Nach dieser
Auffassung existiert keine vom Beobachter unabhängige Welt."

So geht es in der Baumschule zu: Kaum ist die Krone auf einen
anderen Stamm gepfropft, kann man schon die Wurzeln gegen sie
wenden. Ironischerweise ist das hier missbrauchend bemühte
Werk von Maturana/Varela mit *Der Baum der Erkenntnis. Die biologischen Wurzeln des menschlichen Erkennens* betitelt. Möglich war
das Umpfropfen durch einen – abmildernd ausgedrückt – *Vokabelfehler*: Biokybernetisches *Erkennen* wird mit der epistomologischen Kategorie der *Erkenntnis* verwechselt. Aber das ist ein anderes Thema ...

Freilich haben an der in der Baumschule gefälschten Vaterschaft auch die Freunde des Konstruktivismus ihre Schuld. Sie
haben der Versuchung nicht widerstehen können, sich am vermeintlichen biologischen Tiefgang ihrer angelesenen Sozialwissenschaften zu begeistern. Nicht jeder, der sich mit einer Mode
schmückt, ergründet sie. Vieles in der Handreichungsliteratur der
Kommunikationswissenschaften ist modische Applikation. So zitiert selbst der Münsteraner Kommunikationswissenschaftler Klaus
Merten den Anthropologen Arnold Gehlen. Und in das viel gelesene Kompendium *Die Wirklichkeit der Medien* hat der zum *Opinionleader* der Konstruktivismusdiskussion avancierte Siegfried J.
Schmidt einen fatalen, weil biologistischen Einstieg gewählt – für
einen gelernten Linguisten ein besonders enttäuschender Erdungsversuch in der vorkritischen Naturwissenschaft. Weitere
Beispiele ließen sich finden. Die Konstruktivisten selbst kokettie-

ren derart mit der wissenschaftlichen *Breite* ihres Ansatzes, dass ihre illustrierenden Erörterungen vom fachfremden Leser mit epistomologischer Herleitung – Deduktion – verwechselt werden können. So wird aus einem heuristischen Ansatz eine veritable Welttheorie, die so weit Generalisierungen erlaubt, dass sie in den Rang einer wissenschaftlichen Ideologie tritt. Biokybernetische und kulturtheoretische Diskurse seien aber dringend wieder zu trennen, flehte selbst das Feuilleton der FAZ. Solche Erörterungen der Sekundärliteratur – innerwissenschaftliche Grabenkämpfe – sind ermüdend; sie würden noch ermüdender, wenn man darlegt, welchen Beitrag Niklas Luhmann zu dieser Missverstehbarkeit geleistet hat.

Unterhaltender ist ein literarischer Versuch, den wir dem Buch *Tu R'an Dot* des chinesischen Philosophen Lao Zi Fu zu verdanken haben. Dort gibt es folgenden sokratischen Dialog:

LEHRER: *Schüler, nenne uns die Hauptfragen der Philosophie!*

SCHÜLER: *Sind die Dinge außer uns, für sich, auch ohne uns, oder sind die Dinge in uns, für uns, nicht ohne uns?*

LEHRER: *Welche Meinung ist die richtige?*

SCHÜLER: *Es ist keine Entscheidung gefallen.*

LEHRER: *Zu welcher Meinung neigte zuletzt die Mehrheit unserer Philosophen?*

SCHÜLER: *Die Dinge sind außer uns, für sich, auch ohne uns.*

LEHRER: *Warum blieb die Frage ungelöst?*

SCHÜLER: *Der Kongress, der die Entscheidung bringen sollte, fand, wie seit zweihundert Jahren, im Kloster Mi Sang statt, welches am Ufer des Gelben Flusses liegt. Die Frage hieß: Ist der Gelbe Fluss wirklich, oder existiert er nur in den Köpfen? Während des Kongresses aber gab es eine Schneeschmelze im Gebirge. Der Gelbe Fluss stieg über seine Ufer und schwemmte das Kloster Mi Sang mit allen Kongressteilnehmern weg. So ist der Beweis, dass die Dinge außer für uns, für sich, auch ohne uns sind, nicht erbracht worden.*

Alles klar?

Der Konstruktivismus stellt keine *Ob-Frage*, sondern eine *Wie-Frage*. Ob es den Fluss gibt, ist hier weniger wichtig. Was der Fluss für uns ist, wie wir ihn sehen, als was wir ihn denken und warum wir das so tun, das sind die Fragen, die den Konstruktivisten umtreiben. Dieser sah 1966 den chinesischen Machthaber Mao Tse Tung den Gelben Fluss durchschwimmen – präziser formuliert: Er sah vor Jahrzehnten in allen Zeitungen Fotos vom chinesischen Machthaber Mao Tse Tung, auf denen dieser angeblich den Gelben Fluss durchschwamm. Zwanzig Jahre später sah er Deng Xiao-Ping schwimmen und Ronald Reagan und Franz Josef Strauß. Der Konstruktivist fragt sich schon bei Mao: Warum lässt die chinesische Propaganda einen *stunt-event* einschließlich *foto-opp* organisieren, mittels dessen sie eine *story* verbreiten kann, nach welcher der greise Mann den Gelben Fluss durchschwommen hat? *Was ist die message dieses issue managements?* würde man heute fragen. Warum ist dieses Ereignis heute noch in der Erinnerung? In der Erinnerung ist auch ein Gedicht, das der gleiche Staatsmann als zorniger junger Mann Jahrzehnte vor seinem Bad im Strom geschrieben hatte. Darin spricht er vom Müßiggang in den Höfen, die er hinter sich gelassen hat, dem neuen Wind, der aufträgt und alles ändert. *Ich denke dies*, so sagte er, *während und weil ich den tausendmeiligen Strom, den Gelben Fluss betrachte.*

Was ist der Gelbe Fluss? Der Tsch'ang-Kiang entspringt als Muruiussu im Hochland von Tibet, wendet sich als Dretschu südwärts und durchmisst in tief eingeschnittenen, streckenweise noch unerforschten Talschluchten und besiedelten Weitungen zwischen den von Norden nach Süden streichenden Hochketten von 5000 bis 6000 Metern Höhe in gewaltigem Zickzacklauf als Kinschakiang das osttibetische Randgebirge, wo ihm der Jalungkiang zuströmt. Mit einem Wasserfall von drei Metern Höhe tritt er, nunmehr schiffbar, bei Pingschan in das Rote Becken von Szetschuan ein und bildet mit nordöstlicher Laufrichtung dessen Längsachse. Hier nimmt er den Mm, Lu und Kialing auf und durchbricht dann die östlichen Randketten des Beckens mit den fünf Jangtse-Schluchten. Zwischen Kalkfelswänden von vielen hundert Metern Höhe wird der Fluss auf 200 Meter Breite eingeengt und verursacht mit seinen Schnellen und Wirbeln immer wieder Schiffsverluste. Bei Itschang tritt er in 90 Meter Meereshöhe, aber immer noch 1700 Kilometer vom Meere entfernt, in das Tiefland ein. Infolge des selbst aufgeschütteten Dammbettes münden die dortigen Nebenflüsse mit großen Rückstauseen. Im Delta-Mündungsgebiet teilt er sich in große seichte Gezeitenarme mit flachen Aufschüttungsinseln, deren größte, Tschungming, besonders dicht besiedelt ist. Gewaltige Mengen von Sinkstoff färben Strom und Meer im Mündungsgebiet weit hinaus hellbraun. Die Gezeitenbewegung des Meeres reicht 470 Kilometer stromauf bis Wu-hu. Seine Gesamtlänge beträgt 5800 Kilometer. Na und?

Dem Konstruktivisten ist diese Faktizität des Wasserlaufs nicht so arg wichtig. Ihn interessiert die Wirklichkeit der Mythen des Flusses. Ihn interessiert die Frage, ob es dies oder jenes faktisch gab. Er glaubt nicht mal dem Hegel-Motto, dass alles, was wirklich ist, auch vernünftig sei, also wahr. Nicht alles Wirkliche, findet er, ist wesentlich. Schon gar nicht ist irgendetwas wahr, nur weil es wirklich ist. Gerade der Publizistik als gehobener Zeitungslehre geht diese Kröte nicht durch den Hals, da es doch das Grundprinzip des Nachrichtengewerbes zu sein scheint, dass alles, was wirklich passiert ist, auch wahr ist, und dann vielleicht auch *fit to print*. Diese berufspathologische Disposition des Journalisten ist zugleich das Erfolgsgeheimnis von *Event-PR*: Wenn es den *Event* wirklich gab, ist es auch *wahr*, also kann man darüber als *Nachricht* berichten, sprich dessen *story* und die *message* redaktionell abdecken.

Das zweite Dilemma der Konstruktivismusrezeption in der Kommunikationsbranche liegt darin, dass es vielen nicht gegeben ist, zwischen Wirklichkeit und Wahrheit zu unterscheiden. Nur was wirklich ist – einmal außen vorgelassen, was eben dies ist, das Wirkliche -, kann auch wahr sein. Damit erscheint jedes Infragestellen des Wirklichkeitscharakters so, als wenn Wahrheit bezweifelt würde. Das Wahre scheint das Wirkliche und das Wirkliche das Erfahrbare. Kaum Kant entronnen, müssten diese Kritiker des Konstruktivismus nun auch noch mit Hegel ringen. Davor bewahren sie aber – zur Freude der Betriebswirte – angelesene Erlösungstheorien der Popper-Jünger, deren Rationalismus alle philosophische Hintergründigkeit erspart. Dem folgt gleichwohl eine kausalistische Praxis. Wenn verifiziert werden kann, indem nicht falsifiziert werden kann, und es auch noch mit bloßem Auge zu sehen ist, wenigstens mit der Lupe: Was soll dann der Unsinn, dass wahr nicht gleich wirklich ist? Die Verunsicherung beruht auf jener empirischen Naivität, die von den Geisteswissenschaften schon seit langem und nun auch von den Naturwissenschaften nicht mehr getragen wird. Leider hat der englische Modephilosoph Popper dieses tiefe Wissen durch seine Handreichungen einer Legitimationsideologie des empiristischen und kausalistischen Denkens nachhaltig verstellt.

Sind die *Negativen Zahlen* wirklich? Die *Natürlichen Zahlen* sind es, man kann sie an den Fingern abzählen. Aber die Negativen? 1545 verwendete – so in einer Philosophiegeschichte zu lesen – der italienische Arzt und Mathematiker Gerolamo Cardano – der, nach dem der Kardanantrieb benannt wurde – zum ersten Mal Quadratwurzeln aus Negativen Zahlen zum Lösen kubischer Gleichungen; die *Imaginären Zahlen* tauchten auf. Benoit Mandelbrot erfindet in der Folge der Imaginären Zahlen Jahrhunderte später das *Apfelmännchen*, die nach ihm benannte *Mandelbrot-Menge*, die als Kugelstruktur in der Fraktalgeometrie eine Teilmenge der komplexen Ebene bildet. Hier lässt sich das epistomologische Dilemma in einer Frage verdichten: Erfindet Mandelbrot das *Apfelmännchen* oder entdeckt er es? Gibt es die nach ihm benannte Menge wirklich? Kann sie wahr sein, wenn es sie nicht wirklich gibt? Der Mathematiker Roger Penrose soll frecherweise gesagt haben: *Die Mandelbrot-Menge ist einfach da, wie der Mount Everest.* Wenn das stimmt, herrscht ein anderes Wirklichkeitsverständnis als das des einfachen Sensualismus (fühlen, hören, sehen, schmecken). Ob man diese Wirklichkeit immer empirisch falsifizieren oder verifizieren kann, also den Popper'schen Hammelsprung vollziehen, daran muss gezweifelt werden.

Warum sollte sich die Publizistik mit solchen philosophiegeschichtlichen Irrungen belasten? Die Wirklichkeitsfrage wäre bei kommunikativen Phänomenen eigentlich ganz leicht von der Wahrheitsfrage zu trennen. Schon das Kommunikat *Gerücht* zeigt, dass es einen wirklichen Vorgang geben kann, dessen Wirklichkeit nicht von der tatsächlichen oder vermeintlichen Wahrheit abhängt. Was ich wahrnehme, *ist* – jedenfalls für mich. Wahrnehmung heißt eben, anders als es der Wortsinn *Für-wahr-nehmen* nahe legt, zunächst einmal nur – quasi kybernetisch – aufnehmen. Aber die wiederholte Wahrnehmung stiftet irgendwann, so der böse Verdacht, zum Aufnehmen das *Für-wahr-nehmen*. Klaus Merten hat dies für Public Relations so zusammengefasst:

„Die permanent zu konstruierenden Wirklichkeitsentwürfe bedürfen der fortlaufenden Befestigung durch Wiederholung, Verweise auf Wahrheit und Glaubwürdigkeit, Orientierung an Meinungsführern, Instrumentalisierung von Vorbildern und vor allem der Kampagnen zur Erregung von Aufmerksamkeit. Und da Aufmerksamkeit nicht zu institutionalisieren ist, muss Neues ständig wiederholt geboten werden, so dass die Erwartungshaltung der Öffentlichkeit geradezu durch die Ausbildung einer Erwartung für Unerwartetes (Aktualität) zu charakterisieren ist. Von besonderem Interesse ist dabei die systematische Ersetzung von Fakten durch Fiktionen, so dass Wirklichkeit sich aus einer ‚realen' und einer fiktionalen, von den Medien beigesteuerten Wirklichkeit konstituiert, wobei der Stellenwert ‚realer' Wirklichkeit tendenziell ab-, der von fiktionalen Wirklichkeitsentwürfen der Medien dagegen zunimmt. Wirklich ist nicht mehr das, was wirklich ist, sondern das, was die Medien als wirklich darstellen."

Die Welt ist nur das, was der Fall ist, hätte Wittgenstein hier gesagt.
Das dritte Dilemma der Konstruktivismusrezeption folgt aus ihrer sozialwissenschaftlichen Unbedarftheit. Es ist wissenschaftshistorisch in den angelesenen Sozialwissenschaften weder der
Paradigmenwechsel durch den dialektischen Materialismus ver-
arbeitet, noch der wissenschaftstheoretische Status der *Kritischen
Theorie* erkannt, geschweige denn die Sloterdijk'sche Totenglocke
zur FRANKFURTER SCHULE vernommen. Die Wissenschaftsrezep-
tion ist rezeptologisch: Handreichungen werden gesucht. So pro-
pagierte über lange Zeit der Wiener Publizist Roland Burkart unter dem Begriff *Verständigungsorientierte PR* einen theoretischen
Ansatz, der auf der von Jürgen Habermas entfalteten Theorie des
verständnisorientierten Handelns aufbaut. Kommunikation zwischen Unternehmen und Öffentlichkeit wird hier als Dialog begriffen. Daraus leitet Burkart ab, dass Konflikte zwischen Unternehmen und Teilöffentlichkeiten fruchtbar dialogisch abge-
arbeitet werden können, was er auch zu exemplifizieren versucht.
Klaus Merten polemisiert zu Recht, dass Burkart mit der Formulierung dieses Ansatzes „in eine Spur semantischer Hazards ein-
getreten ist, die sich bis ins Jahr 1949 zurückverfolgen lässt und
die aus der ebenso leichtsinnigen wie arglosen, wissenschaftlich
aber gleichwohl definitiv unzulässigen Adaption von Strukturen
der Face-to-face-Kommunikation (Dialog, Gespräch) auf die von
Massenkommunikation her führt. Denn die Kommunikationswissenschaft hat – und das rächt sich bitterlich – den Begriff der
Massenkommunikation bislang nicht eigens definiert, sondern –
hier liegt die Ideologie – ihn als alltagswissenschaftlichen Begriff
unbekümmert weiter in ihrem wissenschaftlichen Repertoire be-
lassen."
     Das vierte Dilemma des Konstruktivismus liegt in der gesell-
schaftstheoretischen Unschärfe. Er läuft Gefahr, Gesellschaft zu
Subjekten hin zu atomisieren, zu Einzelmenschen, die subjektive
Entscheidungen treffen und so aus einer Agglomeration von Zu-

fälligkeiten durch bloßes semantisches Klammern soziale Gemeinschaft bilden. Für diese subjektivistischen Verwirrungen sind die Freunde des Konstruktivismus ebenso verantwortlich wie deren Gegner. Wenn als *Basistheorem des Konstruktivismus* definiert wird, „dass die Menschen ihre Wirklichkeit subjektabhängig konstruieren", so die Merten-Schülerin Andrea Kückelhaus, wird das erkenntnistheoretische Begriffspaar *objektiv versus subjektiv* in die Soziologie gestürzt und damit fehlgeleitet – auch so ein *Vokabelfehler* –, denn das kantische Subjekt ist nicht das Locke'sche Individuum.

Keineswegs steht es im Belieben des Einzelnen, wie er sich seine Wirklichkeit konstruiert. Das Subjekt agiert in seinen Wirklichkeitskonstruktionen mit nur relativer Freiheit, denn es agiert innerhalb eines hochkomplexen, disparaten Systems, interagiert mit den Elementen dieses Systems, eingefügt in die Struktur dieses Systems: Es jongliert also bestenfalls mittels der Funktionen dieses Systems. Dieses System wird landläufig die Kultur einer Gesellschaft genannt. Wir leben nicht nur in einer Kultur, wir erleben uns auch durch sie. Sie ist die Bühne, auf der wir spielen, und sie stellt den Kanon der Stücke, aus denen uns Rollen angeboten werden. Die Konstruktivisten haben schon Recht, wenn sie auf die Komplexitätsreduktion durch Mythen oder Images verweisen und so deren kognitive, affektive und soziale Lebenshilfe hervorheben. Aber die Komplexität wird nicht beliebig reduziert, nicht in beliebiger Weise. Das kulturelle System einer Gesellschaft gibt hierzu den Menschen einen Baukasten an Geschichten, Mythen und Diskursen, in denen sie ihre komplexe soziale Wirklichkeit auf handhabbare Sinnzusammenhänge reduzieren. Die mythenapplizierende Selbstreflexion, das *Subjektive*, ist der kulturelle Prozess selbst, das *Objektive* also. Das Objektive ist das Subjektive, zumal das Subjektive eine Spielart des Objektiven ist. Der Publizistik fällt es schwer dies zu denken, dass die Objektivität eine unfreiwillige Annahme ist, also ein determiniert Gemeinsames der Subjekte. Noch schwerer fällt ihr die Erkenntnis, dass das Subjektive nicht individuell beliebig ist, sondern eine der Spielarten des Objektiven. Sie glaubt lieber im Sinne des aufklärerischen Kontraktualismus an eine „Vereinbarung" zur Intersubjektivität – führt also das Subjekt im emphatischen Sinne wieder durch die Hintertür ein.

Diesen Einwand gegen den Subjektivismus in der Konstruktivismusrezeption kann man schon empirisch belegen: Wie kommt es, dass innerhalb der Gesellschaft einer Epoche die fiktionalen Wirklichkeiten trotz einer Vielzahl von Menschen aus einer ganz überschaubaren Zahl von Mythen bestehen? Wieso sind solche Mythen auch gegenläufigen ideologischen Positionen rekurrent? Der Tellerwäschermythos des *American Dream*, die klassenübergreifende Liebe der *Love Stories* oder der *Survival of the Fittest* im Großstadtdschungel ... Die Konstruktion von Wirklichkeit ist nicht eine subjektive kognitive Krücke, ein Ritt auf dem *achtzehnten Kamel*, wie Kückelhaus meint, sondern eine Operation innerhalb des kulturellen Systems einer Gesellschaft, also kultureller Prozess selbst und damit determiniert systemisch. Im Jargon der Systemtheorie formuliert sich diese Fähigkeit des Menschen, seinen Ketten zu spotten, so: Individuelle Freiheit ist die Fähigkeit der Überdetermination systemischer Determinanten. Sie ist damit eine Funktion, welche die Strukturen der Suprasysteme zu ihren Subsystemen zulassen. Das klingt nicht sehr humanistisch, ist aber leider *wahr. Wirklich* ist es übrigens auch.

Das letzte große Dilemma liegt schließlich bei den Publizisten selbst. Der Konstruktivismus ist als interdisziplinäre Kulturtheorie, als Philosophie des Kulturellen zu verstehen: Er ist keine speziell und besonders für die Public Relations geschaffene Veranstaltung. Die in der Publizistik nur aus vorausgehender tiefer Verzweiflung zu erklärende Euphorie – allen voran beim gelernten Linguisten Schmidt – leidet am zwanghaften Fokus auf das eigene akademische *Branding*, an der eigenen Nabelschau. Die

Konstruktivistische Kommunikationstheorie modelliert bei Schmidt Kommunikation als einen Prozess individueller Sinnkonstitution aus Anlass der Wahrnehmung eines Medienangebots in einer von den Kommunikationspartnern gemeinsam geteilten Kommunikationssituation. Die Bedeutung des Medienangebotes läge hier nicht im Medienangebot selbst; sie müsste durch kognitive Leistungen erst zugeordnet werden. Public Relations instrumentalisiere dabei für sich die Tatsache, dass die Vorstellung von einer objektiven Realität in einer Informationsgesellschaft zunehmend den Boden verlören, und nütze die Möglichkeit der Konstruktion von Wirklichkeit durch Kommunikation zum strategischen Moment organisatorischen Handelns. Public Relations würde so zum Management von Wirklichkeitskonstruktion durch Kommunikation. Hoppla! Damit ist alles zu allem vermengt, der Eintopf erscheint als die Spitze der *Nouvelle Cuisine*. Eklektizismus war der Publizistik nie fremd: Nicht zu Unrecht spricht man bei anderen PR-Theorien vom *Leipziger Allerlei*, und was hier aus dem ansonsten so kanonischen Münster schallt, erscheint wie *Ein Kessel Buntes*.

Was ist des Pudels Kern? Sagen wir es in den Worten des ersten Schwimmers im Gelben Fluss:

> „Wir betrachten die äußeren Ursachen als Bedingung der Veränderung und die inneren Ursachen als deren Grundlage, wobei die äußeren Ursachen vermittels der inneren wirken. Bei einer entsprechenden Temperatur wird ein Ei zu einem Küken, aber keine Wärme kann einen Stein in ein Küken verwandeln; denn die Grundlage der Veränderung ist bei den beiden verschieden."

Was ist das besondere dieses Einwandes? Hier verliert sich Subjektivismus. Es wäre grotesk, dem Stein die Möglichkeit zuzuordnen, sich als Ei zu denken und folglich qua Wirklichkeitskonstruktion zum Huhn zu werden. Hier verliert sich Materialismus, der den Stein als das bewusstseinsbestimmende Sein und damit als die Basis des Überbauphänomens Ei definierte. Wenn man weiterdenkt, verliert sich auch das Ei als eine Stufe in der Geschichte der Natur, die sich ununterbrochen vom Reich der Notwendigkeit ins Reich der Freiheit entwickelt hat. Damit ist über den dialektischen und historischen Materialismus radikal hinausgedacht. Das darf man wohl: Ideen radikal über ihre Verfasser hinauszudenken, das ist der Fortschritt in der Philosophiegeschichte.

Was der Konstruktivismus über Kant hinausdenkt, lässt sich schon an der zeitgenössischen Kant-Rezeption zeigen. Der Göttinger Mathematiker Georg Christoph Lichtenberg, ein titanischer Geist der zweiten Hälfte des achtzehnten Jahrhunderts, notiert in seinen *Sudelbüchern* eine kantische Beobachtung: *„Sobald man weiß, dass jemand blind ist, so glaubt man, man könnte es ihm hinten ansehen."* Das ist ihm ein sehr plausibles philosophisches Exempel zu einem schwer zu interpretierenden Philosophen. Der Göttinger notiert an anderer Stelle: „Kant sagt eigentlich: wir setzen voraus, dass allen Erscheinungen Dinge an sich zum Grund liegen, aber wir wissen nicht, ob dieser Voraussetzung Realität zukomme, ob ihr in der Tat das Vorausgesetzte entspreche". Aber dies ist Lichtenberg wie den Konstruktivisten nicht die Richtung, in die ihr Interesse läuft. An wiederum anderem Ort notiert Lichtenberg: „In der Vorrede zur zweiten und dritten Ausgabe von Kants Kritik kommt viel Sonderbares vor, dass ich schon oft gedacht, aber nicht gesagt habe. Wir finden keine Ursache in den Dingen, sondern wir bemerken nur das, was in uns herein korrespondiert." Es gibt also beides, die objektive und die subjektive Realität. Von ihnen besteht die letztere aufgrund einer Korrespondenz des einen zum anderen, genauer gesagt zwischen beiden.

Die Lichtenberg'sche Kant-Rezeption ist trotz Aphorismen wie *„Wohin wir bloß sehen, so sehen wir bloß uns"* frei von einem rigorosen Subjektivismus. Schon seine Beobachtung der Beobachtung des Blinden zeigt dies. Zunächst ist *„sehen, dass nicht gesehen wird"* mehr als eine rhetorische Antinomie; (ein-)sehen, dass nicht gesehen wird, kann eigentlich nur der Betrachtete, nicht der Betrachtende. Wie also sieht einer, dass jener nichts sieht? Der Göttinger Physiker und Naturhistoriker registriert eine fachfremde Vielschichtigkeit. Es gibt – so die innere Logik seines Exempels – zunächst einmal die Blindheit, also das Blindsein des Blinden. Es gibt, so nimmt er an, ein gesichertes Wissen des ihn von hinten Beobachtenden von dessen Blindsein. Es gibt ferner aus Alltagserfahrung das Aussehen eines Blinden, evidenterweise *von vorne* und möglicherweise auch – das wäre schon überraschend – *von hinten*. Und es gibt, darüber hinaus, den Unterschied zwischen *von vorne* und/oder *von hinten* blind aussehen. Dies ist einerseits eine mit Zweifel behaftete Beobachtung und andererseits die zweifelsfreie Beobachtung, die man im Gegensatz zum *Aussehen nach Blindheit* das *Ansehen des Blindseins* nennen könnte. Unstrittig in diesem Exempel ist, dass es einen Blinden gibt. Von Interesse sind die vier Wirklichkeitsannahmen zwischen diesem und dem, der ihm auf den Rücken starrt: Die Welt verliert ihren mittelalterlichen Singular; weder die Welt noch die von der Inquisition zu verteidigende Weitsicht existieren noch; die Moderne beginnt; die Wissenschaften beginnen, Welten – und zwar im Plural! – zu betrachten und sich im Humboldt'schen Denken universal zu bilden. Lichtenberg gewinnt am Sehen des Blinden ein aufklärerisches Paradigma: „Die Welt ist nicht da, um von uns erkannt zu werden, sondern um uns in ihr zu bilden. Das ist eine kantische Idee."

Daran, *dass* es den Gelben Fluss wirklich gibt, hätten die von seinem Hochwasser weggespülten Philosophen keinen Zweifel gehabt, hätten sie etwa die DLRG befragen können. *Was* er uns ist – in Physik, Chemie, Geographie, Literatur, Politik –, das sind aber andere Fragen. Die dazugehörenden Antworten hängen vom historischen, sozialen, politischen und ideologischen Ort des Fragenden und seinem kulturellen Universum ab. Genau dies meint die dunkle Sprache der Philosophie, wenn sie vom *Ding* einerseits und der *Tatsache* andererseits spricht und wenn Schopenhauer die *Welt als Vorstellung* behandelt. Die Welt ist uns nur in den uns möglichen mentalen Vorstellungen von ihr gegeben. Sie muss also auch unabhängig von den Vorstellungen gegeben sein, deren Zahl nicht unendlich, sondern endlich und damit zumindest determiniert ist. Der Streit um des Kaisers Bart ist hierbei: *Was ist die für unser Erkenntnisinteresse und unsere Handlungsoptionen relevantere Wirklichkeit?* Jene, von der wir wissen, dass es sie prinzipiell als Gegenstand der Vorstellungen geben muss? Oder jene, die wir konkret in unserer Vorstellung für uns schaffen? Wenn die zweite Frage die gewichtigere ist, so wandelt sie sich in die Auffassung, dass die für uns wirksame Realität die von uns als Vorstellung geschaffene Realität ist. Aus dem Stein wird dabei aber kein Ei, aus dem Ei kein Stein, so sehr das Weltentheater des Konstruktivismus sich auch anstrengen möge.

Allein schon die Tatsache der Irreversibilität sollte der subjektivistischen Schwärmerei Einhalt gebieten. Man sollte den angemessenen Ort des konstruktivistischen Welttheaters wiederfinden. Nehmen wir als Symbol für die Welt eine Stadt, eine mittelalterliche, weil sie als reichsfrei durch Mauern so vollkommen begrenzt ist. Es gibt also in unserer Welt-Stadt das Theater, die Kneipenbühne, die Kirche, vielleicht schon die Schule, den Klatsch auf dem Markt, die Feste und Feiern, Sitten und Gebräuche, Märchen und Mythen, Bildchen, Gemälde, Streit zwischen den Zünften und den Gilden, ab und zu eine Hexenverbrennung, einen bedeutenden Dichter im Schuldenturm – eine Welt der Kultur und Politik und der Kommunikation. Es gibt das, was Louis Althusser begrifflich fehlleitend, aber zutreffend zusammenfassend *ideologische Staatsapparate* genannt hat. Aber es gibt eben auch die Zünfte. Gerade wurden der Buchdruck erfunden und die neue Verhüttung von Metallen. Es gibt eine Gilde der Kaufleute der Stadt, die der Hanse angehören und das von den

Fuggern geliehene Kapital, dessen Zinsen drücken. Da sind das vermisste Schiff mit Pfeffer und Seide, das angeblich in Venedig gelandet sein soll, die Hungersnot der Bauern, die Plage der Kartoffelkäfer und die Schweden, die brandschatzend heranziehen. Die Zinsen der Fugger, die Verwüstung durch die feindlichen Heere, der Raub des Dogen, der Buchdruck – all dies sind Momente, die auch jenseits ihrer fiktoralen Gestalt Gewalt haben, gerade dort. Und historisch spezifische Gewalt – was man allein daran sieht, dass es den Kartoffelkäfer im mittelalterlichen Europa natürlich noch nicht gab.

Das Theater ist nur Teil der Kultur dieser kleinen Welt, die wiederum nur Teil der Kulturen der großen Welt ist, deren Kulturen nur die Kulturen in der Wirtschaft, in der Gesellschaft und in der Politik dieser Welten sind. Man könnte sagen, mit dieser Vielschichtigkeit verhält es sich wie mit den Häuten einer Zwiebel, wenn dieses Bild nicht insofern irreführend wäre, da es einen runden Kosmos, eine Sloterdijk'sche Sphärenwelt suggeriert. Die Welten sind aber nicht tektonisch, keine Kugeln oder Kuppeln mit wahrem Zentrum, kein vorkopernikanisches Firmament. Sie sind vielmehr atektonische, multikausale, überdeterminierte Netzwerke hochkomplexer und extrem wandlungsfähiger Systeme mit sich selbst erhaltenden Kräften, die aber auch ihre Umwelt angreifen, also zu wechselseitiger Zerstörung und damit *vulgo* zu Evolution tendieren. Luhmann sollte man nachrufen, dass *seine* Systeme nicht nur für sich schaffen, sondern auch gegen andere. Es gibt also durchaus eine Nahrungskette in der Systeme-Welt, aber das wäre endgültig ein anderes Thema ...

Die Welt ist für uns seit Wittgenstein nicht die Gesamtheit der Dinge, sondern der Tatsachen. Wir kennen das Faktische nur als das Fiktionale. Wir wissen, dass der Gegensatz zum Faktischen das Fiktive ist, nicht etwa das Fiktionale. Bei Rex Gildo stößt sich das Faktische am Fiktionalen: Fiktiv war nur sein um drei Jahre geschöntes Lebensalter; das Fiktionale war so faktisch, dass er tragisch endete. Unsere Umwelt eignen wir uns im Medium von Geschichten an. Das gilt nicht nur für Tratsch, Gerüchte, Literatur oder Oper. Es gilt auch für das naturwissenschaftliche Experiment, von dem wir inzwischen wissen, dass es nichts beweist außer seine eigene Versuchsanordnung. Die Kultur einer Gesellschaft hat alle möglichen Geschichten in einem synchronen und einem diachronen System organisiert. In den christlichen Kulturen ist dies über die Wahrheitskonstruktion des Neuen Testaments tief eingeübt: Es spricht in Gleichnissen – also Geschichten – zu uns.

Die Menschen sind aber untereinander nicht nur Geschichtenerzähler, die ihren Zuhörern eine *Geschichte andrehen*. Da sie sich selbst auch nur im Medium von Geschichten reflektieren können, sind sie selbst Geschichten in den Geschichten. Joan Kristin Bleicher hat mit ihrer aufschlussreichen Habilitationsschrift zur Poetik des Fernsehens als narrativem Erkenntnissystem der Publizistik diesen kulturwissenschaftlichen Ansatz zugänglich gemacht:

> „Im 20. Jahrhundert hat das Fernsehen in westlichen Gesellschaften die Position eingenommen, die in der Antike der Mythos inne hatte. Beide erklären die Welt in einem additiven Angebotssystem aus symbolhaften Geschichten."

Mit dem heutigen Fernsehangebot sei ein

> „Angebot narrativer Welterklärung ständig vorhanden. Der Zuschauer kann sich jederzeit in den Erzählfluss einschalten. Wie der Mythos so lässt auch das Fernsehen Ereignisse als naturhaft und damit unabänderlich erscheinen. Die ständige Bilderflut des Fernsehens stellt sich gegen den Verlässlichkeitsmangel der Welt."

Freilich ist der Fatalismus, einer unabänderlichen Welt ausgesetzt zu sein, die dem Publikum zugewiesene Rolle, die gewünschte Disposition der Objekte des Medienprozesses. Die Subjekte der Medien nehmen sich größere Freiheiten, Mythen als Waren eines verlegerischen Unterfangens nach Auflage und Quote zu gestalten. Sie sind nicht alle von Fleiß und Gnaden des Melesigenes aus dem heutigen Izmir, der unter dem Pseudonym Homer 28.000 Hexameter für seine Epen *Ilias* und *Odyssee* verfasste; viele sind aber von dessen Weitsichtigkeit: *Sie wissen es nicht, aber sie tun es – sapienti sat.*

Wir befinden uns damit in einem *theatrum mundi*, das ohne einen einzelnen Autoren und ohne einen einzelnen Regisseur gleichzeitig eine große Zahl von Stücken aufführt, dessen Schauspieler spielen und dabei zugleich auf der Bühne stehen, im Graben dirigieren und selbst im Publikum sitzen. In diesem Welttheater, in dem alle Schauspieler oder Publikum sind, gibt es freilich einige Schauspieler, die gezielt kleine dramaturgische Inszenierungen vornehmen, mit Hintersinn bestimmte Rollenspiele vorführen, sich mal als Souffleure bemühen, mal im Publikum Bravo- und Buhrufe anregen. Und wenn sie schon nicht den ganzen Spielplan bestimmen, denn dies kann niemand, so gestalten sie doch die eine oder andere Szene, inszenieren bisweilen sogar ein Dramolett und machen ganz selten aus einer drohenden Tragödie noch ein Lustspiel. Diese Spieler in den Spielen nennt man Publizisten. Hossa!

Endzeitphilosophie: der Exitus der Public Relations

Die Geschichte der Vorurteile gegenüber PR beginnt mit einem Fehlurteil – zumindest einem harschen Urteil – des SPIEGEL, und lebt, den Archiven sei Dank, seither fort. Vor drei Jahrzehnten hieß es im Magazin:

> „Werbung wendet sich – in aller Regel ungetarnt und direkt – an die Masse der Umworbenen und wird bewusst als bezahltes Eigenlob wahrgenommen. Public Relations sind dagegen häufig gerade nicht die direkten Beziehungen zur breiten Öffentlichkeit, sondern die zu den Meinungsmachern bei den Massenmedien Presse, Funk und Fernsehen. PR zielen zwar immer auf das Volk, sollen ihm aber möglichst verborgen bleiben. Unbemerkt, als Unterhaltung oder Nachricht, soll das PR-Material in die Medien träufeln.
>
> Automobiljournalisten, an deren Wohlwollen der Industrie gelegen ist, werden großzügig mit Testwagen versehen. Und wenn sie lieber ein eigenes Fahrzeug chauffieren wollen, arrangieren Pressechefs Gelegenheitskäufe neuwertiger Wagen. Geschenke an Journalisten zu Geburtstagen und Weihnachten gehören zu den Pflichtübungen jedes PR-Tätigen in der Autoindustrie. Anlässlich einer Auto-Pressekonferenz in Süddeutschland, bei der die Teilnehmer übernachten mussten, fanden sie als Spesenbeitrag Kuverts mit jeweils zwanzig 50 Mark-Scheinen in ihren Hotelzimmern. Und als ein Spitzenmanager während der Frankfurter Automobilausstellung acht Journalisten in ein Hotel einlud, konnte jeder der Auserwählten seiner Mappe mit Pressematerial einen Blanko-Scheck entnehmen. Einer der Schecks ist hinter Glas und Rahmen noch in der Düsseldorfer SPIEGEL-Redaktion zu besichtigen.
>
> In Deutschland gibt es bislang keine fest umrissene Ausbildung für Leute, die das mächtige und potentiell gefährliche Instrument der Public Relations handhaben sollen. Volljurist Dr. Oeckl hält ein Studium der Fächer Soziologie, Psychologie, Politologie, Volkswirtschaft und Publizistik für notwendig. Ein Kritiker schilderte in den LÜBECKER NACHRICHTEN die PR-Macher: „Sie sind Ärzte und Seelsor-

ger, Schauspieler und Regisseure, Manager und Briefträger zugleich. Und mancher von ihnen wird für einen Gaukler gehalten." Unter solchen Portraits leiden die Öffentlichkeits-Arbeiter, die meist selbst wissen, „dass es so viel Spreu unter den PR-Leuten gibt" (PR-Mann Dr. Friedrich Korte). Viele von ihnen tragen erkennbar einen Minderwertigkeitskomplex mit sich herum, denn fast am eifrigsten arbeiten PR-Leute daran, das Bild ihres eigenen Berufsstandes aufzupolieren. Höchst exklusiv gibt sich zum Beispiel die Deutsche Public Relations-Gesellschaft (DPRG). Aufgenommen werden nur solche Anwärter, die mehrere Jahre lang in leitenden Positionen gearbeitet haben, gesellschaftlich etwas darstellen, einen guten Leumund haben und ein entsprechendes berufliches Niveau vorweisen können."

Der vorstehende Absatz entstammt dem SPIEGEL-Heft 28/1968. Damals, vor mehr als dreißig Jahren, entdeckte der SPIEGEL in einer Titelgeschichte, wie es auf dem Titel wörtlich hieß: *Die heimliche Großmacht PR*. Nicht nur der als Gerücht inzwischen notorische Blankoscheck, sondern auch das vermeintlich Aktuelle der Einleitung stammen also aus einer Zeit, als die Liste der Branchengurus noch klang – so fand jedenfalls der SPIEGEL damals – wie die Rangliste eines preußischen Garde-Ulanenregiments: Fritz Huschke von Hanstein, Egbert von Tirpitz, Heinrich Graf Luckner, Friedrich von Grolman, Reinhard von Eichborn, Friedrich-Leopold Freiherr von Richthofen, Klaus-Friedrich von Werder, Wilhelm von der Deilen, Irmin von Zastrow und natürlich Graf Georg Volkmar Zedtwitz-Arnim.

Die Französische Revolution in der PR-Branche hat inzwischen die bürgerlichen Namen zur Herrschaft gebracht. Auf den ererbten Thronen der Protokollchefs residieren die Müller-Thurgaus und Meier-Hoppenstedts. Während die Generation von Graf *Sandy* Zedtwitz – die Vatergeneration der heutigen PR-Manager also – noch mit der Formel *Tu Gutes und rede darüber* beeindruckte, kursiert heute das Bändchen eines *angry young man* namens T.U. Ivory unter dem für die Branche ungewöhnlich selbstkritisch-zynischen Titel *Tue nur so und rede darüber*.

Dies bietet Gelegenheit zu einem Exkurs: Was ist das, PR? Eine der intelligentesten Antworten liefert der Titel eines 1988 in New York erschienenen Buches von Noam Chomsky und Edward Herman: *Manufacturing Consent* – die zielorientierte Herstellung von Konsens, Versuch der Deckung gegenläufiger Erwartungen, appellative Kommunikation, sozialintegrative Sinnbildung im Auftrag eines identifizierbaren Partialinteresses und was es noch so alles gibt an akademischen Definitionen. Bevor hierauf einzugehen ist, müssen noch einige notorische Definitionsversuche intellektuell abgehakt werden, was übrigens ein Lieblingsthema der PR-Branche ist. Seit Urvater Carl Hundhausen 1938 in der Zeitschrift für Bank- und Börsenwesen aus den USA über *Public Relations for Banks* berichtete, ist die Phantasie der Protokollchefs, Werkredakteure und Bärenführer beflügelt. Die Hybris geht so weit, dass sich Branchengurus darüber verbreiten, ob PR gar eine eigene Wissenschaft sei – Humboldt dreht sich im Grabe. Allein dieser Tatbestand des permanenten Definitionszwangs lässt tief blicken. Hat man jemals einen Ärztekongress sinnieren gesehen, was das wohl sein könne – ein Arzt? Ob das wohl eine Wissenschaft sei, die Chirurgie? Nein, solche Marotten gibt es nur bei Heilpraktikern. Und vieles von dem, was die Deutsche Public Relations-Gesellschaft DPRG als Berufsverband der PR-Manager tut, riecht nach dem prätentiösen Kampf des Heilpraktikers um die Zulassung als Kassenarzt. Aber das ist eine andere Geschichte ...

Die PR-Berufsständler wollten sich stets von Werbung unterschieden wissen und von allen sonst wie nach Marketing riechenden Tätigkeiten. Branchenvaterfigur Oeckl, der – wie er zu betonen weiß – 1950 PR erstmals als Öffentlichkeitsarbeit übersetzte, formuliert bis heute: Werbung zielt auf Materielles, Öffentlichkeitsarbeit auf Immaterielles. Während also der Verkaufsförderer so Profanes treibt wie ein Produkt losschlagen, ist der PR-Manager höherwertigen Gütern des Abendlandes verpflichtet. Das Ausmaß der Borniertheit von in endlosen Kämpfen mit ihren

Werbeleiter-Kollegen gedemütigten Pressesprechern berechtigt zu Depressionen. Dieser Denkansatz hat nicht einmal verstanden, was Marketing ist: Welche Revolution es bedeutet, eine Unternehmung nicht von ihren technischen Anlagen her zu führen, sondern von ihren Märkten her. Marketing hat eine unternehmenspolitische Schlüsselrolle behauptet, von der die ehrpusseligen PR-Manager Epochen entfernt sind. Aber wie will jemand sein eigenes Feld erleuchten, wenn er das, von dem er sich abzugrenzen gedenkt, nicht einmal verstanden hat? Natürlich gibt es innerhalb der Gesamtkommunikation eines Unternehmens signifikante Unterschiede zwischen PR einerseits und Marketing/ Werbung andererseits. Aber PR ist nicht allein aus dieser Dichotomie definierbar, der schroffen Gegenüberstellung, die so tut, als gäbe es nichts Drittes oder Viertes – und dies schon gar nicht als eine *höherwertige* Disziplin.

Und dann – sozusagen in anschließenden Sonntagsreden – gibt es die Verständnisversuche aus der besonderen Berufsethik der Öffentlichkeitsarbeiter. Das Nackenhaar vieler Zeitgenossen reagiert instinktiv. Immer wenn die Welt auf die tönernen Füße einer Moral, gar noch einer Berufsmoral, gestellt werden soll, wird es substantiell dünn und mehr wunsch- als wirklichkeitsbezogen. So auch hier, etwa wenn man die berufsständischen Laienprediger hört. Es ist schön, was sie sagen – es sagt nur meist nichts. Das ethische Selbstverständnis des Kochs sagt eben wenig über die Qualität des Essens – gut gemeint ist eben oft genau das Gegenteil von gut gemacht.

Journalistisch gebildete Definitionsversuche grenzen PR von redaktionellen Beiträgen ab, also von *wirklichem* Journalismus. Dass insbesondere die journalistischen Kollegen auf dieser Unterscheidung bestehen, ist gut zu verstehen: Dies ist – *sui generis* – ihr Recht. Gleichwohl ist für diese Gegenüberstellung ein historisches und/oder idealisiertes Verständnis von journalistischer Arbeit wesentlich. Während der eine, der PR-Knecht, unzweifelhaft in Auftrag steht, ist der andere, der Journalist, ein Agens der nach Vernunft strebenden Weltgeschichte selbst – jemand, der ohne Zorn und Eifer nach der Wahrheit strebt und diese ohne Rücksicht auf Macht und Acht an das Licht zerrt. Seine aufklärerische Rechtfertigung lautet: Die Wahrheit muss an den Tag! Man schreibt nicht für die Mächtigen dieser Welt oder auch nur für den Verleger, sondern für *den* Leser. Und auch hier ist nicht die Zahl, die Quote entscheidend. Nein, es geht nicht um ein Plebiszit, gemeint ist der ideale Leser, also jener, der die ideologische Ausrichtung des Blattes teilt. Und jener Leser ist natürlich auch nicht der Kerl, der lüstern Magazine wegen des barbusigen Titels kauft, sondern ein hehres kantisches Wesen, das sich mit dem Blatt in der Hand wieder ein Stück aus seiner selbstverschuldeten Unmündigkeit zu lösen versucht. Wir alle wissen, wie weit dies von unserem eigenen Leseverhalten entfernt ist. Und viele von uns wissen, wie wenige Redaktionen es noch gibt, die sich diese Art von Journalismus leisten können und/oder wollen. Um Missverständnissen vorzubeugen: Der Zustand wird hier beklagt, aber gleichwohl ist er da. Wir alle sehen den BILD-Zeitung-Chefredakteur im hauseigenen TV-Feature, das ihm schmeicheln soll, eine Headline formulieren mit dem ausgesprochenen Hintergedanken: *Das wird die Leute zum Kauf reizen. Das brüllt am Kiosk!*

Der Kolumnist Peter Glaser spricht von den Schönen Neuen Zeiten als dem aufscheinenden Zeitalter der *Corporate Media*.

> „Corporate Media heißt, dass auch das mediale Umfeld vollständig unter die Kontrolle des Verkaufsinteresses gerät. Dass Kontextverschiebungen überaus effektvoll sein können, hat Benetton bewiesen: Fotos, die im redaktionellen Teil keinerlei Aufsehen erregen, lösten eine weltweite Diskussion aus, weil sie auf die ‚andere Seite‘ geraten waren. Ob die invasive Komplettübernahme des Kontextes den Effekt steigert, muss sich erst noch erweisen. Seit jeher ist Werbungtreibenden daran gelegen, Reklamebotschaften zu look-alikes redaktioneller Beiträge oder Programmumfelder zu machen. Wenn eine komplette

Zeitung oder ein TV-Sender ‚benettonisiert' werden, fragt sich, wie lange die Zuschauer bereit sein werden, die im Hintergrund verdunstende Tatsache, dass es sich um eine zeitungsförmige Anzeigenstrecke respektive einen Full-time-Werbeblock handelt, einfach mit der Eröffnung eines neuen alltagskulturellen Genres zu quittieren, wie dies glücklich bei MTV der Fall war."

Ob Glasers Hoffnungen auf einen aufklärerischen *roll-back* aufgehen, muss nach allem, was in fortgeschritteneren Märkten schon laufender Trend ist, bezweifelt werden. Wie tief die Angst vor den Schönen Neuen Zeiten schon sitzt, zeigt exemplarisch die Debatte um CNN und den Golfkrieg.

Zurück zu den Definitionsversuchen: Für Ossis und Ganz-Alt-68er ist die Abgrenzung der Public Relations zu Agitation und Propaganda mit Leben zu erfüllen. Agitprop: Da sehen wir Lenin in wild entschlossener Geste die Revolution ausrufen, auf einem Lastwagen stehend, mit wehendem Mantel, in einem Heer williger Gefolgschaft, oder denken an die ideologischen Winkelzüge eines Karl Eduard von Schnitzler im SCHWARZEN KANAL des DDR-Fernsehens. *Nein, oh nein, brüllt die freiheitlich demokratische Gilde auf, wir sind doch keine Volksverhetzer und Demagogen. Wir klären nur auf, ein die Komplexität der modernen Gesellschaft nicht mehr verstehendes Publikum führen wir auf die Höhen klaren Überblicks.* Da ist sie wieder, die Verpflichtung zur Wahrheit: Vorwiegend zur eigenen, wenn auch nicht im intellektuell verkommenen Zustand der marxistisch-leninistischen Parteilichkeit, nicht im missionarischen Sinne von Max Webers protestantischer Ethik, nicht als aufklärerisches Postulat, so doch immer noch nach Pestalozzi oder Diderot – Volkspädagogik, praktische Philosophie.

Unzweifelhaft scheint bisher nur, dass PR eine an Öffentlichkeiten gerichtete Kommunikationstätigkeit ist, interessengeleitete Kommunikation im Habermas'schen Sinne. Aber was sagt das schon, wenn man alle Illusion auf einen herrschaftsfreien Dialog und die Konsensbildung qua Vernunftbegabung verloren hat?

Schließlich sind wir im Sloterdijk'schen Sinne – philosophiegeschichtlich und nicht menschenverachtend – alle Zyniker: „In
unserem Denken ist kein Funke mehr vom Aufschwung der Begriffe und von den Ekstasen des Verstehens. Wir sind aufgeklärt,
wir sind apathisch. Es gibt kein Wissen mehr, dessen Freund man
sein könnte. Bei dem, was wir wissen, kommen wir nicht auf den
Gedanken, es zu lieben, sondern fragen uns, wie wir es fertig
bringen, mit ihm zu leben, ohne zu versteinern." Das Ende der
Philosophie – der Liebe zur Weisheit.

Fliehen wir auf unserer Suche nach dem Ureigensten der PR in
Anekdoten. Sehen wir vor unserem phantasiebegabten Auge den
Märchenerzähler aus Tausendundeiner Nacht, der auf dem Basar
sitzend phantastische Geschichten zur allgemeinen Unterhaltung
und Belehrung zum besten gibt. Ist er ein PR-Manager? Nein, er
ist wohl eher ein Literat. Doch manchmal könnte er es sein, wenn
seine Geschichte die Tugenden des Sultans *Wie-immer-er-auch-
heißt* preist. Da sind wir dann nicht so sicher, ob er nicht doch PR-
Mann ist. Was ist dort am mittelalterlichen Hofe mit dem Narren
– neudeutsch: TILL EULENSPIEGEL CORPORATE COMMUNICATIONS
GMBH & CO. KG – der seine Majestät durch Originelles erfreut
und dessen Mut der restliche Hofstaat bewundert, wenn er dem
Allerhöchsten recht gefährlich Ehrlichkeiten darbietet? Nein, das
ist wohl eher ein Entertainer und kein PR-Manager. Und ein Let-
terman, ein King, ein Leo oder ein Biolek, das sind sicherlich auch
keine PR-Manager. Oder doch, wenn man Politiker in der Talkshow vom Menschlichsten zeigt? Oder dann sehe ich den Seeräu-
berkapitän – sagen wir Captain Flint – vor uns mit 'ner Buddel
voll Rum und auf seiner Schulter den Papagei. Ist der Papagei als
Nachsprecher von Captain Flint nicht ein PR-Manager der un-
christlichen Seefahrt? In der elaborierteren Form müsste es sich
um den Schulteraffen von höchsten Gnaden handeln. Ist der
Schulteraffe potentiell ein Mitglied der Deutschen Public Relations-Gesellschaft?

Nein, dies alles ist eher albern, allenfalls unterhaltend, insbesondere wenn man an den einen oder anderen Kollegen denkt, der diese Rollen und Posen so eindrucksvoll beherrscht. Aber es hilft uns nicht zum näheren Verständnis der PR-Profession. Gehen wir also zurück auf den Arbeitstitel *manufacturing consent* und geben zu, dass es sich im großen Feld der Kommunikationen um ein Handwerk, eine Manufaktur, handelt, und beschreiben wir als die Grundarbeitshaltung des PR-Managers den Spagat. Mit diesem Aspekt wird sensibles Gebiet betreten, da der Spagat des Pressesprechers natürlich von den beiden Eisschollen, auf denen er steht, mit großer Aufmerksamkeit, wenn nicht gar misstrauisch betrachtet wird – heiliger Bildbruch! Weil es sich hier um eine argumentative Gratwanderung handelt, die schon durch bloßes Fingerzeigen diskreditiert werden kann, wird über diesen Aspekt wenig gesprochen: am seltensten von den Insidern des Geschäfts, am ehesten noch von den Sonntagsrednern der Branche. Trotzdem soll hier ein Einblick in die Haltung des Spagats bei der Herstellung von Konsens durch einen beruflichen Vergleich mit einem anerkannten Berufsfeld, dem der anwaltlichen Betreuung, versucht werden.

Dem Nichtjuristen ist bekannt, dass es bei Anwälten die Wahrnehmung des jeweiligen Mandats auf der einen Seite und den schwerwiegenden Tatbestand des Parteienverrats auf der anderen Seite gibt. Gleichzeitig gilt für den Anwalt eine andere Ordnung als nur die des jeweiligen Mandanteninteresses, nämlich die Rechtsordnung als solche, der er standesrechtlich verpflichtet ist. Der Pressesprecher berät nun seinen Vorstand, Geschäftsführer, Kunden – insofern stimmt die Parallele zur anwaltlichen Mandatsbetreuung. An die Stelle der unumstößlichen Rechtsordnung als das Dritte, das nicht zu verletzende Sakrosankte, steht bei ihm, dem PR-Manager, aber etwas viel Vageres: seine Gesellschafts- und Geschäftsfähigkeit in der Medienwelt. Gemeint ist nicht der Ehrbegriff eines verschuldeten K.u.K.-Leutnants oder ein Ehrenkodex à la Mafia, sondern etwas viel Substantielleres, das zugleich viel vager ist. Gemeint ist eine doppelte Qualifikation, einerseits das zu vertretende Unternehmen zu verstehen und – jedenfalls in Kommunikationsfragen – führen zu können, andererseits die Medienwelt nicht als *terra incognita* mit Verlautbarungen zu besudeln, sondern sich in ihren Gesetzlichkeiten und ihren Personalkreisen kenntnisreich bewegen zu können. Natürlich verteidigt der Anwalt seinen Mandanten mit dem Ziel des Freispruchs und wird dies – wie weitherzig auch immer ausgelegt – im Rahmen des Rechts tun.

So wird – man bemerkt die List des Argumentes – der PR-Mann seinen Mandanten zum Freispruch führen wollen, ohne gleichzeitig seine anwaltliche Zulassung zu gefährden. *Im Gegenteil*, so kann man jetzt die PR-Bossis, die Cracks der Branche, rufen hören, *im Gegenteil: Er wird versucht sein, seinen Ruf in der Medienwelt um ein Vielfaches zu mehren und so seiner Sache in besonderer Weise zu dienen.* Dies ist ja auch der Sinn der PR-Eitelkeit. Über der Eingangstür eines gestandenen Provinzanwaltes findet sich der Spruch: *Fortiter in re, suaviter in modo* – stark in der Sache, umgänglich in der Art. Na, das ist doch etwas. Aber – jetzt kommt der Knackpunkt – unterscheidet das den guten PR-Manager vom guten Journalisten, der sich ohnehin schon immer als Anwalt seines Lesers oder seiner Sache oder seiner Geschichte sah? Wahrscheinlich nicht. Ein Jurist hat noch immer den großen Vorteil, dass es sich um einen Geistes- und/oder Sozialwissenschaftler handelt.

Bekanntermaßen beginnen die wirklichen philosophischen Niederungen des Abendlandes aber im Bereich der Natur- und Ingenieurwissenschaften. Dort lauert das politische Banausentum der *High-tech*-Fliegenbeinzähler und Rädchendenker. *Tertium non datur*, so lautet die strenge, aber überaus nützliche Einschränkung der mathematischen Aussagenlogik. Deshalb haben es Mathematiker angenehm einfach: Ein Drittes gibt es nicht. Eine Aussage ist entweder *falsch* oder *richtig. Völlig falsch* oder *ganz und gar richtig.* So nützlich die mathematische Reduktion der Wirklichkeit sein mag, bezogen auf das wirkliche Leben ist die Unterscheidung von *völlig falsch* oder *ganz und gar richtig* eigentlich nur Irren oder Ideologen geläufig. Sowohl in der Gesellschaftswissenschaft wie für die aufgeklärteren Natur- oder Ingenieurwissenschaftler ist die Natur aber nicht schwarz oder weiß. Alle Erscheinungen bewegen sich im Kontinuum der Grautöne oder stellen sich gar in anderem Licht völlig anders da.

Trotz dieser erkenntnistheoretisch nicht sonderlich seltenen oder gar schwierigen Einsicht gehen wir mit den Begriffen Nachricht und Kommentar in einer erstaunlich naiven Sicht um – wenn schon nicht mehr die akademische Publizistik, so doch der Arbeitsethos des Journalismus. Eine *Nachricht* ist ein tatsächliches Ereignis, das wahrheitsgemäß berichtet wird. Ein *Bericht*, das trimmen schon die Deutschlehrer ein, ist etwas ungemein Sachliches, etwas, das mit Abscheu auf eine so beliebige Form wie die Erlebniserzählung oder Reportage herabblickt. Diese Unterscheidung der braven Schulmeister setzt den *Kommentar* als das Subjektive, das Wertende, von der *Nachricht*, dem Objektiven, ab. Das wäre mittelalterliches Denken zu nennen, wenn man nicht wüsste, dass das Mittelalter schon weiter war ...

Kurzum und verkürzt: Es gibt sie nicht, *die Wirklichkeit* als das Eigentliche auf der einen Seite und *die Medienwelt,* die veröffentlichte und damit die öffentliche Welt als das Vermeintliche andererseits. Gemeinhin ist klar, dass die Welt so mathematisch einfach, so ideologisch disjunkt nicht sein kann. Eine erste kritische Regung sucht deshalb nach dem Erscheinen des Kommentars in den Nachrichten – eine Disziplin, die in den siebziger Jahren Ideologiekritik hieß. Mit inhaltsanalytischer Akribie schauen wir zwischen die Zeilen, nein, meist suchen wir nur nach bösen Wörtern wie unzulässigen Attributen oder pejorativer Terminologie: *Asylant* statt *Asylsuchender* oder *Frau Oberamtmann* statt

Oberamtmännin. Die etwas kritischere Variante dieses Verfahrens erhebt das Problem der Selektion und findet listig heraus, dass die Tagesschau immer fünfzehn Minuten lang ist, ganz gleich wie viel oder wenig in der Welt passiert ist. Sackgassen der Schlaumeierei: Es gibt sie also nicht, *die* Wirklichkeit als das Eigentliche auf der einen Seite und *die* Medienwelt, die veröffentlichte und damit die öffentliche Welt als das Vermeintliche auf der anderen Seite.

Die Dichotomie, die scheinbar alles erklärende Trennung von Realem und Fiktivem, hebt sich im Fiktionalen der gaukelnden Medienwelt auf. Der Mensch lebt, denkt, fühlt und handelt in einem Wolkenreich des Symbolischen – immer. Er ist Mythen-Denker und Mythen-Fühler. Dies gilt auch, wenn wir nicht an die Kulturtingelei des Feuilletons denken, sondern eben auch bei dem, was uns ach so zweifelsfrei ganz als ökonomisch-sachlich erscheint. Was in und durch die Medien auf uns zukommt, lebt unter dem uneingeschränkten Primat der Politik. Alles ist politisch, wenn es kommuniziert wird, mag es auch den ewigen Positivisten nicht in den Schlaf kommen lassen. Und eben dieses Politische besteht darin, dass wir die Dinge beachten und erzählen, wenn sie Geschichten geworden sind. Präziser: Wir betrachten sie erst dann, wenn sie Geschichten geworden sind. Die Schlussfolgerung muss also lauten: PR-Manager, Journalisten und wohl auch die Kreativen in der Werbung erzählen gute Geschichten, wenn die Welten dabei anschaulich werden. Sie erzählen exzellente Geschichten, wenn die unzähligen Welten, die tagtäglich auf sie einstürzen, zu einer Heimat werden, in der sich ihre Zuhörer heimisch fühlen.

Wo aber bleibt der aufklärerische Impetus von PR, das *In-aller-Offenheit-um-Vertrauen-Werben,* wo die immer wieder und vielerorts formulierte Forderung nach *Dialog* oder *Konsens*? Eine Antwort liefert Sloterdijks Kritik der zynischen Vernunft:

„In den Konfrontationen der Aufklärung mit vorausgehenden Bewusstseinspositionen geht es um alles andere als Wahrheit: um Vormachtstellungen, Klasseninteressen, Schulpositionen, Wunschsetzungen, Leidenschaften und um die Verteidigung von „Identitäten". Diese Vorgaben überformen das aufklärerische Gespräch so stark, dass es angemessener wäre, von einem Bewusstseinskrieg als von einem Friedensdialog zu sprechen. Die Gegner stehen sich nicht unter einem im voraus vereinbarten Friedensvertrag gegenüber – eher in der Haltung von Verdrängungs- und Vernichtungskonkurrenz; und sie sind nicht frei im Verhältnis zu den Mächten, die ihr Bewusstsein so und nicht anders reden lassen."

Das ist eine These, die gesamtgesellschaftlich gelten kann. Und sie gilt natürlich *in nuce* in den kleinen Welten der Zünfte DPRG, BDW, DJV, GIK usw. Das ständige Verwischen der Standesgrenzen im Kommunikationsgeschäft sollte keine rosa Wolke der Harmonie erzeugen wollen, weil diese nur wichtige Interessengegensätze verdeckt, etwa die zwischen PR und Redaktion. Daher ist eher ein Bewusstseinskrieg als ein Friedensdialog zu fordern, zumindest aber eine Verdrängungskonkurrenz.

Wird damit, wenn schon nicht mehr weltenteilend ist, ob es ein Pressesprecher oder ein Journalist oder ein Werbetexter geschrieben hat, alles möglich sein oder gar wahr, wenn es denn nur die Geschichte ist, die für irgendwen, für irgendeine noch so schwachsinnige Zielgruppe Sinn macht? Nein, einem solch niederträchtigen Relativismus soll hier nicht das Wort geredet werden. Im Gegenteil: Der Blick richtet sich erwartungsvoll auf die Wissenschaften. Und da Praktiker im Getümmel der Tagesgeschäfte auf kurze Frist natürlich immer irren können, was auch für ihre Bewertung der Aktualitäten der Wissenschaft gilt, richten sich deren Augen hilfe- und heilsuchend auf die Geschichtswissenschaft.

Die Geschichtswissenschaft wird im großen kritischen Rückblick zeigen können, was sich als wahr herausgestellt hat und was als eitle Illusion. Wir können aufatmen: *Historia docet.* Jeden-

falls dann, wenn sie Geschichtsschreibung ist und nicht Ge-
schichten-Schreibung. Vor den Augen der Geschichte wird die
Wahrheit insgesamt feststehen – natürlich auch die unauflösbaren
Verdienste der PR-Armada – und da hat uns das Problem doch
wieder. Bis zum 8. August 1588 war die imperiale Geltung Spani-
ens unbestritten, der Ruf der Weltmacht also ungebrochen, als die
spanischen Geschichten durch solche englischer Zunge abgelöst
werden sollten. Sir Francis Drake schlug in dem hegemonial spanischen Mythos *la Armada invencible* das letzte Kapitel auf und
übergab 30 000 Soldaten, 2630 Kanonen und 130 Schiffe dem
Meeresboden. Britannien begann die Wellen zu regieren. Wenn
die Schiffe der unüberwindlichen Armada unzählbar waren,
heißt es irgendwo bei dem Kasuistiker Brecht in einem einzigen
bösen Satz, so waren die heimkehrenden wohl doch zählbar:

> „Gelobt sei der Zweifel! Ich rate euch, begrüßt mir/Heiter und mit
> Achtung den/Der euer Wort wie einen schlechten Pfennig prüft!/Ich
> wollte, ihr wäret weise und gäbt/Euer Wort nicht allzu zuversicht-
> lich./Lest die Geschichte und seht/In wilder Flucht die unbesiegli-
> chen Heere./Allenthalben/Stürzen unzerstörbare Festungen ein und/
> Wenn die auslaufende Armada unzählbar war/Die zurückkehrenden
> Schiffe/Waren zählbar."

Geben wir es zu: Der Kampf um PR als eigene Profession, gar
eigene Wissenschaft, ist verloren, weil der Traum, der ihn beflügelt hat, ausgeträumt ist. Die bürgerlichen Söhne der adeligen PR-
Väter finden sich wieder in einer Medienwelt, deren rasante Entwicklung die alten Sortiertöpfchen der ehrbaren Publizistik weg-
gefegt hat wie welkes Laub.

Die mittelalterliche Zunftordnung hatte, bei aller Enge der
Städte, ihre Vorzüge: Ein Schuster war ein Schuster, ein Knochenhauer ein Knochenhauer und beide als solche immer wohl ange-
sehen. Die Zeit der Zünfte ist verfallen. Ganz gleich ob PR-
Manager, Journalist oder Werber, sie alle arbeiten in einem Kontinuum des Kommunikationsmanagements. Was die Handwerke

eint, ist der Gegenstand der Tätigkeit, nämlich nicht instrumentell, sondern kommunikativ zu produzieren, genauer: Geschichtenerzähler zu sein. Was die Handwerker voneinander trennt, ist Intellekt, Bildung und Stil, Lebensart und -ziel, vor allem aber der Machtzugang und die Entscheidungsfähigkeit in ihren Geschäften. Aber das gilt für den Redakteur gegenüber seinem Ressortleiter oder Verleger wie für den PR-Manager gegenüber seinem Direktor oder Vorstand oder dem Werbeleiter gegenüber seinem Vertriebschef. Diese vertikalen Differenzierungen gelten für alle Berufe.

Natürlich sind es im Kommunikationsgeschäft ganz unterschiedliche Handwerke: Tagtäglich kann man darunter leiden, wenn jemand innerhalb eines Sektors des Kommunikationsmanagements dilettiert, weil er auf der anderen Seite des Zauns gelernt hat – oder nichts gelernt hat. Es scheint nützlich, zweidimensional, also in einer Matrix zu denken: die klassischen Differenzierungen von PR, Werbung etc. auf der einen Achse, die tatsächlichen des Niveaus, der Hierarchie und der politischen Qualität auf der anderen. Man wird staunend sehen, dass der Fachzeitschriftenredakteur jenes mittelständischen Fachblattes größere Gemeinsamkeiten mit dem Werbetexter in der Agentur hat als mit dem Herausgeber des STERN – obwohl beide Journalisten – oder eben sein zeilenschindendes Werbe-Pendant mit dem CEO eines internationalen Agentur-Networks – obwohl beide Werber – weniger verbindet als mit dem Fachblattschreiber.

Es war nicht Sinn dieser Ausführungen, neue Unterscheidungen oder gar Professionen einzuführen und die bunte Schar der Kommunikationsmanager in neue bunte Kästchen zu ordnen. Und schon gar nicht, dafür am Ende noch Verbände, Codices und Branchenblättchen zu gründen. Im Gegenteil: Die Armada der PR als singuläre und hehre Profession ist hiermit gesunken – Exitus. Wir werden ihr nachweinen wie der Zulassungsordnung für Dentisten der Kassenärztlichen Vereinigung Nördlicher Nieder-

rhein. *De mortuis nil nisi bene* – nichts Böses über die Dahinge-
schiedenen. Schließen wir die Grabesrede auf die ehedem schönste und höchste Disziplin des Gewerbes mit einem versöhnlichen,
milden Gedanken.

Die Endzeitstimmung liegt ohnehin in der Luft der Zeit. Während die französische Philosophie, der Strukturalismus, durch
Claude Lévi-Strauss von der Anthropologie in die Linguistik getragen und auf die gesamte Kulturwissenschaft übergreifend, die
sechziger und siebziger Jahre in ganz Europa beflügelt hat, enden
die achtundsechziger Träume in tragischen Schicksalen. Nicos
Poulantzas begeht Selbstmord, nachdem er sich gegen den Vorwurf verwahrt hat, Pierre Goldmann verraten zu haben. Roland
Barthes wird nach einem Mittagessen mit Jacques Berque und
François Mitterrand in der Rue des Écoles von einem Lieferwagen
überfahren. Louis Althusser erwürgt seine getreue Gattin Hélène
und wird unzurechnungsfähig in eine Heilanstalt eingeliefert.
Jacques Lacan verstirbt, an Aphasie leidend. Michel Foucault
wird aus seinen Arbeiten gerissen – während er eine Geschichte
der Sexualität verfasst, rafft Aids ihn dahin. Wir schreiben mit
Foucaults Tod den 25. Juni 1984 – und, das hat François Dosse
tausendfach belegt, eine Epoche endet. Schon hier zerfällt die
philosophische Allianz von Aufklärung, bürgerlicher Öffentlichkeit, Fortschritt und Glück. Den Publizisten ist dieser Verlust zu
groß, als dass sie bereit wären, ihn zu akzeptieren – die PR prägt
aus den Scherben kleine Münzen.

Öffentlichkeit und keine Aufklärung:
ein Nachruf auf die Konsensphilosophie

„Hic Rhodos,
hic salta!"

Das Volk soll sich nicht versammeln, sondern zerstreuen. Dies ist ein
von Publizisten gern zitiertes Kaiser-Wort, denn es enthält auf
einen näheren Blick mindestens zwei aufschlussreiche Paradigmen dessen, was Öffentlichkeit sein kann. Zunächst ist da, in der
ganzen symbolischen Kraft dieses Homonyms, die Zerstreuung,
die eben auch Unterhaltung ist, dann die soziale Agglomeration
im öffentlichen Raum, Versammlungsfreiheit, – nicht nur Ausdruck von Gruppenstärke, sondern auch öffentliche Meinungsbildung. Warum aber fürchtet Seine Majestät, so das Zitat, das
eine und empfiehlt das andere so kategorisch? Wir haben es
idealtypisch mit zwei Öffentlichkeiten zu tun, die mit grundsätzlich verschiedenen Erwartungen verbunden werden.

Die öffentliche Versammlung des Volkes riecht republikanisch.
Und wenn sie nicht gesittet eidgenössisch daher kommt,
schmeckt sie gar nach Revolte, Revolution. Bilder aus der zweiten
Hälfte des vorigen Jahrhunderts werden wach: Eine Rede wird in
wehendem Mantel mit zornig gereckter Faust gehalten, Begeisterung flammt auf, nicht nur Tauwetter setzt ein, nein, ein Sturm
bricht los ... Ein nunmehr gemeinsamer Wille der Zusammenge-
rotteten nimmt die Geschichte in grobe Hände. Exzess der Demagogie oder nicht: Konsens entsteht hier urwüchsig: Gemeinsamer Wille gestaltet wütend Wirklichkeit. *Das Volk soll sich deshalb nicht versammeln,* sagt das Ancien-Régime, *sondern zerstreuen.*

Das Tableau der Zerstreuung malt traute Feiern oder bunte Feste fröhlicher, ausgelassener, entspannter, jedenfalls aber nicht wild
entschlossener Menschen. Deren Öffentlichkeit ist vielleicht nicht
frei von Albernheiten, Oberflächlichem, Kirmes, Courts-Mahler.

Aber auch hier erkennen wir eine tiefe Gemeinsamkeit, nämlich die der ungebrochenen Wut, sich zu entspannen. Schützenverein, Volksmusik, Yellow Press und TV-Soap einen ihr Publikum im dionysischen Konsens der ganz leichten Musen. Und das geschieht mit neuzeitlicher Zielsetzung. Das Volk darf sich zerstreuen, um seine Arbeitskraft zu reproduzieren. Das hat im 19. Jahrhundert eine deutsche Sozialkritik der englischen Industrialisierung herausgefunden.

Warum ist der Publizistik das erste, die konsensfindende Versammlung, eine Metapher von *Öffentlichkeit*, die im Nimbus der aufklärerischen Emanzipation oder historisch bedeutsamen Umwälzung steht, das andere aber volkstümlich Belangloses, wenn nicht gar die von Adorno beklagte Dekadenz unseres Jahrhunderts, in dem man kein historisches Momentum mehr zu entdecken weiß? Gibt es historisch recht sinnvolle und eher unsinnige, moralisch bedeutsame und auch belanglose Öffentlichkeiten? Woher die paradigmatische Hochwertung des einen und die Pejoration des anderen? Nur eine Frage des unterschiedlichen Niveaus? Öffentlichkeit muss den Freunden dieses Begriffs mehr sein als der bloße soziale Raum, in dem das kommunikative Handeln einer Gesellschaft stattfindet, also mehr als die Bühnen des kulturellen Verkehrs einer Gesellschaft mit sich selbst.

Der postmoderne Betrachter hegt einen folgenschweren Verdacht: Vielleicht ist Öffentlichkeit nur scheinbar die Bühne, auf der jedermann sein Lebensdrama aufführen kann, und tatsächlich das Stück, das dort aufgeführt wird, in dem alle also nur Rollen spielen, ohne Autor und Regisseur zu kennen? Dann wären die Subjekte der Öffentlichkeit deren Objekte – nicht mehr. Solche Paradoxien erfreuen die Postmodernen. *Dubio ergo sum*, sagt der Descartes der Postmodernen. Klaus Merten, der Systemdenker unter den Publizisten, hat den Begriff der Öffentlichkeit – getragen von solchem Zweifeln – in systemtheoretischer Perspektive analysiert. Ihm verdankt die Publizistik ohnehin eine wesentliche

Transformationsleistung der zeitgenössischen Philosophie und Ästhetik in die etwas angestaubte Zeitungswissenschaft. Merten übersetzt als vorsichtiger und abwägender Konstruktivist den französischen und deutschen Strukturalismus, der europäische Philosophie- und Ästhetikgeschichte geschrieben hat, in die Reflexionen der Mediengesellschaft. Daran ist nichts zu korrigieren, aber das Wertvolle der strukturellen Bewertung Mertens zu wiederholen, lohnt sich allemal. Ein besonderes Motiv kann darin liegen, dass sich die kulturwissenschaftlich nicht bewanderte Kommunikationsbranche mit der Panfiktionalitäts-Hypothese des radikalen Konstruktivismus – PR als *Konstruktion wünschenswerter Wirklichkeiten* – intellektuell schwer tut. Insbesondere dort, wo sich eine moralisierende Betriebswirtschaft der Publizistik angenommen hat – Ansgar Zerfaß ist hier zu nennen – ist es zu fatalen Unterschätzungen gekommen, die Teile der Branchendiskussion um Public Relations fehlgeleitet haben. Was also ist dem publizistischen Diskurs über Öffentlichkeit aus kulturwissenschaftlicher Perspektive hinzuzufügen? Dies ist eine der beiden hier zu behandelnden Fragen. Die andere zielt auf die Rezeption von Benteles neuer Leipziger Schule in der PR-Branche, also auf Legitimationsrituale von intentionaler Kommunikation, die auf berufsständisches Interesse stoßen und dort als Zunftideologie aufgesogen werden.

Im radikalen konstruktivistischen Sinne tun sich journalistische Kommunikationsanstrengungen der freien Presse und solche der PR-Manager, der Konstrukteure wünschenswerter Wirklichkeiten, qualitativ nichts, da beide als *Geschichtenerzähler* dem Fiktionalitätsgebot unterliegen. Dies stößt nicht nur auf berufsständischen Widerstand der Vertreter des integeren Journalismus als Vierter Gewalt und Sachwalter einer höheren Moral. Der Berliner Publizist Stephan Ruß-Mohl hat dies überzeugend argumentiert. Die *Gleichmacherei*, dass ein Geschichtenerzähler so gut oder schlecht wie der andere sei, wird aber auch von jenen *PR-*

Philosophen nicht geteilt, die eine Gleichwertigkeit der andersartigen Kommunikatoren zur Ehrenrettung der PR nachweisen wollen. Ihnen liegt daran, dass beide Kommunikationstätigkeiten unter dem Wahrheitskriterium gleich gut, sprich gleich wahr sind. Es irritiert hier die konstruktivistische Aufgabe des Wahrheitskriteriums so tief, dass man um diesen Preis nicht den moralischen Geltungswettbewerb gewinnen möchte.

Günter Bentele, Nestor der neuen Leipziger Schule, legitimiert für die PR-Branche PR als Kommunikationstätigkeit, indem er auf die wechselseitige Dependenz und Funktionalität der beiden Öffentlichkeit erzeugenden Instanzen verweist. Sein Intereffikationsmodell zum Verhältnis von Presse und PR wird in der PR-Branche als wissenschaftlich-innovativer Beitrag gewertet, müsste also einem fortgeschrittenen Stand der Forschung entsprechen und neue Aufschlüsse über die Praxis ermöglichen; dem stehen aber einige Traditionalismen in den theoretischen Ansätzen entgegen, die zu erwähnen die gleichzeitige Wertschätzung gegenüber den Leipziger Errungenschaften nicht verbietet. Das Intereffikationsmodell bewahrt eine Reihe von traditionellen, mittlerweile ideologienotorischen Annahmen über das Wesen von öffentlicher Kommunikation und über Öffentlichkeit, die sich ideengeschichtlich zurückführen, also erläutern lassen, aber praxisanalytisch, also erklärend, wenig hergeben. Diese *alteuropäischen* Kommunikationsideologeme geben auch in der neuen Gestalt des Intereffikationsmodells keinen Aufschluss über institutionelle Kommunikationsmanagement und realitätsreferentielle Medien – vulgo: PR und Presse. Deshalb lassen sie sich so leicht zur Zunftideologie verwerten. Sie fangen das wechselseitige Selbstverständnis von Journalisten und Pressesprechern in einer geneigten Beschreibung auf, sind also – so rezipiert – nicht Theorie der PR, sondern, wie Merten und Ruß-Mohl gleichermaßen kritisieren, lediglich PR für PR.

Die Kommunikationsideologeme der funktionalistischen Publizistik, wie sie auch bei Bentele zu finden sind, beruhen auf *ontologischem* Denken, konkreter gesagt auf einem von der Sozialpsychologie und der Pädagogik popularisierten Konzept der dialogischen Egalität oder Symmetrie. Symmetrisch kann man binäre Beziehungen nennen, wenn deren beide Teile von etwa gleicher Dimension sind. Dann liegt die geometrische Vorstellung eines Spiegelbildes zugrunde, ein geometrisches Gebilde wird um eine Achse geklappt, so dass sich Bild und Spiegelbild nun gegenüberliegen, zueinander korrespondierende Figuren bilden. Im Dialog der symmetrischen interpersonalen Kommunikationsform stehen sich die Dialogpartner als solche gleichwertigen Entitäten gegenüber.

Die Pädagogik hat dem das Prinzip der Reversibilität hinzugefügt: Jede Kommunikationshandlung zwischen den Partnern muss prinzipiell umkehrbar sein. Damit findet die Idealisierung eines Gespräches als Interaktion gleichwertiger Individuen, also das Symmetriegebot, eine weitere Verschärfung. Es wird jedwede Hierarchie zwischen beiden Dialogpartnern ausgeglichen: Was der eine tut, muss also auch der andere tun können und umgekehrt. Damit sind beide prinzipiell austauschbar. Das Bild ist das Spiegelbild, wie das Spiegelbild eigentlich das Bild ist. Es wird die in jedwedem ontologischen Denken verborgene Paradoxie gedacht, die des Gleichen im Verschiedenen. Die Paradoxie des eigentlich Monologischen im idealen Dialog beruht freilich auf edlen Motiven: Freie Individuen sollen in freiem Gedankenaustausch stehen und so Wahrheit konstituieren, zumindest aber soziale Harmonie. Öffentlichkeit meint hier nicht Raum, sondern Vision.

Öffentlichkeit ist ideengeschichtlich zunächst und zuallererst ein frecher Begriff, eine unerfüllte Forderung, ein gewagtes politisches Konzept, aber kein Zustand. Was Öffentlichkeit fordert, ist empirisch nur *ex negativo* wahrnehmbar, in ihrer schmerzhaft be-

merkten Abwesenheit und der als illegitim empfundenen Herrschaft sozial exklusiven Wissens. Öffentlichkeit besteht nur als
absente; sie ist nie positiv. Der im politischen Jargon verwendete
Appell, doch bitte *Öffentlichkeit herzustellen*, scheint dieser These
zu widersprechen und eine positive Tatsache zu konstatieren,
diese ist aber von anderer Dimension. Hier geht es nur um ein
sektorales Unterfangen, in dem eine bestimmte Zielgruppe die
Geheimnisse einer anderen Zielgruppe teilen möchte. Rituale der
Wahrung und Durchbrechung von Herrschaftswissen sind politische Taktiken.

Der Euphemismus *Öffentlichkeit* meint in der Extension aber
weit Totaleres und in der Semantik qualitativ Anderes. Eine Analyse dessen, was Öffentlichkeit ist, kann nichts anderes sein als
die Untersuchung dessen, was der Begriff Öffentlichkeit meint.
Öffentlichkeit hat keine Physis, nicht mal einen realen sozialen
Ort. Wir legen Mikroskop, Skalpell und Rechenschieber zur Seite
und wenden uns dem wirklichen Ort des Phänomens zu, der Ide-
engeschichte, namentlich der bürgerlichen Aufklärungsromantik
vom 18. Jahrhundert bis in die sechziger, siebziger Jahre des 20.
Jahrhunderts.

Besonders auffällig ist, dass in öffentlichen Reden über Öffentlichkeit oder Kommunikation oder Dialog oder Gespräch oder
Reden kaum das Greifbare, Hör- und Sichtbare, Gegenstand ist,
also elementares Handeln, sondern etwas sehr viel Abgehobene-
res, Kulthandlungen oder quasireligiösen Ritualen vergleichbar.
Unser herkömmlicher Metadiskurs des Diskursiven hat Klänge
höherer Sphären. Begriffe der politischen Philosophie fallen. In
der Mitte dieser höheren Erwartungen der Kommunizierenden
steht das Königswort Konsens, angeblich ein gesellschaftsstiften-
des Prinzip. Das aber muss verwundern: Warum diese fundamentale Perspektivierung elementaren sozialen Handelns? Wie
schwer hat sich die Aufklärung getan mit der Frage, wie aus der
volonté de tous eine *volonté générale* werden kann. Wie groß war die

Not Kants und Hegels mit Verstand und Vernunft, bevor Luhmann die Debatte durch den Hinterausgang verlassen hat, während Habermas die diskursethische Fahne hoch hält. Und weiterhin im so gefeierten Konsens stellt sich durch bloßes Zusammensein, durch eine einander geneigte soziale Agglomeration interaktiv weiterhin Wahrheit und Wirklichkeit ein? Skeptisch gegen Heilsversprechungen aus solchen Elfenbeintürmen der Philosophie richten wir unseren Blick auf den Marktplatz. Aber auch hier widerstehen wir zunächst der überhöhenden Metaphorik, nicht *freier Markt* wie Adam Smith oder *Forum* wie die Antiken meinen wir, sondern den bäuerlichen Markt des Warenhandels wollen wir beobachten.

Wenn die Marktfrau fünf Äpfel für drei Mark zehn verkauft, finden wir, ganz schnöde, eine mit Äpfeln versorgte Hausfrau, eine erfolgreiche erlösbewehrte Verkäuferin. Wir fordern in der Betrachtung des bloßen Verkaufsaktes wohl kaum abendländische Philosophie ein. Unterhält sich Sokrates mit Phaidros, werden also fünf Sätze an Stelle von fünf Äpfeln getauscht, rauscht jedoch der Mantel der Philosophie. Vielleicht liegt das an Sokrates, also am Niveaugefälle beider Handlungen? Es liegt eher an unserer Hochachtung vor kommunikativem im Gegensatz zu instrumentellem Handeln. Deshalb galten die philosophischen Erwartungen – anders als beim Äpfelkauf, bei etwas Instrumentellem – allenfalls dem kommunikativen Teil des Geschäfts, etwa einem Gespräch der Hausfrau mit der Bäuerin, und sei es, dass es sich um Klatsch und Tratsch handelt.

Der Trend verstärkt sich. Auch das ist für den Postmodernen Öffentlichkeit, Kommunikation, Dialog. Insofern lehrt ihn als Exempel der Tratsch der Marktfrau vielleicht mehr als der sokratische Dialog; dieser ist so prätentiös, dass er Nüchternheit verstellt und nüchtern sollte der Analysierende schon sein, wenn alles so philosophietrunken ist. Jener Tratsch der Marktfrauen ist also möglicherweise der bessere Gegenstand der Erkenntnis.

Dann nähme man zum Exempel ein Gespräch über das neueste Thema des Boulevardjournalismus: *Wie finden Sie, dass Prinzessin Soundso sich von ihrem Geliebten getrennt hat, obwohl dieser gerade noch ...* Oder gar einen Streit zwischen beiden Frauen, der schließlich eine Schlichtung durch die Fischverkäuferin erfährt. Hat sich im Tausch der Äpfel und der Sätze und der Gerüchte und des Lebe-Wohl diesem kleinen kommunikativen Universum aber so etwas wie Wahrheit konstituiert?

Der Ruf des 18. Jahrhunderts nach Öffentlichkeit kommt aus bürgerlichen Kehlen. Er ist Ausdruck der Selbstbehauptung der aufsteigenden Klassen gegen den Feudalismus. In der Anknüpfung der FRANKFURTER SCHULE knapp zweihundert Jahre später wird versucht, die aufklärerische Illusion des Wahrhaftigen, zumindest im Modell des herrschaftsfreien Diskurses, zu erhalten. Aber nunmehr ist – so der Zeitenwender Peter Sloterdijk – das Zeitalter des Zynismus angetreten: Es herrschte das aufgeklärte falsche Bewusstsein. Sollen wir, nur weil sich die Bäuerin auf dem Marktplatz mit der Hausfrau im Tratsch über die neueste Boulevardzeitungsgeschichte vergnügt oder über diese streitet, der Versuchung nachgeben, die Postmoderne anzuerkennen, also Neuzeit und Moderne zu verlassen? Störend bemerkt man das Triviale der Beispiele und das Dunkle der neuen Terminologie: Am Ende ist die Postmoderne nicht mehr als eine Modetorheit?

Ein solch gewagter Schritt lässt zögern und noch einmal zurückblicken. Seit und mit Kant wird Aufklärung als der *Ausgang des Menschen aus seiner selbstverschuldeten Unmündigkeit* definiert. Selbstverschuldet sei diese Unmündigkeit, lernt jeder Student in Berlin, Münster wie Leipzig, *wenn die Ursache derselben nicht am Mangel des Verstandes, sondern der Entschließung und des Mutes liegt, sich seiner ohne Leitung eines anderen zu bedienen.* Jüngst erweitert sich in dieser Frage auch die Propädeutik, wenn eine vielgelesene Philosophiegeschichte bemängelt: „Diese Sätze werden in jeder Philosophiegeschichte zitiert. In ihnen drückt sich prägnant das Selbstverständnis des 18. Jahrhunderts aus, und daher sind sie 'klassisch' geworden." Nicht zitiert wird allerdings meist, wie der Text weitergeht. Kant setzt seine ganze Hoffnung auf ein öffentliches Publikum. Für den Einzelnen ist es schwer, fast unmöglich, sich aus der Unmündigkeit zu befreien. Ein Publikum als Leserwelt, das sich seine Gedanken mitteilt, hat da viel größere Chancen. Dazu braucht es Gedankenfreiheit, die Freiheit, *„von seiner Vernunft in allen Stücken öffentlichen Gebrauch zu machen".*

Und hier folgt eine wichtige Unterscheidung: Dieser öffentliche Vernunftgebrauch *„muss jederzeit frei sein, und der allein kann Aufklärung unter die Menschen bringen."* Anders steht es mit dem Privatgebrauch der Vernunft, worunter Kant die kritische Vernunft des Einzelnen in und gegenüber seinem Beruf versteht. *„Hier ist es nun freilich nicht erlaubt, zu räsonieren, sondern man muss gehorchen."* Der Mensch wird gleichsam aufgespalten ... Das aufgeklärteste Land, das Preußen Friedrichs II., kann Gedankenfreiheit gewähren, gerade weil es *„ein wohldiszipliniertes zahlreiches Heer zum Bürgen der öffentlichen Ruhe zur Hand hat."* Dieser Zustand, von Kant selbst als paradox bezeichnet, gipfelt in dem Satz Friedrichs II.: *„Räsoniert, so viel ihr wollt, und worüber ihr wollt; nur gehorcht."* Soweit die notwendigen Enttäuschungen für die Freunde der Aufklärung.

Der aufklärerische Diskurs ist also nur insofern konsensbildend, als es um die Wahrheitsrituale der Wissenschaften geht. Von ihm das zu erwarten, was in der zweiten Hälfte des 18. Jahrhunderts als Demokratie beschrieben wurde, ist, um nur das Mindeste zu sagen, ahistorisch oder politischer Romantizismus. Dieses politische Paradoxon der Aufklärung ist auch zweihundert Jahre später durch die FRANKFURTER SCHULE nicht aufgehoben worden, deren bürgerliche Bildungseuphorie ungebrochen ist. Vollständig auf den Hund gebracht hat den herrschaftsfreien Diskurs nun wirklich, wer ihn als PR-Modell zur Erhöhung der Akzeptanz von Müllverbrennungsanlagen propagiert – nimmt man die entsprechenden, übrigens vielgelesenen und adaptierten Beiträge der PR-Literatur zur Hand, muss man sich immer wieder versichern, dass es sich nicht um Parodien handelt.

Die Habermas'sche Diskursethik ist aber letztlich nicht nur transzendental; in die gesellschaftliche Realität gestoßen ist sie moralisch beliebig. Dies ist das zweite Paradoxon der Aufklärer dieses Jahrhunderts: Wenn alle Normen, die in einem Diskurs durch Konsens – also die herrschaftsfreie Zustimmung derer, die an der Argumentation beteiligt sind – als legitimiert gelten, so sind entweder alle solche Konventionen *eo ipso* und notwendig vernünftig, oder die Argumentierenden haben im Gang ihrer Argumentation keine individuelle Freiheit. Die Dialogisierenden offenbaren nicht sich, sondern das Vernünftige, das vor und unabhängig von ihnen schon gewesen sein muss. Das in der partizipatorischen Soziokultur unserer Tage gefeierte Dialogische ist im Kern monologisch. Argumentiert nur etwas Drittes aus den Argumentierenden heraus, so werden wir diese kaum als Subjekte der Aufklärung begreifen können: Sie sind deren Objekt. Deshalb ist Öffentlichkeit keine Weltbühne, auf der die Charaktere frei aus sich agieren, sondern ein Drama, in dem sie mit der Hybris der Selbstbestimmung fremde Rollen spielen.

Die Postmodernen verstehen nicht, warum das in Konvention freier Subjekte Vereinbarte bloß schon durch deren zwanglose Übereinkunft – also die harmonische Selbstbefindlichkeit der Argumentierenden – wahr sein soll. Die Erde ist eine Scheibe: Konventionen können arbiträr sein, also lediglich durch die Tatsache ihrer willkürlichen, aber durchgängigen Beachtung bestehen. Erfüllte sich im herrschaftsfreien Diskurs immer nur ein Ziel – der als wahr anzuerkennende Inhalt –, läge ein quasi-religiöser Offenbarungsprozess vor, da die Freien in ihrer freien Argumentation nur zu dem sie als frei konstituierenden Dritten finden könnten, also unfreier nicht zu denken wären. Wie säkular sich die Aufklärung auch gebärden möge, der Deismus herrscht in der aufgeklärten Vernunft ungebrochen. Funktionalistische Weitsicht, empirische Attitüde und transzendentale Gesinnung schließen sich scheinbar nicht aus. Sie wohnen ideengeschichtlich jedenfalls im gleichen Körper. Neuzeit und Moderne verfangen sich im Aufbrechen ihrer inneren Paradoxie. Der Dialog der Diskursethiker ist folglich ein aufgeteilter Monolog. Es spricht *passim* die schnörkellose Stimme Calvins, wenn man das Calvinistische nicht zu eng religionsgeschichtlich nimmt, sondern als Megasymbol der im bürgerlichen Zeitalter aufbrechenden Geister.

Dem publizistischen Diskurs öffnet sich dieses neue Denken nur sehr schwer. Die Begegnung mit der Postmoderne leidet – wie Helga Gripp-Hagelstange zu Recht beklagt – unter der Aporie, dass etwas verstanden werden soll, das ohne Vorverständnis nicht zu verstehen ist, dieses Vorverständnis aber im Grunde nur herzustellen ist, wenn das Eigentliche bereits verstanden ist. Deshalb tröstet Gripp-Hagelstange ihre Leser leitmotivisch mit einem luhmannesquen Dürrenmatt: *„Wer sich dem Paradoxen aussetzt, setzt sich der Wirklichkeit aus."*

Wenn man in der Philosophiegeschichte Zäsuren anerkennt, wird man am ehesten von den Megamythen der Aufklärung Abschied nehmen können, die zwei Jahrhunderte die Diskurse durchwirkt haben; zumindest die Versuche hierzu kennen wir. Jean-François Lyotard hat das Ende dieser Megamythen der Aufklärung, die er treffend als *Legitimationserzählungen* kritisiert, nachhaltig beschrieben. Darin liegt auch der Abschied vom ontologischen Konzept der den emanzipierten Menschen inhärenten, jedenfalls prinzipiell zugänglichen Vernunft. Halb hat diesen Schritt schon Luhmann getan. Ganz getan ist dies der Abschied von der Konsenskultur. Der Konsens als vernunftstiftende Institution der herrschaftsfrei argumentierenden emanzipierten Individuen fällt philosophiegeschichtlich. In den Fokus treten Disparität, Differenz und Dissens. Der idealtypische Dialog mit idealer und ideeller Verständigung wird epistemologisch nicht mehr als

Postulat gegen die Wirklichkeit der permanenten Missverständnisse gesetzt. Stattdessen wird die Praxis der interessengeleiteten Kommunikation zum Gegenstand des Metadiskurses gemacht, der nunmehr nicht als peinlich defizitär, sondern als das hoch willkommene Chaos nach dem Abklingen der aufklärerischen Ordnungsillusionen verstanden wird. Die wissenschaftlichen Diskurse treten in den dunklen Jargon der Postmoderne; die Rede ist von Verschiedenheiten, Ungleichzeitigkeit, Unvereinbarkeiten, Brüchen.

Kommunikationskultur der Postmoderne meint – nimmt sie dann doch, sozusagen aus intellektuellem Harmoniebedürfnis, den Idealzustand des gelungenen Dialogs an – nicht Konsens, sondern den nicht-teleologischen Umgang mit dem Dissens. Das ist der politischen Philosophie angenehm, die ohnehin Demokratie als zivilisierten Umgang mit dem Dissens sieht, wenn sie Staat und Gesellschaft säkular denkt – also ohne jedweden Fundamentalismus. Das ist der Ästhetik angenehm, die sich ohnehin aus der regulativen und mimetischen Bindung entlassen sieht. Das liegt aber der Publizistik nunmehr als intellektuell nur schwer zu verdauender Brocken im Magen. In der wehmütigen Rückbesinnung auf das Trennungsgebot von Redaktion und Werbung, wie sie noch jüngst Barbara Baerns vorgenommen hat, drückt sich neben der aufklärerischen Redlichkeit auch das Erschrecken vor der Größe dieses Brockens aus.

Öffentlichkeit ist aus postmoderner Perspektive nicht mehr das emanzipatorische Rollenstück von den Lichtwelten der Aufklärung, sondern der virtuelle Marktplatz dezentralen und divergenten kommunikativen Handelns. Dies kann subjektiv intentional sein, intersubjektiv verhält es sich aber als kulturelles Konzept zu kulturellen Konzepten, als Held einer Geschichte zu anderen Helden dieser oder anderer Geschichten, als die eine Geschichte zu allen anderen Geschichten, als neues narratives Paradigma zu alten Paradigmen, als strategische Kompilation in einer taktisch überbordenden Kompilationskultur. Die größte intentionale Veränderung von Öffentlichkeitsteilnehmern – vulgo PR-Wirkung – gelingt hier jenen Geschichten, die zugleich kohärent zu den hegemonialen Narrationskonzepten sind, also konkultural, und in einem zweiten Horizont als so neu, unterhaltend, informativ gelten, eben auch diskultural, dass sie eine Meinungs- und Einstellungsveränderung bewirken können. Für den Evolutionsprozess der Kultur gilt dieses *variatio delectat* – fällt eine Geschichte diskurssprengend aus, geht der Kampf der Geschichten auf neuem Niveau weiter. Der Blick des Kopernikus auf die pendelnde Altarlampe erahnt eine solche dissoziierende Geschichte. Die Geschichte von Robinson Crusoe, Leiterzählung der calvinistischen Revolution, war eine solche, die BILD-Schlagzeile zur ersten Mondlandung *„Jetzt ist der Mond ein Ami"*, der Sündenfall im Paradies der Bücher Mose, Figaros Hochzeit, Kennedy's *„Ich bin ein Berliner"*, die Rolling Stones, Modern Talking und Verona Feldbusch.

Walter Reese-Schäfer hat auf den blinden Fleck der Postmoderne – bei ihm des Luhmann'schen Beobachtens – verwiesen:

> „Es kann Handlungen beobachten und anderes Beobachten beobachten. Es versagt aber in allen Situationen, in denen selber gehandelt oder entschieden werden muss. Der Universalitätsanspruch der Systemtheorie findet an der Stelle eine Grenze, an der sie mehr sein müsste als bloße Beobachtung, nämlich wissenschaftlich begründete Handlungsempfehlung."

Hic Rhodos, hic salta? Das muss eine gestandene Theorie doch leisten! Oder hegen wir immer noch einen Anspruch, den Wissenschaft nicht bereit sein kann zu erfüllen? Die Ordinarien klagen, dass ihnen Zeit und Geld fehle. Wenn die Elfenbeintürme schweigen, kann man nur noch das Geschrei des Marktes hören. Und des Forums, in dem die Senatoren streiten. Das Volk lerne also politische Weisung zu empfangen. Wenn die Götter die Wahrheit verweigern und die Gelehrten die Orakel nicht zu deuten wissen, hat die Politik das Sagen. Sei es drum: *Hic Rhodos, hic salta.*

Verlust der Ordnung:
Kommunikation in atektonischen Räumen

„Es ist Freiheit notwendig,
um zur Erkenntnis zu gelangen.
Aber in dieser sind wir dann
mehr eingesperrt als im Dogma."
Karl Kraus

Früher war sich PR der Wahrheit und der Moral gewiss und wusste die Orakel zu deuten. *Tu Gutes und rede darüber,* so hieß eines der frühen Werke zur Öffentlichkeitsarbeit in Deutschland. Georg Volkmar Graf Zedtwitz-Arnim, der es amerikanischen Diskussionen entlehnt hat, ist damit berühmt geworden. Mit *Tu Gutes und rede darüber* wurde die Leitvorstellung großbürgerlicher Philanthropie auf Public Relations übertragen. Anstöße dazu kamen aus der amerikanischen Literatur, an die der Zedtwitz'sche Vorgänger in der Öffentlichkeitsarbeit bei Krupp, Carl Hundhausen, angeknüpft hatte. Hierzu kam in Deutschland ein Sendungsbewusstsein, das sich letzlich als eschatologisch verstand.

Gedacht wurde dabei ein Oben und ein Unten im Sinne eines Pädagogicums. Oben wird gewusst, unten herrschen Unglaube und Unwissenheit. Und versteht nun das Unten das Oben, so der Grundgedanke, stellt sich beim Unten Wohlwollen ein – Himmel und Erde schwingen hier als Struktur mit. Eine säkularisierte Heilsverkündung begründet geistesgeschichtlich dieses *Tu Gutes und rede darüber:* Die kleineren Wunder – Ereignisse, die heute als *Event-PR* bekannt sind – sollten für die größeren Wahrheiten stehen. Für die ideengeschichtliche Analyse ist der religionskritische Aspekt dieses Befundes ohne Bedeutung. Es geht nicht etwa darum, blasphemische Züge solchen Denkens aufzuspüren, obwohl eine patriarchalische Selbstüberschätzung dem Konzept und seinen traditionellen Anhängern nicht fremd war. Es geht viel mehr analytisch um die implizite Bindung solcher Öffentlichkeitsarbeit an die Kategorie einer – höheren – Wahrheit.

Schärfer formuliert handelt es sich um die ganz selbstverständliche Identifikation der eigenen Meinung mit der Wahrheit, zu deren Verbreitung man exemplarisch über Wunderdinge redet, die man vollbracht hat. PR ist hier Verkündung mit der Selbstgewissheit des Missionars, mindestens aber im Gewicht der besseren Einsicht. Die informationstechnisch hochentwickelte industrielle Welt – und das heißt eben auch die Medienwelt unserer Tage – ist zu komplex, um eine solche Verkündungslogik zum intellektuellen Schlüssel über die Praxis der Kommunikation werden zu lassen. Zeitgemäßer scheint es, über *Integrierte Kommunikation* zu reden und die Konzeption eines kommunikativen Netzwerkes in einem atektonischen Kommunikationsraum zu umreißen. Vielen ist als Kommunikationsmanagern unserer Tage das patriarchalische Selbstverständnis der Zedtwitz-Generation fremd. Der Blick kann deshalb nüchterner auf die Bedingungen des Geschäfts gerichtet werden.

Eine Metakommunikation über die öffentlichkeitsbezogene Kommunikation in der Automobilindustrie sollte demnach zunächst nach den Wahrnehmungsfeldern fragen, in denen das Phänomen Auto bzw. Automobilindustrie überhaupt seine Bedeutung sucht und erlangt. Zu erforschen sind die Orte des Phänomens. Dabei soll zunächst die alles überschattende Bedeutung des Autos als Statussymbol außer acht bleiben – dies wäre für den Anfang zu bunt: Notwendig ist zuerst ökonomischer Ernst.

Die Automobilindustrie ist eine Schlüsselbranche deutscher Volkswirtschaft, das Automobil ein wesentliches Medium der ökonomischen Reproduktion. Dabei darf der nationalökonomische Bezug nicht zu eng gezogen werden, denn gleichzeitig handelt es sich um ein Exerzierfeld der Globalisierung *par excellence:* das Auto also als vornehmes Wesen ökonomischer Realität. Zum zweiten ist das Auto perfekter Ausdruck individual genutzter, im

Wortsinn *erfahrbarer* Technik. Im Gegensatz zu vielen technischen Vorhaben aus dem Bereich der Investitionsgüterindustrie geht es hier um eine handlungskonstitutive Technik, die nicht nur symbolisch Ausdruck des Fortschritts ist, sondern auch im persönlichen Erleben der Gesellschaft eben diesen Fortschritt als Alltagspraxis darstellt. Das Auto ist ein besonders eindrucksvolles Exempel von dem, was Technik kann – oder eben auch nicht kann.

Drittens wird das Auto kommunikativ als Teil eines Retail-Business, eines wettbewerbsintensiven Einzelhandels erlebt. Die Wahrnehmungsstrecke reicht hier von der Vielzahl der Zeitungsanzeigen und Werbespots bis hin zu den Showrooms der örtlichen Autohändler. Aber auch Autos in Spielfilmen und anderen dramatischen Formen der elektronischen Medien gehören zu diesem Wahrnehmungskontext – ebenso der Verkehr überhaupt, der ein ganzes Stadtbild zu prägen vermag. Dann ist das Auto Ausdruck sozialer Ordnung, Statussymbol, Verkehrsmittel, und zwar nicht im logischen, sondern im sozialen Sinne.

All diese Komponenten haben eine hohe affektive Kohärenz. Sie stellen zwar ökonomische oder technische Abstrakta dar, weiten sich aber immer auf unser unmittelbares gesellschaftliches und individuelles Erleben aus. Um die Besonderheit dieser hohen affektiven Kohärenz der Automobilwirtschaft zu erkennen, genügen Vergleiche mit anderen Industrien, die hier nicht ausgeführt werden müssen. Das Auto führt zu einer extrem hohen rekurrenten Wahrnehmung. Man könnte es als ein ubiquitäres ökonomisch-technisches Konstrukt bezeichnen, das nicht sektorierbar wirkt, sondern lebensbereichdurchbrechend und damit gesellschaftskonstituierend. Dies ist für den Gang der Argumentation als erste Annahme festzuhalten.

Wird zur Bildung der zweiten Annahme nach den gesellschaftlichen Tätigkeiten, den praktischen Lebenszusammenhängen gefragt, in denen diese rekurrente Wahrnehmung stattfindet, dann zeigen sich mindestens vier verantwortliche Felder. Zunächst ist das Auto industrieller und handwerklicher *Arbeits-gegenstand*. Darüber hinaus ist es *Handelsgegenstand*. Ferner – wenn man sich von der Produktionssphäre und dem Dienst-leistungssektor weiter entfernt und auf den privaten Lebenszu-sammenhang zugeht – ist das Auto Nutzungsgegenstand. Schließlich – dies zeigen schon die anfänglichen Bemerkungen – ist das Auto Gegenstand und Ausdruck kommunikativen Han-delns. Verbindet man diesen zweiten Ansatz der vielfältigen Fel-der gesellschaftlicher Tätigkeit mit dem ersten zur rekurrenten Wahrnehmung, so scheint es an der Zeit, die technisch-ökonomischen Phänomene grundsätzlicher von den kommuni-kativen zu trennen.

Das dritte Argument der Darstellung hält deshalb zwei quali-tativ unterschiedliche Praxisarten fest. Das Auto hat zunächst einmal *instrumentelle Funktionen*. Dies wird vordergründig häufig mit der *Fähigkeit, jemanden von A nach B zu bringen*, beschrieben, ist aber auf alle anderen genannten technisch-ökonomischen Zu-sammenhänge übertragbar. Ferner und gleichzeitig gibt es kultu-relle Funktionen. Der Begriff des kommunikativen Ambientes, das ein Auto umgibt, wird also um die Zumessung anderer ge-sellschaftlicher Praxisarten mit kulturellen Funktionen erweitert. Dies scheint angebracht, da ja bereits analysiert ist, dass das Auto nicht nur Gegenstand von Kommunikation, also bloßes Symbol ist, sondern auch Medium gesellschaftlichen Handelns. Befreit man dieses gesellschaftliche Handeln – also den Verkehr im übertragenen Sinne – von seiner instrumentellen Funktion, muss man die kommunikative als eine gesellschaftskonstitutive Funk-tion ansehen, als ein Kommunikationshandeln der Gesellschaft mit sich selbst: also als Kultur. Die dritte Hypothese begreift das Auto also als *Teil kultureller Identität*.

Der vierte Schritt der Argumentation ist nun dem Vernetzungs-charakter der bisher genannten Dimensionen gewidmet. Es ist aus unserem Alltagsbewusstsein heraus klar, dass sich die

Aspekte der instrumentellen und der kulturellen Funktion nicht
binär oder gar komplementär verhalten, sondern in besonderer
Weise additiv. Das Ganze ist dabei aber mehr als die Summe seiner Teile. Damit müssen eindimensionale Ansätze zugunsten der
Zweidimensionalität aufgegeben werden. Die zusätzliche Qualität lässt sich als Matrix umsetzen, bei der auf der X-Achse die
instrumentellen Funktionen und auf der Y-Achse die *kulturellen*
Funktionen abgetragen werden. Im Feld der Matrix könnte man
dann bestimmte Phänomene danach positionieren, wie stark sie
instrumentellen und wie stark sie kulturellen Funktionen dienen.
Dieses Denkmodell wendet sich vom linearen zum flächigen
Denken. Bekannt ist aber, dass die Welt aus Körpern besteht.

Im fünften Schritt geht es daher um eine Gedankenübung, die
zu beschreiben etwas schwierig ist. Der zweidimensionalen Matrix muss eine dritte Dimension, die der Räumlichkeit, hinzugefügt werden. Dies lässt sich als Würfel denken, bei dem am Boden
die Länge und die Breite als Matrix der instrumentellen und kulturellen Funktion beschrieben sind, und bei dem die vertikal auf-
steigende Würfelseite die dritte Dimension des Denkmodells bezeichnet. In dieser dritten Dimension lassen sich nun – auf unser
Beispiel bezogen – die Bedingungsfelder der Automobilwirtschaft
anordnen: Das Wahrnehmungs- oder Nutzungsphänomen Auto
wird zu den makroökonomischen Determinanten der Automobilwirtschaft in Beziehung gesetzt.

Da ist als erstes der Absatzmarkt, ein Feld, das durch die Betriebswirtschaft bereits gut beschrieben ist. Vor unserem geistigen
Auge sehen wir zunächst die Positionierung der Phänomene der
Absatzwirtschaft in der Höhe des Würfels. Die Positionierung auf
der Ebene von Vorgängen der Absatzwirtschaft richtet sich nach
dem Ausmaß der instrumentellen oder eben der kommunikativen
Funktion. Als zweites Feld kommt der Kapitalmarkt hinzu. Als
drittes Feld ist der Beschaffungsmarkt anzuführen, da dieser insbesondere in Unternehmen mit geringerer Fertigungstiefe eine

eigene Dynamik erhält. Der Fachöffentlichkeit ist die Bedeutung der *Purchase Policy* im letzten Jahrzehnt besonders deutlich geworden. Als viertes Feld sei schließlich der Arbeitsmarkt genannt. Weitere Bedingungsfelder sind hinzuzufügen bis hin zur Gesamtkonjunktur eines Landes und – *last but not least* – die internationalen Handelsbeziehungen, also der Globalisierungsaspekt.

Wird dieser Würfel als Orientierungsraum angenommen, lassen sich auf den unterschiedlichen Ebenen der Höhe – der dritten Dimension also – einzelne Phänomene anordnen, die wiederum über ihre instrumentelle und ihre kulturelle Komponente auf der Fläche der jeweiligen Höhe unterschiedlich zu positionieren sind. Vor dem geistigen Auge entsteht ein relativ komplexes räumliches Gebilde. Aus dessen Komplexität lässt sich schon die Vermutung ableiten, dass Interdependenzen im System wahrscheinlich nicht vektoral, also als einfache lineare Strecken von Ursache und Wirkung beschreibbar sein werden.

Jetzt ist es Zeit für einen epistemologischen Einschub: eine Beschäftigung mit der Art dieses Denkens. Werden wir uns bewusst, wie weit wir uns mit dem Symbol des Würfels vom primitiven Sender-Empfänger-Denken der frühen Kommunikationstheorien entfernt haben. Traditionelle Denkformen folgen dem Leitbild von Architekturen. Sie sind tektonisch. Sie denken in Modellen wie der Pyramide oder des Tempels. Eingangs wurde diese säkularisierte Eschatologie traditioneller PR schon als eine solche Hierarchie von Himmel und Erde gekennzeichnet, in der sich die PR – quasi blasphemisch – in der Rolle des Eschatologen wähnt. Tektonische Denkmodelle bestehen aus einem vektoral geordneten Oben und Unten, Rechts und Links, Mitte und Peripherie, Groß und Klein ...

Der Tempel als Denkmodell hat Dach, Säulen, Basis, der Kreis Mittelpunkt, Fläche und Rand, die Pyramide eine hohe Spitze und eine breite Basis ... All dies sind Ordnungsmodelle, in die man klare Hierarchien und eindeutige Funktionen hineinlesen kann. Sie stiften eine einfache Ordnung, wo eine komplizierte herrscht, die sonst, gäbe es nicht diese strukturelle Erlösungsleistung, als Chaos empfunden würde. Wer die Organisationsdebatten der zurückliegenden Jahre verfolgt hat – nicht zuletzt diejenige um die so genannte *fraktale Fabrik* – wird entdeckt haben, dass sich selbst die industriellen Strukturen von solcher Tektonik entfernen. Verlust der Tektonik heißt aber nicht Chaos, es meint eine qualitativ andere Ordnung. Sie ist nicht mehr tektonisch, aber sie ist durch eine bloße Atektonik, den Verlust der Mitte oder des Oben, nur unzureichend beschrieben.

Das Gegensymbol zum Architekturdenken, so kann hilfsweise angenommen werden, ist das Denken in Organismen oder Kosmen. Dreidimensionalität lässt sich zwar in die Form eines Würfels pressen und damit sozusagen als Denkmodell nachvollziehbar machen, die Wirklichkeit aber folgt eigentlich nicht dieser Geometrie. Der Organismus, der als Würfel nur unzureichend beschrieben werden kann, ist nicht nur von ungewisser Ausdehnung, er wird auch eher einem Sonnensystem gleichen denn einer Hutschachtel. Die Komplexität der kommunikativen Welt des Automobils ist also allenfalls als Organismus zu denken, als Sonnensystem — wohl gemerkt als Sonnensystem *nach* der kopernikanischen Wende.

Wer sich nun die einzelnen kommunikativen Gebilde im Organismus ausmalt, wird feststellen, dass sie nicht mehr nur geometrische Figuren in unterschiedlichen Ebenen eines Würfels sind, sondern über verschiedene Ebenen verteilte organische Einheiten ganz wilder Ausprägung, ganz einfach oder skurril, so vielfältig wie Insekten und so wenig architektonisch wie Pflanzen. Vor dem geistigen Auge erscheinen Netze quasi-organischer Struktur in einem dezentralen Kosmos.

Der Alltagserfahrung ist diese erkenntnistheoretische Argumentation sofort zugänglich, wenn sie die Probleme der Kommunikation in einem globalen Unternehmen, zumal in einem globalen *Conglomerate* erwägt. Wenn man hier nicht den – vermeintlich – einfachen Weg eines *Global Branding* gehen kann, wie er etwa – zu Recht oder zu Unrecht – mit dem Schlagwort der *McDonaldisierung* verbunden wird, blickt man durch ein Kaleidoskop auf einen Ameisenhaufen, den man durch Zollstock und Maurerkelle nur zerstören, nicht aber ordnen kann. Konsequenzen für die Kommunikation in diesem Beziehungsgefüge – also dem vom Würfel zum komplexen Organismus gewandelten dreidimensionalen Denkmodell – können eben nicht klassisch linear oder vektoral gedacht werden, geschweige denn derart funktionieren.

Ein zusätzlicher Gedanke bleibt an dieser Stelle ausgespart: Wer den Schritt in die dritte Dimension gemacht hat, kann den in die vierte nicht unterlassen. Der Faktor Zeit ist in dieses Denken einzubringen und der organische Würfel damit in ständiger Veränderung zu denken. Die ihn durchziehenden Kommunikationsnetze laufen damit Gefahr – auch wenn sie selbst gleich bleiben – plötzlich oder allmählich an anderen Orten des Systems zu sein, da sich das Ganze wandelt. Aber dies mag nun aber der strukturalistischen Verwirrung genug sein.

Klassische PR-Konzepte folgen einer Verkündungslogik oder – etwas moderner ausgedrückt – dem Dialogmodell. Einer traditionellen Verkündungslogik liegt die Vorstellung eines Wahrheitskerns und dessen Multiplikation zugrunde, also eine quasireligiöse oder – wenn man das säkularisiert fassen will – eine ideologische Erweiterungsfunktion; dies wurde eingangs angesprochen. Die Dialogillusion in modernen Kommunikationsvorstellungen ist andernorts vielfach ausführlich kritisiert, so dass hier eine Wiederholung unterbleiben kann. Vorgeschlagen wird – wenn denn schon der Weg von der Grundsatzanalyse in die Praxis führt – ein fraktales Mediatorenkonzept.

Mediatorenkonzepte versuchen ein Kommunikationsmanagement, das sich auf unterschiedlichen Ebenen in dem als Organismus verstandenen Raum als Netzwerk etabliert. Zur Logik des

Netzes gehört, dass nicht die Größe und Häufigkeit der Löcher entscheidend ist, sondern die Verknotung der Fäden zu einem Textil. Schlüsselfrage ist nun, welche Fäden wo verknotet werden und welche Textur sich daraus ergibt. Es werden überall dort, wo Interessen auszugleichen oder Gegensätze zu überbrücken sind, Foren geschaffen, die sich durchaus als regionale oder partielle Bühnen verstehen lassen, welche die Beteiligten in einem kommunikativen Rollenspiel betreten.

Dies ist *Integrierte Kommunikation*, aber nicht im Sinne eines tektonischen Ganzen, sondern im Sinne einer Fülle von dezentralen Maßnahmen eines fraktalisierten Ganzen und im Sinne der Überschreitung der Grenzen von Werbung, PR, Sponsoring, Publizistik, Theater, Literatur und Politik. Dies ist nicht so sehr nur als Desiderat einer Öffentlichkeitsarbeit, sondern als eine Beschreibung der medialen Realität zu verstehen. Die Medienwelt selbst hat *de facto* all die traditionell übergestülpten Sortierkästchen der Publizistik längst beiseite geschoben. Grenzziehungen sind zwar analytisch noch möglich und nötig, aber die Wirklichkeit der Medien vollzieht sich nicht mehr in disjunkten Feldern. Entsprechend virtuos – wenn dieser Euphemismus erlaubt ist – wurde Öffentlichkeitsarbeit dort, wo sie auf der Höhe unserer Zeit anlangte.

In dieser schönen neuen Medienwelt bleiben alle alten Kommunikationsaktivitäten erhalten, aber es gibt neue Geschichten, neue Zielgruppen, neue Medien und insbesondere neue Mischformen: alles in allem neue synthetische wie mythische Welten. In der Werbegeschichte ist die Benetton-Kampagne das auffallendste Beispiel für die radikale Aufhebung alter Grenzen, einer so radikalen, dass die Fachöffentlichkeit über Jahre ihr Erstaunen nicht fassen konnte. Die PR-Branche war empört: Darf man Pullover verkaufen, indem man gesellschaftspolitische Themen darstellt, die nichts, aber auch gar nichts mit diesen Pullovern zu tun haben? Ob man darf oder nicht: Es geschieht und zwar erfolgreich.

So finden sich redaktioneller Inhalt und Werbeinhalt in einem nicht mehr zerlegbaren Konglomerat wieder, einer Mischung, die dem Publizisten prinzipiell problematisch erscheinen muss.

Den PR-Manager mag dies weniger schmerzen. Für ihn stellt sich aber – Sortierkästchen hin, Sortierkästchen her – im fraktalen Ganzen das Problem der Steuerbarkeit. Das vertikal wie horizontal durch den Kommunikationsraum laufende Netz seiner Aktivitäten ist nicht mehr tektonisch orientiert. Damit geht eine radikale Dezentralisierung einher, der, um den kommunikationsstrategischen Wert nicht zu verlieren, eine hohe Strategiegewissheit und Zielloyalität der dezentralen Kommunikatoren entsprechen muss. In großen Organisationen Strategiegewissheit herzustellen und so die Selbständigkeit der dezentralen Kommunikatoren zu erlauben, ist aber ein aufwendiger Prozess, der sich nicht im paramilitärischen Verfahren von Befehl und Gehorsam herstellen lässt. Es bedarf dazu eines Netzes kommunikativer Foren.

Wie gut oder schlecht die Kommunikation des eigenen Unternehmens in dieses Anforderungsprofil passt, steht hier nicht zur Debatte. Eigenlob wie Selbstkritik haben kein geneigtes Publikum. Aber es ist schon aufgefallen, dass die Kampagne zum *Golf IV*, für die das Volkswagen Marketing verantwortlich zeichnet, die Generation Golf bewirbt, die Nutzer, nicht das Auto. Die Kommunikationsarbeit geht damit einen anderen Weg als der gängige Produktwettbewerb, der mit Produktsuperlativen nur so strotzt: *Persil* wäscht so weiß, dass es weißer nicht gehen soll. Volkswagen dagegen ist bekanntester europäischer Sponsor von Rock- und Popmusik, man hört von der Initiative *Weltenbürger* oder von Pressevorstellungen, für deren Showteil ein Schauspielregisseur sein Ensemble mitbrachte, von juristischen Symposien für Journalisten, vom Kinderpressetaschenbuch und vielem mehr. Natürlich ist auch Kritik zu hören, weil Dinge – *worst case* – nicht gelingen oder – *best case* – noch nicht verstanden werden. Man sieht also nichts Paradigmatisches, sondern die Bemühungen um den Paradigmenwechsel. Aber das Bewusstsein, den neuen Anforderungen noch nicht gewachsen zu sein, ist erfreulich, weil ein nach vorne gerichteter Befund. Die neuen Anforderungen noch gar nicht erkannt zu haben oder sie zu leugnen, dies ist wettbewerblich ein gefährliches Syndrom.

Mit der Adorno'schen Warnung im Ohr, dass es kein wahres Leben im falschen gibt, muss man aber fragen, ob man die schöne neue Medienwelt will und wie weit man sie will. Unter den Journalisten etwa spaltet sich die Auffassung, wie stark der Presselaunch eines Autos – seine Vorführung bei den Vertretern der Medien – eine reine Fachveranstaltung sein sollte oder wie stark auch kommunikative Inszenierungen zu einem neuen Produkt gehören. Vereinfacht gesagt entstehen bei Produktvorstellungen zwei Lager: das der *Tester* (Fahrgelegenheit, Sachinformation, Fachgespräch) und das der *Ereignisberichter* (rund ums Produkt treffende Bilder, aufschlussreiche Töne, typische Vorgänge, Buntes im besten journalistischen Sinne). Beide Lager vertreten unterschiedliche, aber legitime Leserinteressen und bedingen sich in ihrer publizistischen Wirkung gegenseitig. In diesem Prozess wird aus der klassischen Pressekonferenz ein Reigen ganz unterschiedlicher Veranstaltungen: vom Symposion über den Langzeittest bis hin zum *Event* in der Eifel – weil vielleicht Guadeloupe doch schon etwas zu ausgelutscht ist ...

So sehr sich die reale Medienwelt dissoziiert und vermischt und alte vektorale oder dialogorientierte Konzepte zugunsten fraktaler Organisationsformen aufgegeben werden müssen, so sehr bleiben die intellektuellen Kriterien der Publizistik in ihrer Gültigkeit erhalten. Dies betrifft das Trennungsgebot von Redaktion und Werbung, aber auch die Trennung von Meldung und Kommentar: Beides ist Verfassungsgut. Wer hier Kategorien aufgibt, fällt intellektuell ins Niemandsland der Werbewirtschaft.

Gekennzeichnet ist die aktuelle Situation aber durch eine schmerzliche Diskrepanz zwischen publizistischen Kriterien auf der einen und der Medienwelt auf der anderen Seite. Die publizistische Urteilsbildung benötigt die Disjunktion von Werbung und Redaktion, von Bericht und Kommentar – aber gerade diese findet sie immer weniger in der realen Verfassung der medialen Produkte. Die publizistischen Kriterien lehnen sich noch immer an das Denken der traditionellen Tageszeitung an, das im Grunde der Blattstruktur der traditionellen Tageszeitung entspricht. Währenddessen werden neuen Kommunikationsformen in einer medialen Hyperrealität inszeniert, die sich mit traditionellen Begriffen kaum noch fassen lässt. Die Differenz zwischen der Blattstruktur einer traditionellen überregionalen Tageszeitung vom Duktus einer FAZ samt ihres kontemplativen Lesers und dem Chaos der achtundvierzig TV-Kanäle, die mir die Satellitenschüssel ins Wohnzimmer saugt, samt eines glotzenden Zappers: Der Gegensatz dieser Welten ist die Differenz zwischen der tektonischen und der atektonischen Welt. Die Publizistik als Wissenschaft ist damit wohl gefordert, sich im Rahmen einer integrativen Kulturwissenschaft von der Zeitungswissenschaft zu einer Kommunikationswissenschaft mit kritischer Medienforschung zu wandeln.

Dialog-Illusion:
zwischen Sokrates und partizipatorischer Soziokultur

„Credite posteri."
Horaz

Dialog-Orientierung ist in der PR-Diskussion seit den neunziger Jahren zu einem Gemeingut der Branche geworden. Als Dialog wird dabei nach Roland Burkart ein kommunikativer Prozess gedacht, an dessen Abschluss es zu Verständigung und Verständnis zwischen ehedem Kontroversen kommt. Der Schlüssel zu den unsäglichen Akzeptanz- und Konsensproblemen des PR-Alltags scheint damit gefunden: *Verständigungsorientierte Öffentlichkeitsarbeit.* Die Euphorie über ein so sympathisches PR-Konzept suchte dabei nach wissenschaftlicher Legitimation: Teile der PR-Wissenschaft nahmen sich des Themas an, eine neue Art der Public Relations aus der Taufe zu heben. *Menschheitsträume werden durch PR wahr*, so die Hoffnung der PR-Gemeinde. Der erlösende Gedanke von einem *Königsweg der PR* macht seither die Runde. Kritische Bemerkungen erscheinen allerdings angebracht.

Nicht nur in der Verständigungsorientierten Öffentlichkeitsarbeit, in allen Dialog-Betitelungen, die mit dieser *Mode* heute so freimütig vergeben werden, finden theoretische Anleihen bei den unterschiedlichsten Wissenschaften oder Weltanschauungen statt. Es wird erdrückend unsystematisch und eklektisch auf eine Vielzahl von Dialogbegriffen zurückgegriffen, von denen nur drei paradigmatisch genannt seien:

Dialog im philosophiegeschichtlichen Bezug: Das sinnstiftende platonische, aristotelische oder sokratische Gespräch – frei von sophistischer Rhetorik –, in der Antike und im Humanismus Medium allen Denkens, wird wiederbelebt. Freilich ist dies entweder kryptojesuitische Methode oder der naive Traum von der Tonne des Diogenes, in die man als PR-Philosoph mit dem PR-Adressaten kriechen möchte, jedenfalls keine ernsthafte Philosophie.

Dialog im sozialpsychologischen Bezug: Watzlawicks Dauerbrenner der Gesprächspsychologie lässt mit Sach- und Beziehungsebene grüßen. Der Überhang von verhinderten Lehrern in der PR-Profession macht sich bemerkbar. Es weht ein volkspädagogisches und emanzipatorisches Lüftchen des tiefen, ehrlichen Austausches in einer Beziehungskiste: die Welt als Wohngemeinschaft.

Dialog im soziologischen Bezug: Die in Ehren ergrauten Diskursüberlegungen von Habermas feiern Urstände, so als habe es die wissenschaftsregulative Diskussion in den achtziger Jahren nicht gegeben: statt strukturalistischer oder poststrukturalistischer Kulturtheorie der gute alte herrschaftsfreie Diskurs, nunmehr aber – die Welt steht Kopf – im Gewand von PR. Das hat selbst die FRANKFURTER SCHULE nicht verdient.

All diese wissenschaftlichen Hilfsangebote greifen natürlich zu kurz und verlassen den epistomologischen Grund. Sie sind ideologische Überhöhungen von PR-Auftritten einer bestimmten Tonalität, aber keine analytischen Zugriffe. Wir lassen in unserer Polemik übrigens die systemtheoretischen-konstruktivistischen Ansätze unberücksichtigt, die zwar das Luhmann'sche Ghetto nicht verlassen, aber zumindest intellektuell redlich sind. Das Bewusstsein, dass PR-Inhalte immer fiktionaler Natur sind, wird hier geschärft, während der Rest der Wissenschaftsgemeinde auf den schwankenden Brettern jenes Positivismus steht, nach dem die Inhalte der Medienwelt sich disjunkt in Faktisches und Fiktives teilen.

In allen Fällen der Dialog-PR ist Dialog nur eine Metapher, eine bildhafte Vorstellung von Wirklichkeit, ein Modell von Kommunikation. Gesellschaft wird in metaphorischer Vereinfachung gedacht als eine humanistische Gemeinschaft kommunizierender Menschen, das harmonische Zwiegespräch *kontrafaktisch* als Nukleus der Welt. Außerhalb dieses verklärten Blicks liegen die Komplexitäten einer komplexen Welt, eine *Historie, nach* der wir leben, eine *Wirtschaft, von* der wir leben, ein *Staat, unter* dem wir leben, eine *Gesellschaft, in* der wir leben, eine *Kultur, aus der heraus* wir fühlen und denken. Nicht verstanden oder vernachlässigt ist beim neumodischen Dialog-Fetisch, dass dies alles ein soziales Universum gewaltiger ökonomischer, politischer und kultureller Sonnensysteme ist – und dass das tatsächliche Gespräch, zumal das idealisierte verständnisschaffende Zwiegespräch, nur eine Sternschnuppe in diesem Universum ist: Nach den Sternschnuppen drehen sich die Planeten leider nicht.

Dialog im Sinne der neuen PR-Mode ist bei methodologischem Licht betrachtet also nur die Metapher eines kulturellen Trends, einer politischen Soziokultur, die auf Partizipation setzt. Mit partizipatorischer Soziokultur fassen wir hier alle Zeitgeiststömungen zusammen, die mehr *Demokratie wagen* wollen, *Mitbestimmung* verlangen, nach *Chancengleichheit, Emanzipation* von Vorherrschaft, *Sozialintegration* und vieles andere mehr suchen, welche die *ordered society* der fünfziger und sechziger Jahre aufzubrechen gedachte. Dialog ist ein Leitmotiv dieses Zeitgeistes und deshalb als partizipatorisches Kulturem im Sinne eines Kulturelements am besten definiert. *Beteiligt-werden-Wollen* ist ein Lebensgefühl in einer kleinbürgerlich orientierten demokratischen Gesellschaft, die das ursprüngliche demokratische Prinzip der legitimierten Delegation von Macht nur noch schwer und nicht mehr überall ertragen will. Die vielfältigen *Bürgerinitiativen* der siebziger Jahre haben diesen Zeitgeist augenfällig gemacht. Die vorübergegangene Diskussion um das Gewaltmonopol des Staates bei den Grünen zeigte das absolute Extrem dieser Einstellung; da ging die Ablehnung von Machtdelegation – für Hobbes noch Basis der Zivilisation – bis an den Rand der Anarchieverherrlichung.

Die politische Philosophie beschreibt diese partizipatorische Soziokultur mit dem Triumph des Citoyen über den Bourgeois. Bernard Willms zeigte sich in seiner *Staatslehre* empört über den Zeitgeist:

> „Der bloße Bourgeois, als derjenige, der seinen Privatinteressen nachgeht und in Beruf, Freizeit und Familie die Erfüllung seiner bürgerlichen Existenz sucht und findet, ist jedenfalls ein vollwertiger Bürger. Ohnehin besorgt er durch seine Aufgaben innerhalb der gesellschaftlichen Arbeitsteilung das allgemeine Wohl eher und mehr als Ideologen ‚progressiver' Demokratie, die nichts als diese sind. Verlangt wird von seiten des Allgemeinen gegenüber dem Bourgeois allerdings auch Objektives: der Gehorsam gegenüber den Gesetzen und Loyalität gegenüber dem Staatssubjekt. Bei Einhaltung dieser Schranken ist das Interesse des Bourgeois als dieses nicht bestreitbar, und seine Existenz darf von niemandem als demokratisch minderwertig bezeichnet werden. Die Ideologien vom mündigen Bürger sind nichts anderes als verborgene gesellschaftliche Herrschaftsansprüche derer, die vorgeben, genau zu wissen, was ein ‚mündiger Bürger' zu sein habe, und die auf Grund der Tatsache, dass sie sich selbst natürlich immer als die ersten ‚mündigen Bürger' betrachten, eine höhere Bürgerqualität und entsprechende Privilegien in Anspruch nehmen. Aber diese Vertreter ‚mündigen' Bürgertums haben keineswegs mehr Bürgerqualität als der triviale Bourgeois. Der Bürger darf keineswegs erst mit dem Intellektuellen anfangen."

Solch konservativer Purismus – Gegenströmung der so genannten 68er Bewegung – nützt freilich wenig, da man die vormalige Staatsräson nicht per Staatsakt einfordern kann, wenn sie der Bürger als Citoyen nicht mehr zu gewähren bereit ist. Der partizipatorische Zeitgeist herrscht zur Not auch ohne staatsphilosophische Legitimation.

Das Phänomen des *Sich-beteiligt-fühlen-Wollens* lässt sich an drei PR-Beispielen konkret darlegen:

Unter der Herrschaft dieses partizipatorischen Kulturems warb die BILD-Zeitung, früher in links-liberaler Perspektive das

Paradigma der Manipulation, plötzlich mit dem aufklärerischen Slogan *Bild Dir Deine Meinung*.

Die Deutsche Bank änderte ihren Slogan vom paternalistisch-autoritären *Fragen Sie uns* in den deutlich dialogischen Imperativ *Reden wir darüber*.

Und Werbepapst Michael Schirner schließlich *wiederbelebte* als Professor vor seinen Studenten Joseph Beuys und gründete *The Party*, eine Bewegung für direkte Demokratie.

Kulturelle Trends sind bunte Teile des gesellschaftlichen Lebens, aber nicht das Leben selbst. Sie bedürfen deshalb der Einordnung: Denn was wir beobachten, ist nicht die Urdemokratie oder die All-Herrschaft des Dialoges in der kollektiven Freizeitgesellschaft oder die Mitbestimmung aller – auch der *Herren Arbeiter* – in der neuen industriellen Kaizen-Kultur. Wir erleben einen *dialogischen Gestus* als *rekurrentes und redundantes Element* von Kommunikation: eine neuerdings obligatorische Tonalität bei – im Zweifel – weiterhin hierarchischer Kommunikationssituation.

Kritisch ist damit zu fragen: Ist die Aufhebung des sozialen Gefälles in einer asymmetrischen Kommunikation überhaupt kommunikativ möglich? Wie dialogisch kann PR als PR überhaupt sein? Schließen sich PR und *wirklicher* Dialog nicht aus? Ist dialogorientierte Unternehmenskommunikation schlussendlich nicht ein Widerspruch in sich selbst? Diese Fragen sind berechtigt. PR-Kommunikation ist immer teleologisch: Sie ist zielgerichtet, und zwar deshalb zielgerichtet, weil sie eine Aktivität in einem ökonomischen oder politischen Verwertungskontext darstellt, eine Aktivität als Funktion einer identifizierbaren Struktur. PR-Kommunikation ist intentional: Sie hegt eine Absicht. Und sie äußert sich appellativ: Sie will etwas beim Gegenüber erreichen. Dies alles meint die in der Publizistik traditionelle Zuordnung von PR zu den persuasiven Kommunikationsformen. Teleologisch, intentional und appellativ, das ist PR, diese edle Kommunikations-

form, ebenso wie die schnöde Werbung, der Prototyp der Marke-
ting-Kommunikation. Nur der Modus der Ansprache ist unterschiedlich. In den Zielkoordinaten für das Marketing steht *der
Mensch* als Käufer, für die PR-Arbeit als Bürger. Es geht hier um
seine Einstellungen, seine Meinungen und Überzeugungen und
nicht nur um sein Kaufverhalten: Dies ist der qualitative Sprung
der PR gegenüber dem Marketing.

Befreit man also den Dialog-Gedanken von seinen Befrachtun-
gen durch die partizipatorische Soziokultur und von den ideologischen Dienstbarkeiten mancher Kommunikationswissenschaft,
gewinnt er an Plausibilität. Beschrieben werden kann dann die
Dynamik, die ein Kommunikationsprozess auslöst. Sie weitet den
Blick vom Selbstverständnis des Kommunizierenden auf die Re-
sultate seiner Kommunikation. Aus dem Wolkenreich eitler Auf-
klärungsillusionen führt der Weg sodann in die Niederungen des
politischen Lebens. Dann, und nur dann lassen sich idealtypisch
zwei Kornmunikationsprozesse unterscheiden: PR-Arbeit als *zen-
tripetaler* und als *zentrifugaler* Kommunikationsprozess.

Ein feststehendes *dogmatisches* ideologisches Ziel wird an einer
Zielgruppe möglichst nachdrücklich exekutiert, ohne dass dabei
Inhalte, die Zielsetzung oder gar der Nutznießer der *Lehre* selbst
in Frage gestellt werden dürfen/sollen. Mit dieser Typologie
weitet sich der Lenin'sche Terminus der *Agitprop* (Agitation und
Propaganda) auf alle systematischen Kommunikationssituationen
aus, die situativ hierarchisch und asymmetrisch sowie inhaltlich
autoritär bis paternalistisch sind, die aber vor allem nach einem
streben: Irreversibilität im Sinne von Tausch/Tausch. Die *Agit-
prop-Situation* duldet Rückfragen und In-Frage-Stellen allenfalls
als Rituale, nie aber grundsätzlich. Das Risiko, dass sich das
Agitans oder gar der Agitator als fragwürdig erweist, darf nicht
eintreten.

Dem Wirtschaftssoziologen Eugen Buß ist in diesem Kontext der
Hinweis auf Karl Kraus verdanken: „Das Geheimnis des Agita-

tors ist, sich so dumm zu machen wie seine Zuhörer sind, damit
sie glauben, sie seien so gescheit wie er." Buß fasst so zusammen:

> „Propaganda kann definiert werden als eine kommunikative, emo-
> tional gefärbte Methode, um auf der Grundlage gesellschaftlicher
> Spannungen bestimmte pauschalierte Wertideen unter einer Gefühls-
> oder Schicksalsgemeinschaft zu vertreten und zu legitimieren, um
> Anhänger auf dieser Grundlage zu mobilisieren, um Kräfte zur Dis-
> kreditierung und Diffamierung eines politischen Gegners heranzu-
> bilden. Propaganda will also nicht differenzieren, informieren, [...]
> sondern ist ausschließlich auf die Herstellung einer Gefühlsgemein-
> schaft Gleichdenkender oder mehr noch ‚Gleichempfindender' ge-
> richtet. Propaganda ist deshalb von ihrer Struktur monopolistisch –
> sie duldet keine Nebenpositionen; man kann sie auch als one-stream-
> Prozess bezeichnen; eine rückgekoppelte Kommunikation mit den ei-
> genen Anhängern findet nicht statt."

Die Definition weitet den engen Fokus auf Agitprop aus und bezieht alle Formen des Werbens in diesen Typus eines Kommunikationsprozesses ein. Erfolgreich werben heißt eben auch, den
Horizont des Rezipienten auf einen bestimmten Punkt hin zu
fokussieren: den des Gebrauchswertversprechens, das er mit dem
Ziel der Kaufanbahnung in sich aufnehmen soll. Im Zentrum des
zentripetalen Prozesses steht vordergründig die reine Lehre, hin-
tergründig und eigentlich aber das Interesse des Kommunikators,
der blanke Zweck, der sich selbst absolut nimmt.

Der zentripetale, nach innen fliehende Prozess ist eine semantische Perspektivierung. Alle Mittel der Darstellung sind ihm Mittel zu dem einen Zweck: das Publikum auf sein ideologisches
Zentrum zu orientieren. Mit der Ausrichtung auf dieses Zentrum
erfüllt sich der gesamte Sinn des Kommunikationsprozesses, will
sagen: Er hat keinen höheren Sinn als seine Funktion. Der zentripetale Prozess lässt sich wie eine Verführung denken: Der Verführer nähert sich mit einer verborgenen Absicht der zu Verfüh-
renden. Seine wirkliche Absicht darf sich ihr erst offenbaren,

wenn die Bereitschaft entstanden ist, der Verführung zu erliegen. Die werbenden Worte des Verführers haben nur einen wirklichen Sinn, nämlich zu verführen. *Verführen-wollen* erfüllt sich im *Verführt-haben*. Jede intellektuelle Kritik am Liebesgeflüster, etwa dass es kitschig, albern, kindlich oder was auch immer sei, ist obsolet, wenn das Paar sich in den Armen liegt. Jede Albernheit kann dem Verführer also recht sein, wenn sie nur sein Ziel erreicht. Der zentripetale Prozess ist utilitaristisch. Der Zweck heiligt die Mittel – ein ehernes Gesetz aller Werbetexte.

Der zentripetale Kommunikationsprozess ist das ideologische Prinzip als solches: Er ist ideozentristisch. Dies zeigt als zweites Beispiel das Thema *Rassismus*. Unzählige Geschichten und Witze gibt es, die hier einzuordnen wären. So soll John Wayne gegen zwei Dinge gewesen sein: Rassendiskriminierung und Neger an der Bar – der Stammtisch brüllt vor Lachen. Wie dümmlich die rassistischen Possen auch sind, sie haben alle einen Effekt: Sie ventilieren das jeweilige rassistische Vorurteil und kräftigen es so wie den Rassismus überhaupt. Wie beherrschend solche Prozesse sein können, hat in der ersten Hälfte des Jahrhunderts der Antisemitismus in Deutschland als eine der Ideologien der Nazis gezeigt.

Der zentripetale Kommunikationsprozess ist also im ureigensten Sinn manipulativ, weil er seine Absicht zu verbergen und doch zu erreichen sucht. Werbung, politische Reden und religiöse, insbesondere fundamentalistische Indoktrination ist zentripetal. Der zentrifugale Prozess führt über sich selbst hinaus. Dazu gehört zu Beginn und in erster Linie Selbstthematisierung. Wichtige Fragen bestimmen die Emanzipation von der ideologischen Unterwerfung: Wer spricht? Mit welchem Interesse spricht er? In welcher Absicht? Wo hat er Interessenkollisionen? Wessen Brot isst er? Wessen Lied singt er?

Anderes Beispiel: Ein Chefredakteur des SPIEGEL hat vor einigen Jahren ein Buch zum deutschen Terrorismus der Baader-Meinhof-Bande geschrieben, wo es im Vorwort heißt:

„Der Schilderung vergangener Ereignisse sind Grenzen gesetzt. Zum einen ist nicht jeder bereit, Auskunft zu geben. Zum anderen sind Augenzeugenberichte auch immer subjektiv gefärbt. Ich habe versucht, aus den verschiedenen Aussagen herauszufiltern, was sich tatsächlich abgespielt hat. Gab es einander krass widersprechende Versionen, so habe ich diese gegenübergestellt. Soweit es möglich war, habe ich jeweils deutlich gemacht, auf welche Quellen ich mich stütze. Eine ganze Reihe von Informanten hat aber darum gebeten, anonym zu bleiben. Wertungen habe ich möglichst vermieden. Dennoch ist die Auswahl des Materials, die Gewichtung, die Zusammenstellung meine subjektive Entscheidung."

Selbstthematisierung ist aber mehr als Transparenz der eigenen Position, also Redlichkeit des Absenders. Sie meint auch, dass die Tatsache und die Regularien des Kommunikationsprozesses für alle Beteiligten erkennbar sind.

Zurück zum Verführungsbeispiel. Es ist schon etwas victorianisch, wenn nicht reaktionär, da es unterstellt, dass ein willensstarkes auf ein willensschwaches Subjekt trifft und dieses *legt*. Es soll ja auch möglich sein, dass sich zwei erwachsene Menschen offen über die Gestaltung des weiteren Abends unterhalten. Dies ist der Fall, wenn die Kommunikationssituation nicht hierarchisch ist, sondern Reversibilität herrscht. Bei sozialem Gefälle aber muss dieses Gefälle bewusst sein, denn nichts fördert die Verdummung mehr als Harmoniedenken auf dem Felde von offenen oder gar verborgenen Machtpositionen.

Reversibilität herrscht bei Kommunikationssituationen, in denen allenfalls ein Thema vorgegeben ist, nicht aber a priori eine Botschaft: Eine öffentliche Meinungsbildung soll angeregt und nicht abgewürgt werden. Ein Horizont wird nicht geschlossen, sondern eröffnet. Der euphemistische Terminus *offener Dialog* meint also einen sozialen Prozess, der ideologisch nicht präformiert ist, da er beide Seiten in seinem Vollzug ändern kann und auch soll. Eine solche Konsensdebatte bedeutet Streitkultur. Sie ist die Bereitschaft zu einer politischen Transparenz, die öffentlich erweist, was jemand will und warum. Auch hier tritt dabei ein Partialinteresse auf. Die Kommunikationssituation ist auch hier teleologisch, intentional und appellativ. Der Unterschied liegt darin, dass sie sich selbst als Teil des sozialen Prozesses sieht, den sie auslöst und damit Reversibilität gewährt.

Brecht hat die Lektüre von Kriminalromanen mit Blick auf eine solche geistige Bewegung des Lesers gelobt:

> „Wir machen unsere Erfahrung im Leben in katastrophaler Form. Aus Katastrophen haben wir Art und Weise, wie unser gesellschaftliches Zusammensein funktioniert, zu erschließen. Zu den Krisen, Depressionen und Revolutionen und Kriegen müssen wir, denkend, die ‚inside story' erschließen. Wir fühlen schon beim Lesen der Zeitung (aber auch der Rechnungen, Entlassungsbriefe, Gestellungsbefehle und so weiter), dass irgendwer irgendwas gemacht haben muss, damit die offenbare Katastrophe eintrat. Was hat also wer gemacht? Hinter den Ereignissen, die uns gemeldet werden, vermuten wir Ereignisse, die uns nicht gemeldet werden. Es sind dies die eigentlichen Geschehnisse. Nur wenn wir sie wüssten, verstünden wir."

Zentrifugal heißt natürlich vor allem: nach außen strebend. Zentrifugale Kommunikationsprozesse lösen einen Steppenbrand aus, dessen Verlauf und Ausdehnung nicht von vornherein festgelegt ist, auch nicht festzulegen ist. Jetzt erst wird die Einwegkommunikation dialogisch. Dies macht die genauere Betrachtung deutlich: Ich starte ein Debatte. Ich starte sie natürlich in einer Absicht. Natürlich ist sie mit einem Zweck, mit einem Ziel verbunden. Aber ich starte sie, indem ich mich mit offenem Visier auf das Feld der Auseinandersetzung begebe. Ich will anderes und andere verändern und bin bereit, mich zu ändern. Dies wäre die Bedingung eines Konsensprozesses, der den Namen verdient. Kompromiss ist hier nicht der Sündenfall: *Dies* wäre der Königsweg der PR – der Weg ist also das vielbeschworene Ziel.

Kann eine solche zentrifugale Bewegung Aufgabe von Kommunikationsmanagement – sprich PR – sein? Zunächst drängt

sich hier ein entschiedenes *Nein* auf, heißt der Management-
anspruch doch: zielgerichtet und zielführend – und zwar auf *mein*
Ziel. Das klingt recht zentripetal. Der so konstruierte Widerspruch lässt sich aber auflösen: PR-Prozesse sind Schneisenfeuer,
aber keine Steppenbrände; die Funktion von Brandschneisen und
Gegenfeuern, wie sie bei der Bekämpfung von Waldbränden angelegt werden, kann auch PR-Prozessen den Weg weisen. Feuer
werden in der Regel bekämpft, indem man ihnen das Brandgut
entzieht. Feuer können im Bedarfsfall aber bekämpft werden, indem man ebenfalls Feuer entfacht und so den Weg des Flammen-
fraßes verändert. Auf PR übertragen bedeutet dies: Kommunikationsmanagement hat gleichermaßen Öffentlichkeit zu verhindern wie Öffentlichkeit herzustellen.

Soll nun die Fliehkraftmetapher von der zentripetalen und
zentrifugalen Kommunikation noch erweitert werden, so lässt sich
eine sich drehende Spirale denken, die nicht nur immer weitere
Kreise zieht, sondern dabei auch in immer höhere Gefilde auf-
steigt. Dass dieses Bild semasiologisch mit der Hegel'schen Dialektik in Verbindung gebracht werden, ist nicht zufällig.

Die Schlüsselfragen der Differenzierung von zentripetalen und
zentrifugalen Kommunikationsprozessen sind also: Werden PR-
Instrumente eingesetzt, um Öffentlichkeit möglichst persuasiv im
Sinne von manipulativ zu einem bestimmten Punkt zu führen, der
nicht eigentlich in deren Interesse lag und/oder liegt? Soll dabei
die politische oder ökonomische Absicht möglichst unerkannt bleiben? Soll dabei weiter der Prozess einer Überzeugungsverände-
rung möglichst unbewusst ablaufen? Kurz gesagt: Ist PR-Arbeit
dem Selbstverständnis nach die *Kunst der geheimen Verführung*, um
die Formulierung eines alten, vor allem der Werbung gegenüber
vorgetragenen Vorwurfs von Vance Packard aufzugreifen? Dem-
gegenüber steht als *dialogisches Prinzip* – nicht als situativer Dialog –
ein sozialer Prozess, der sich selbst thematisiert. Hier gilt das Diktum Röglins, wonach PR in erster Linie nicht für Akzeptanz, son-

dern für Transparenz zu sorgen habe. Am Beispiel der Kernenergiedebatte lässt sich dies zeigen: Es macht einen großen Unterschied, ob ein Technokratentraum durchgesetzt werden soll oder ob nach einem Konsens darüber gesucht wird, mit welcher Art von Kraftwerken man welchen Versorgungsauftrag erfüllen soll.

Die Risiken des zentrifugalen Ansatzes sind für den Auftraggeber von PR aber nicht gering: Er wird die Debatte nicht mit einem Fingerschnippen beenden können, wenn sie ihm unangenehm wird. Hier liegt die tiefe Skepsis vieler Auftraggeber gegenüber einem solchen PR-Konzept begründet – und man muss redlicherweise sagen, dass diese Skepsis in vielen Fällen berechtigt ist. Debatten auszulösen liegt nach traditionellem Verständnis nur selten im Interesse von Unternehmens-PR, das Produkt oder Produktion nicht ohne Not in den Zustand der Fragwürdigkeit führen will. *Debattieren als solches* kann kein industrielles Ziel sein. Kontraproduktive Wirkungen von PR drohen vor allem dann, wenn ein missverstehbares Thema popularisiert wird, ohne dass eine hinreichende Aussicht besteht, die evozierten Missverständnisse auch klären zu können. Wenn man erst in die Defensive gedrängt ist, schnappt die Dementi-Falle erbarmungslos zu. Das Schulbuchbeispiel lautet: *Stimmt es, dass Sie seit vierzehn Tagen Ihre Frau nicht mehr schlagen? Antworten Sie bitte mit Ja oder Nein!*

Ein PR-Dilemma:
institutionelle und keine personale Kommunikation

„Life's too short
for chess."

Henry James Byron

An einem mittelmäßigen deutschen Restaurant in Oer-Erken-schwick hing einst eine handgeschriebene Tafel mit der *Ankündi-gung „Hier kocht der Chef selber!"* Gemeint war natürlich nicht *sel-ber*, sondern *selbst*, was etwas anderes ist. Ein Witzbold hatte dem noch hinzugefügt: *„Aber er isst hier nicht!"*

„PR ist Chefsache!" Dieser Slogan hat in seiner Betulichkeit et-was vom Nimbus jener gutbürgerlichen Küche der vorletzten Jahrzehnte. Der Slogan ist nicht nur betulich, er ist möglicherwei-se nicht einmal redlich. Er erinnert an das Heine-Wort, nach dem nicht alle, die Wasser predigen, auch Wasser trinken. Ins Manage-mentdeutsch unserer Tage übersetzt lautet die mit dem Slogan aufgeworfene Frage: *Ist PR delegierbar?* Eine im Grunde rhetori-sche Frage, denn in aller Regel wird der geneigte Leser nun hefti-ge Zustimmung und bei der Frage nach praktischer Delegierbar-keit ein Abwägen von Pro und Kontra erwarten.

Eigentlich wissen doch alle aus eigener Erfahrung, dass PR kei-ne Chefsache ist, sondern schlicht eine Dienstleistung. Natürlich lässt es sich als abgeleitete Managementfunktion blendend dele-gieren. Und natürlich wird es in den Unternehmen und anderen Institutionen als abgeleitete Managementfunktion delegiert. PR hat in der Betriebswirtschaft und den Betrieben *cum grano salis* keine Leitungsfunktion. Deshalb ist der Unterton des Themas prätentiös. Wie so oft im Gewerbe der Öffentlichkeitsarbeit sind Fragestellungen wie die notorischen Antworten stark von berufs-ständischen Interessen geprägt, dem sich gegenseitigen Versichern der eigenen Wichtigkeit. Es trifft sich die Innung der Barbiere und Zahnreißer eben nicht zu den Fragen: *Hat Dauerwelle Zukunft?* oder *Wie ziehe ich einen Backenzahn?* Nein, man preist das Haareschneiden und Zähnereißen als die Spitzen der Kultur und die Erfüllung des Grundgesetzes. Für die besten Beiträge in dieser Tonart gibt es dann die *Goldene Brücke* oder den *Goldenen Pfeiler* der DPRG: ein Jahrmarkt der Eitelkeiten.

Wissenschaftliche Redlichkeit, analytische Qualität der Problemstellungen: So etwas muss dann schon mal zurückstehen. Das wäre im Rahmen der gesellschaftlichen Arbeitsteilung nicht weiter schlimm, wenn die Praktiker den Fachwissenschaftlern dieses Nachfragen überlassen könnten. Diese aber, so ein kritischer Eindruck, werfen sich entweder auch als argumentative Akrobaten in den berufsständischen Zirkus – machen also PR für PR – oder widmen sich der praxisnahen Ausbildung, dem Know-how-Transfer – dem Anlernen von Tricks und Kniffen – und nicht der Bildung, der kritischen Analyse. Und die brancheninterne Publizistik widmet sich der Pflege von Standesideologien als der redlichen Auflösung solcher Habits; auch die jüngeren Organe haben die selbstbezogene Inbrunst der sich erhöhenden Sekte. Aber das ist ein zu weites Feld ...

Sei es also, wie es sei. Nehmen wir einmal an, man könnte begründen, dass PR nicht delegierbar ist, also Chefsache. Das klänge dann sehr wichtig, passte somit zum Berufsständischen; wäre aber auch – wie man so sagt – *irgendwie undemokratisch* und für den PR-Nachwuchs demotivierend. Vielleicht löste sich sogar der Berufsstand auf, wenn die Chefsache von den Chefs selbst gemacht würde, denn: Wozu Hilfssheriffs, wenn der Marshall selbst schießt und trifft? Der Western ist aber kein angemessenes Modell, in dem sich die Komplexität von Unternehmenskommunikation verstehen lässt. Überhaupt entstammt der Begriff *Chef* eher dem Sprachgebrauch einer charismatischen Inhabergesellschaft . Max Grundig war sicherlich der *Chef* von Grundig, jedenfalls bis zu dem Tag, an dem er sagte: „Nie werden die Japaner einen Fernseher bauen." Managementkulturen von Konglomeraten und Aktiengesellschaften sind als charismatische Inhabergesellschaften nicht hinreichend zu verstehen.

Nehmen wir als Beispiel eine Bank und fragen: Was ist sie für den einzelnen Kunden oder Beobachter? Der Gründungsvater im vorigen Jahrhundert? Der legendäre damalige Vorstandsvorsitzende? Der amtierende Aufsichtsratsvorsitzende oder der Vorstandsvorsitzende? Der Spitzensportler aus der Imagewerbung? Der Bereichsvorstand für das Privatkundengeschäft? Die blonde Dame aus den Werbespots? Der Pressesprecher gar oder seine freundliche Sekretärin? Der Regionalleiter? Der Leiter seiner Zweigstelle? Der bekannte Berater, der ihm seine Baufinanzierung gemacht hat? Die junge Frau, die ihm seine Auszüge gibt? Der ältere Herr an der Kasse, der ihm Bargeld auszahlt?

Es gibt in einem Unternehmen, einer Partei, einem Verband, kurz in jeder Form von Organisation viele *Chefs* auf allen Ebenen. Organisationssoziologisch handelt es sich um tektonische Hierarchien mit einer apermissiven Stratifikation. Man kann schon deshalb für jeden Bereich und jede Ebene wie für jede Region und Zielgruppe PR-wirksame Ansprechpartner schaffen. Zum Verständnis hilft hier das Bild des Tannenbaums: auf allen Ebenen des grünen Wunders prächtige Kugeln, vom Christbaumengel an der Spitze über alle Zweige bis hinunter zum untersten Zuckerkringel. Diesem Modell entsprechend ist PR auf alle Ebenen delegierbar: mit vielen Stimmen und vielen Gesichtern. Damit berührt das vermeintlich ruhige Thema *Delegierbarkeit* aber das tatsächlich unruhige Thema der „Personalisierung" von PR, die Fragen also: Wer darf alles ins Scheinwerferlicht? Solo, Duett oder Chor? Soll der PR-Manager idealerweise ein Star oder eine graue Maus sein? Soll er ins Rampenlicht oder hinter die Kulisse? Und: Wie viele Charaktere dürfen überhaupt auf eine Bühne?

Der *spin-doctor*, so heißt es gerne, sei ein Souffleur, der seinen Kasten auch mal ins Publikum drehe. Die Metapher des Souffleurkastens ist ein schönes Bild. Souffleure sind nicht Autoren des Dramas auf der Bühne, nicht mal die Regisseure und schon gar nicht die Helden selbst. Sie sind nur einfache, dienstbare Geister. Darauf sollte sich auch die PR-Branche verständigen: PR-Manager sind Souffleure. Und dann dreht da einer – so findet die politische Publizistik – seinen Souffleurkasten ins Publikum. Das ist dann eine neue Art von PR: Der Souffleur selbst flüstert dem Publikum. Aber darf er das? Eine für die Branche beileibe keineswegs beiläufige Frage. Die einen sagen, tief beeindruckt von ihrer flanellbewährten Unauffälligkeit: *Nein – steinigt sie!* Andere, buntere Vögel allerdings bauen den Souffleurkasten zur Bühne aus – eine paradoxe Situation. Damit verliert die bisher bemühte Metapher des *theatrum mundi* ihre Kraft. Das Thema Delegierbarkeit wird nun kompliziert und kontrovers. Deshalb ein kurzer Exkurs zum Gegenstand des Geschäfts.

Im PR-Gewerbe wird zwar oft von Transparenz, Verständigung, Verständnis oder Vertrauen als zentralen Problemen gesprochen, das Basisproblem ist aber ein anderes. Der Kern jedes PR-Prozesses ist die intentionale Erlangung von Aufmerksamkeit – neudeutsch *awareness*. Aufmerksamkeit lässt sich nicht speichern, nicht auf Vorrat erzeugen; das ist wie beim elektrischen Strom. Das Publikum erwartet vielmehr immer wieder Neues. Und wer *neu* sein will, muss Neuigkeiten produzieren wie der Hamster im Laufrad. Was aber, wenn immer Neues von mir nachgefragt wird, ich aber auf das mir Wichtige noch immer nicht habe antworten können? Warum wird nur über das Aktuelle gesprochen und nicht über das Wichtige? Warum dieser furchtbare Fokus auf so Weniges und zudem so Wechselhaftes? Das durch PR zu kommunizierende Thema ist wie ein Eisberg: Er kann gänzlich untergetaucht sein, nur ein wenig aus dem Wasser ragen oder mächtig, stolz und weithin gut sichtbar über dem Wellenschlag thronen. Seine Wahrnehmbarkeit hängt davon ab, ob er über hinreichenden Auftrieb verfügt, sonst passiert Titanisches. Alle wichtigen Themen sind solche *großen Eisberge*, von denen nur wenige so weit aus dem Wasser heraus ragen, dass sie bemerkt werden. Das Basisproblem der PR heißt also: Wie kann der Auftrieb eines solches Eisbergs geschafft werden?

Wie kommt es, fragen sich PR-Frau und PR-Mann besorgt, dass nun ein Thema, von dessen Bedeutung man selbst so sehr überzeugt ist, einfach nicht die ihm – nach eigener Meinung – zustehende Aufmerksamkeit findet? Und dies in den boomenden Medienmärkten unserer Tage, die gerade vom analogen TV-Zeitalter ins Internet-Age hinübergleiten? Alles scheint doch scheinbar zu wachsen: Kaufkraft, Interesse, Angebot, technische Möglichkeiten. Wer so denkt, übersieht, dass eines nicht wächst: die Zeit, die der Rezipient zur Nutzung von Medienangeboten zur Verfügung hat. Das ist das *bottle neck* der *awareness*. Selbst wenn 24 Stunden des Tages zur Mediennutzung vorgeschrieben würden, eine fünfundzwanzigste Stunde wird es nicht geben. Folglich liegt eine exzessive Konkurrenz um Aufmerksamkeit vor, deren zentrale Bedingung *Zeit* sich nicht unbegrenzt vermehren lässt.

Die Angebotsintensität ist zudem historisch explodiert. Der Rezipient ist nicht mehr in der Situation des liebenswerten älteren Herrn auf der Bank unter der Dorfeiche, der sich freute, dass nach Tagen der Eintönigkeit endlich ein Fremder des Weges kommt, der etwas zu erzählen hatte. Dieser hatte noch seinen Bruder dabei; sie kamen aus Göttingen, hießen Grimm, und interessierten sich für Buntes, das sie mit Bleilettern verewigen wollten: *Es war einmal...*, so fangen alle diese Geschichten an. Heute wird das Ohr von jemandem gesucht, der aus 30 TV-Stationen, zehn Radiosendern, vier Zeitungen, dazu noch eine kostenlos am Sonntag, zwei Wochenmagazinen und zwölf Special-Interest-Titeln auswählen könnte, wenn er nicht gerade ein Fax lesen würde, gleichzeitig ein

Handy am Ohr hat, um mit seiner Sekretärin zu telefonieren, und auch noch E-Mails abarbeiten muss, während im Hintergrund therapeutisch empfohlene funktionelle Musik läuft.

Kampf um Aufmerksamkeit ist der Fundamentalprozess der Mediengesellschaft. Die dem nachdenklicheren Teil der PR-Branche wichtige Frage lautet: Ist die Steigerung von *awareness* ein Wert an sich? Auch diese Frage ist rhetorisch: natürlich nicht. Bei strategischem Kommunikationsmanagement handelt es sich um einen teleologischen Prozess, der sich zwischen Zielsetzung und Erfolgskontrolle erstreckt und für den nicht taktischer Aufwand, sondern strategische Qualität zählt. Awareness ist, als Lehrsatz formuliert, eine *notwendige* Voraussetzung von PR-Wirkung, aber keine *hinreichende*.

Eine Spindoctor-Weisheit rät dem zu wählenden Präsidenten: *Don't get elected for your ideas, get elected!* Hier geht es nicht um Gesinnung. Diese Sozialtechnologie ist in Erfolg verliebt: in ihre Wirkung. Diese PR – gemeint sind Wahlkämpfe – will nicht in edlen Motiven versagen, sie möchte gewinnen, auch wenn dabei die Motive, die politischen Überzeugungen, zu Sekundärtugenden werden. *Don't get elected for your ideas, get elected* – welch schnöde Welt. Da schaudert es den europäischen Intellektuellen. Aber das Banausenpotential des amerikanischen Lehrsatzes ist nicht so hoch, wie man meint.

Der Vergleich zum Trompetespielen drängt sich auf: Die Luft zum Trompeten ist da, die Wangen sind gebläht und nun könnte es so laut tuten, dass die Stadtmauern von Jericho einfallen. Luft ist notwendige Voraussetzung, aber nicht hinreichende. Zunächst muss jetzt ein sauberer Ton herauskommen, besser wäre noch eine schmissige Melodie und am allerbesten ein Konzert geben. Es geht um mehr als im alttestamentarischen Jericho. Das Trompetenspiel muss nicht so laut sein, dass Mauern einfallen, es muss authentisch sein und damit glaubwürdig. Jeder kennt den Unterschied zwischen den Aufnahmen von Satchmo Louis Armstrong,

der nicht nur liebenswürdig lächelnd und anrührend die Backen
blähen konnte, und der passenden James-Last-Version in der Mu-
sikantenparade: Ebenso viel Luft, die gleichen Töne, aber doch
eine ganz andere Welt.

Wie legt man seine Seele in ein Messinghorn, wenn doch gilt:
Wes' Brot ich ess', des' Lied ich spiel? Sachverhalte und Absichten
sind in Themen zu transformieren. Themen müssen über Kampagnen aufgebaut werden. Dies alles ist Handwerk. Wie aber entsteht in diesem Prozess Glaubwürdigkeit? Für die Freunde des
Rock-Pop genügt hier ein Hinweis auf Wolfgang Petry. Wolle,
wie seine Fans ihn nennen, hat zwanzig Jahre relativ erfolglos
getingelt – heute füllt er Stadien. Eingängige *Herz-Schmerz-
Scheißegal-Liedchen*, Turnschuhe, Jeans, offenes Lumbershirt
überm T-Shirt, den Unterarm überzogen mit Freundschaftsbän-
dern, so ist er für seine Fans jetzt vor allem eins: authentisch. Die
ihn verehrenden Millionen glauben ihm die Herzschmerzen,
wenn er vom *Wahnsinn* singt, der ihn in *die Hölle schickt*, und der
Eiseskälte, die seine *Seele erfrier'n* lässt. Aber kann ein Schlager
glaubwürdig sein?

Glauben, sagen die Religionspädagogen, *heißt nicht wissen.* Das
ist kein intelligibler Prozess, das kann man nicht verargumentie-
ren. Deshalb spricht Kierkegaard vom *Sprung in den Glauben.* Zwischen *Überreden* und *Überzeugen* liegt ein subjektiver Differenz-
Faktor. Glaubwürdigkeit, neudeutsch *credibility*, ist eine kognitiv-
affektive Beziehung zwischen zwei Menschen. Glaubwürdig sind
nur Menschen oder anthropomorphe Kommunikatoren. Das
klingt naiv: Glaubwürdig können nur Menschen Menschen gegenüber sein. Es geht dabei nicht um Menschen im profan biologischen oder erhöhten humanistischen Sinne, sondern um ver-
trauensbildende Kommunikationssituationen, in denen dem Kom-
munikator vom Rezipienten eine anthropomorphe Charakterrolle
zugewiesen wird. Was aber als vertrauenswürdig gilt, hängt sehr
vom Menschenbild ab, also vom geschichtlichen, sozialen und

kulturellen Ort des Rezipienten. Menschen vertrauen nur *ihnen* vertrauten Menschen. Vertrauen heißt *Vertraut-sein*. *Vertraut-sein* heißt Wiedererkennen! Wiedererkennen setzt Konkulturalität voraus: Nestwärme! Vertrauen ist eine Mutter-Kind-Beziehung.

Um nicht zu psychoanalytisch zu werden, zurück zur Restaurantszene – wie zu Beginn dieses Buches versprochen. Früher war ein gutes Restaurant durch eine strikte Trennung bestimmt. Der Gast gehörte nie in die Küche. Sie war ihm durch zwei magische Türen verborgen, die nur die Kellner durchqueren durften. Je entfernter ein Tisch von den Küchentüren lag, desto besser war er. Nur den ungeliebten Gast setzte man vor die Küchentür. Was zwischen den lyrischen Anpreisungen der Speisekarte und dem Essensgenuss lag, blieb ein Mysterium, oft durch Edelstahlhauben bis zum feierlichen Moment der gemeinsamen Enthüllung vollständig verborgen: das Gericht eine Schöpfung, die Küche ein Mysterium. Heute können in einer offenen oder nur mit Glas verkleideten Küche der Meister und seine Gehilfen beim Möhrenputzen und Pfannenschwenken beobachtet werden. Statt der gedruckten Speisekarten zeigt der Kellner eine kreidebemalte Tafel, und selbst der folgt der Gast nicht, weil der Kellner noch eine mündliche Empfehlung hat. Heidegger würde sagen: Heute sehen wir das Zeughafte des (Werk-)Zeugs.

Unsere Sozialkultur ist heute *partizipatorisch*: Die Menschen wollen Teilhabe und Transparenz – zumindest aber wollen sie das Gefühl davon haben. Und sie wollen das Gericht nicht als mysteriöse Schöpfung, sondern als Werk eines ihnen vertrauten Meisters, der zwischen Salat und Suppe an den Tisch kommt, um zu fragen, ob es denn auch munde. Wie schon gesagt: Vertrauen kommt von vertraut sein. Vertraut sein heißt Wiedererkennen; dies verlangt Nestwärme. Die Psychoanalyse behauptet, dass dies eine Mutter-Kind-Beziehung ist, das Wiedererkennen der Mutter durch das Nahrung und Zuneigung suchende Kind: Wiedererkennen des fürsorglichen Prinzips. Dies ist die Basis von Vertrauen.

Ist das delegierbar? Vor allem: Ist das industriell organisierbar? Würde sich diese Frage – in der Sprache der Psychoanalyse gesprochen – an das wettbewerbliche selbstbehauptende Prinzip, die Vater-Rolle, richten, würde man sich leichter mit der Frage der *Machbarkeit* tun: Technik ist *Vater-Rolle*, Natur *Mutter-Rolle*. Technisch etwas herzustellen ist leichter als Natur zu schöpfen. Es geht aber nicht um das wettbewerbliche Prinzip, sondern um das fürsorgliche Prinzip. Ist eine zwischenmenschliche Beziehung – sprich Vertrauen und Glaubwürdigkeit –, so muss also gefragt werden, synthetisch herstellbar? Und: Wie aber geht dieses *Bemuttern*? Oder sagen wir – weniger freudianisch: Wie geht dieses *let's make friends*, das *favour banking*?

Die aus der Corporate-Identity-Bewegung stammenden Kommunikationsstrategien tragen zur Lösung dieser Frage nichts bei. Sie kopieren im Grunde eine dem Militärischen entlehnte Uniform-, Rang-, Abzeichen- oder Ordenlogik. Es sind monolithische Konzepte, die allenfalls in Systemgeschäften funktionieren könnten. Unternehmungen – und das sind nicht nur große, global agierende Unternehmen – haben in der Unzahl ihrer Beziehungsfelder eigentlich nur die Alternative, mit immensen Mitteln das 01-Konzept durchzupauken oder aber einen dialektischen Weg zu gehen. Vorgeschlagen wird hier zum Verständnis das schon an früherer Stelle dargelegte fraktale Mediatorenkonzept. Auf den unterschiedlichen Ebenen eines sozialen Organismus etabliert, wird hier aus einem kommunikativen Netzwerk heraus agiert.

Hierzu passt ein Bild, das Gerhard Staguhn im FAZ-Magazin einmal vom Ameisenstaat gezeichnet hat:

> „Auch in einem Ameisenhaufen gehorcht das Ganze geradezu mysteriösen Steuerungsmechanismen. Das komplexe Gesamtsystem Ameisenstaat funktioniert wie ein lebender Superorganismus. Keine übergeordnete Instanz teilt den einzelnen Ameisen mit, was sie zu tun haben, welche Futterarten sie beispielsweise einsammeln sollen, wo diese am schnellsten zu finden sind und wo sie im Innern des Baus

gerade am dringendsten benötigt werden. Und doch scheint das verwirrende Durcheinander der unzähligen Tierchen einer unsichtbaren
ordnenden Hand zu gehorchen. Es gibt so etwas wie eine übergeord-
nete kollektive Intelligenz, die sich aus einem komplexen Wechsel-
spiel von Einzelhandlungen ergibt; diese setzen äußerst fein aufein-
ander abgestimmte Verhaltensregeln voraus. Jede einzelne Ameise
operiert ohne Einsicht in das Gesamtsystem, und doch entsteht kein
Chaos, sondern vielmehr die perfekteste soziale Organisation, die die
Natur kennt."

Offen ist damit nun immer die Frage nach der Personalisierung
und damit nach richtiger Personifizierung von PR. Ist solche Publicity von strategischem oder taktischem Wert? Strategisch dient
institutionelle PR den Zielen der Organisation: Schluss. Aus. Dies
gilt jedenfalls in demokratischen und marktwirtschaftlichen Kulturen. In Aktiengesellschaften ist der institutionelle Zweck nicht
die Popularisierung von Personen, sondern die Verzinsung des
vom Aktionär zur Verfügung gestellten Kapitals. In Diktaturen
mag der sich selbst legitimierende Personenkult einen Ort haben,
in Demokratien wird auf Zeit verliehene Macht repräsentiert.
Dies ist die strategische Dimension.

Auf taktischer Ebene brauchen politische Programme Persön-
lichkeiten, Köpfe, die für etwas stehen: Für politische PR ist das
Primat der Personalisierung nicht zu bestreiten, aber bei Unternehmens-PR? Hier gibt es eine eigenartige Dialektik erfolgreicher
Unternehmen von hoher Zentralisierung der Aufmerksamkeit auf
den Vorstandsvorsitzenden, den CEO, den Chef oder Boss: Dies
ist bekannt. Andererseits gibt es auch eine zunehmende Dezentralisierung der PR-Fähigkeit der Organisation: das Ansprechpart-
nerprinzip auf allen Ebenen. Beides steht in einem dialektischen
Spannungsverhältnis – je höher diese Spannung ist, desto größer
die Penetranz, sprich der PR-Erfolg. Dies ist die Gleichzeitigkeit,
die Vereinigung von väterlichem und mütterlichem Prinzip.

Zum Schluss ein ganz einfaches, alltägliches Beispiel: Früher war der Brief einer Behörde ein hoheitlicher Akt. Dabei wurde lange sogar die absolutistische Unterscheidung zwischen dem politischen Körper und dem Körper des Politikers aufrechterhalten. *Der Oberkreisdirektor*, der für den Brief zeichnete, war kein Mensch, sondern eine Behörde. Es schrieb *Der Oberkreisdirektor* und das war dann *Amt IV 2B* oder *Dezernat 8*: ein anonymisierter, patriarchalischer, paternalistischer Akt der Machtausübung, der Dekretierung eines personal nicht erreichbaren Willens. So früher. Jetzt schreibt, so ist unter *Der Oberkreisdirektor* zu lesen, ein Mensch namens *Frau Meier*. Sogar der Vorname, dieses Signum der Vertrautheit, wird wiederentdeckt. Es schreibt *Erika Meier*. Und diese Erika Meier hat sogar ein Gesicht: Ein Foto der Dame auf dem Briefkopf zeigt ihr schönstes Lächeln. Der Empfänger des Briefes ruft nun also nicht mehr *Den Oberkreisdirektor* Rat suchend an, sondern Erika Meier mit der bunten Bluse und den Blumen auf dem Schreibtisch: Da braucht es keine Scheu.

Lässt sich jetzt die Frage, ob PR delegierbar sei, nicht anders als erwartet beantworten? Das Plädoyer war: PR ist nicht nur delegierbar, sie muss auf alle Ebenen delegiert werden. Nicht *Der Oberkreisdirektor, Dezernat XYZ* darf länger der allgemeine Duktus sein, sondern

a little bit of Erika, a little bit of Monika ...

Der informierte Mitarbeiter – ein Phantom?

> *„The reasonable man adapts*
> *himself to the world;*
> *the unreasonable one persists in trying*
> *to adapt the world to himself.*
> *Therefore all progress depends*
> *on the unreasonable man."*
>
> George Bernard Shaw

Die Emphase, die auf dem Leitbild des *informierten Mitarbeiters*
liegt, beruht auf der Annahme einer Unterversorgung der Mitarbeiter mit Informationen: auf dem vermeintlichen Leidwesen des
schlecht informierten Mitarbeiters. Dieser Eingangshypothese des
gängigen Informationskultes soll hier unter Verweis auf die Kom-
munikationswissenschaftlerin Claudia Mast widersprochen werden:

> „Unbestreitbar ist, dass die Menge der Informationen am Arbeits-
> platz zunimmt, wohingegen deren Verfallsdatum immer schneller
> überschritten ist. Es ist höchste Zeit, in den Unternehmen Konzepte
> zur Vermeidung und Entsorgung des Kommunikationsmülls zu ent-
> wickeln, der durch betrieblichen Aktionismus in Form von Bespre-
> chungen, Workshops, Seminaren und Tagungen entsteht."

Mast sieht neben der Vermeidung von Kommunikationsmüll inzwischen sogar die Notwendigkeit zum *Recycling von Kommunikationsmüll*. Priorität hat danach *weniger Information*, also eine gerin-
gere Quantität dessen, was man allüberall mehren möchte.
Falsifiziert wird von ihr dabei die Hypothese, dass es aus dem
tatsächlichen oder vermeintlichen Dilemma des *schlecht informierten Mitarbeiters* einen technokratischen Ausweg gibt: „Zu glauben, die Etablierung einer leistungsfähigen technischen Infra-
struktur allein löse bereits die Kommunikationsprobleme im

Unternehmen, hat sich schon in der Vergangenheit als Irrtum erwiesen."

Die Zeitgeist-Annahme, es werde zu wenig kommuniziert, ist ebenso falsch wie jene, nach der zu wenig direkt – also *face-to-face* – kommuniziert werde. Nach einer 1996 im MANAGER MAGAZIN veröffentlichten Untersuchung der TU München verbringen Top-Manager

> 43,2 Prozent ihrer Zeit in Meetings,
> 26,4 Prozent in Gesprächen,
> 11,1 Prozent bei Telefonaten,
> 7,3 Prozent bei so genannten Schreibtischarbeiten,
> 3,1 Prozent für E-Mails,
> 2,9 Prozent für Briefe und Memos,
> 1,6 Prozent für Voice-Mails,
> 1,4 Prozent für Faxe und
> 1 Prozent bei Telefon- und Video-Konferenzen.

70 Prozent der Arbeitszeit verbringen Manager also in *Face-to-face*-Kommunikationssituationen, unter Einschluss des Telefons sind es sogar 80 Prozent. Keine acht Prozent des Managertages werden an die neuen elektronischen Wunderwaffen verschwendet. Stark pauschaliert gilt also die These: Die neuen elektronischen Medien der Online- und Echtzeit-Integration aller Arbeitsplätze erzeugen das Problem, das sie zu lösen versprechen. Inwieweit sie es dann – im nächsten Schritt – wieder lösen, sei dahingestellt.

Das Zeitgeist-Axiom *communications first* lässt sich ironisieren, denn es stößt mittlerweile nicht nur dem politisch sensiblen und fachlich gebildeten Beobachter auf, dass jede vulgäre Dienstanweisung in der neueren Managementliteratur für sich die Legitimation des sokratischen Dialoges reklamiert. Die Ansprüche einer Dialogkommunikation erleben eine modische Expansion auf allen Gebieten des appellativen Redens, selbst auf das schlichte

Befehlen. Der Anschein des Dialogischen ist eine Kernqualität dessen, was schon andernorts *partizipatorische Soziokultur* genannt wurde, eines Alltagserlebens, das in allem und jedem das Gefühl des *Eingebundenseins* benötigt: Harmoniesucht, Integrationszwang und die Unfähigkeit, Differenzqualitäten zu erleben. Wer sich die hier als Vorbild bemühten sokratischen Lehrgespräche ansieht, wird eine Ironie der Philosophiegeschichte erfahren: Dort redet unter schattigen Bäumen sitzend Sokrates klug, und Phaidros, sein Dialogpartner, darf nur – im wahrsten Sinne des Wortes – *gelegentlich* Bemerkungen in die intellektuelle Hebammenkunst seines Meisters einstreuen, wie: *Nein, beim Zeus!* oder *Ganz recht!* oder *Es sei, wie du sagst!* – patente Beispiele für die Realität betrieblicher Kommunikation.

Es muss deshalb in diesem Kontext an Hegels Episode von Herr und Knecht erinnert werden: Eingangs ist der Herr allwissend und deshalb mächtig, und der Knecht dumm und deshalb dienend. Im historischen Prozess nutzt der Herr seine Macht, um die Arbeit an den Knecht abzugeben. Im Ausgang des historischen Prozesses hat der Knecht mit der Erledigung aller Arbeiten alles Wissen erlangt und der Herr eben dieses in Muße verloren. Die Hegel'sche Parabel zeigt die Gefährdung der Macht durch ihre Ausführung. Auf die geschichtsphilosophischen Konsequenzen soll hier nicht eingegangen werden, da wir wissen, dass die von Marx und den Seinen vermutete geschichtsphilosophische Zwangsläufigkeit zur klassenlosen Gesellschaft in eine Sackgasse ganz anderer Art führt. Aber Hegels Parabel zeigt: Es geht um soziale Stratifizierung, um Interessengegensätze, um Macht und folglich um Politik. Dies sollte der Dialog informierter Mitarbeiter, die süße Ideologie des Kommunizierens aller mit allen, nicht vergessen machen.

Hier wird ein Blick auf das Wesen der Gesprächskultur notwendig, das Roland Kaehlbrandt 1996 im RHEINISCHEN MERKUR skizziert hat:

„Die kulturelle und sozialpsychologische Bedeutung des Gesprächs ist unstrittig: Es sorgt für Verbreitung und Austausch von sozialem Wissen, von Meinungen, Lebenseinstellungen, aber auch von Klischees, Gerüchten, Klatsch und Tratsch. Dabei ist es nicht pure Information, sondern im Falle des Gelingens gegenseitige Affirmation. Gelingen kann das Gespräch aber nur durch Kooperation. Denn wer ein Gespräch führt, muss sich auf den anderen ausrichten. Darum trägt das Gespräch zur Herausbildung von sozialem Verhalten bei. Es verschafft Selbstvergewisserung und Selbstprüfung im Austausch mit Gesprächspartnern. Es beschert Intelligenz und Vernunft im Zusammenwirken mit anderen."

Soweit das klassische Gesprächsideal. Der Philosoph fährt fort:

„Allerdings haben Gespräche in der Wirtschaft wenig mit den Konversationsidealen vergangener Zeiten gemein. Im Ton verbindlich, sind sie streng ziel- und zweckorientiert. Rollen, Themen und Dauer sind fixiert. Von Termingesprächen, Sitzungsgesprächen, Koordinationsgesprächen, Abstimmungsgesprächen, Verkaufsgesprächen oder Präsentationsgesprächen kann schlechterdings keine rekreative Wirkung ausgehen. Im Unterschied zur freikreisenden oder sich in Wellenbewegungen entwickelnden Konversation sind all diese Gesprächsformen linear. Versprechen nicht die Gesprächsideale der postindustriellen Managementära gegenseitige Information, gemeinsame Diskussion, Absprache und Abstimmung — neben mehr Effizienz schließlich auch mehr Demokratie?"

Ergo fördert partizipatorische Soziokultur vor dem Hintergrund patriarchalisch hierarchischer Strukturen eine klassische sozialdemokratische Illusion: die der *Macht durch Wissen.* Aber stimmt das?

Wenden wir uns dem sozialen Kontext betrieblicher Kommunikation zu und untersuchen fundamentale Unternehmensbilder, also die Vorstellungen von der inneren Organisation des Unternehmens, die den Managementdiskussionen zugrunde liegen. Historisch wurde hier von tektonischen Unternehmensbildern ausgegangen. Dieses waren entweder Hierarchien – meist als Pyramiden gedacht – oder Vorstellungen im Sinne von Zentrum und Peripherien. Sie waren immer Gebilde, die den abendländischen Denkweisen von machtstrukturierten Gebäuden entsprachen – im weitesten Sinne also Machtarchitekturen.

Neuere Unternehmensbilder sind – so wurde an anderer Stelle gezeigt – atektonisch. Sie kennen die schlagworthafte Diskussion um die fraktale Organisation. Erstaunlich ist, wie wenige derer, die sich über *fraktale Fabriken* oder *atmende Organisationen* äußern, die Ursprünge der Referenztheorien aus der Chaostheorie kennen. Bei aller notwendigen Zurückhaltung: Atektonische Unternehmensbilder sind definitorisch solche, die ihre symbolischen Entsprechungen bei Organismen finden. Sie beruhen also auf sehr vielen dezentralen Elementen, die sich bei hochunterschiedlicher Form nicht zu einem einfachen symmetrischen Machtgefüge organisieren, sondern strukturell extrem vielfältig und nur funktional dependent sind. *Ergo*: Die Vorstellung von Organismen tritt an die Stelle der Vorstellung von Architekturen.

Sich in der Hierarchie, dem alten Unternehmensbild, zurechtzufinden, dazu reicht schon die Kleider- oder die Regimentsordnung. Sich in atektonischen Unternehmenssituationen zu orientieren, verlangt mehr. Hier rückt das Motivationsproblem in den Vordergrund. Während die Galeere noch nach dem primitiven Modell von Stimulus und Respons gerudert wurde, verlangt die mit geringer Aufsichtsdichte verbundene Führungssituation im atektonischen Umfeld entweder eine sich ständig erneuernde situative Motivation oder gar eine intrinsische Motivation. Hier holt die Betriebspsychologie eine Vorstellung der Pädagogik ein: Leistungssteigerung soll aus innerem Willen entstehen, der sich in der betrieblichen Leistung seinen Weg bahnt – Arbeit als Selbstverwirklichung also.

Der *informierte Mitarbeiter* kann also als intelligenter und zugleich funktionaler Mitarbeiter gedacht werden. Niemand scheint problematisieren zu wollen, ob dies immer kohärente Attribute

sind. Es ist der Wunsch, dass sie es sein sollen. Aber entspricht
dies der Wirklichkeit? Sicher ist, es geht hier nicht um die Verfügbarkeit von Wissen. Die Vorstellung, räumliche Verfügbarkeit
zu schaffen und zum Teil auch soziale Exklusivität von Wissen
aufzuheben, kann als historisch überholt gelten. Es geht um die
Verwertbarkeit von Wissen, also eine primär intellektuelle Dimension. Die Unterscheidung ist wesentlich. Bekannt ist nämlich
auch das Schlagwort vom *überinformierten Idioten*, zu dem eingangs hinreichend Kritisches gesagt worden ist. Es geht also um
fehlende Orientierung, nicht um allzu hohe oder allzu geringe
Informationsfülle.

In der dezentralisierten Fabrik, der fraktalen Organisation,
dem atektonischen Gebilde mit fast chaotisch wirkender Struktur
kann es Orientierung nur über ein inneres Verhältnis zum Ganzen geben: über Strategiegewissheit und Zielidentität. Beides sind
Schlüsselbegriffe betrieblicher Führung. Summa summarum geht
es also darum, einen informierten Mitarbeiter zu schaffen, der
sich mit den Zielen des Unternehmens identifiziert, über Strategiegewissheit verfügt und in der Lage ist, diese Zielorientierung
für sein alltägliches Handeln ohne Außeneinwirkung zu opera-
tionalisieren. Dies ist jedoch keine durchgängige betriebliche
Realität. Dieses *Wesen* ist ein Phantom oder eine Capriciose in
einem Meer mittelmäßiger Mitarbeiter.

Was aber steht diesem Ideal im Wege? Warum ist der überinformierte Mitarbeiter dort, wo wir es erwarten, so unterinfor-
miert? Vier Faktoren müssen hierfür angeführt werden:

Soziale Stratifizierung: Wenn auch nicht mehr im Hegel'schen
Herr-und-Knecht-Verhältnis, so ist die betriebliche Realität doch
eine der sozialen Gliederung und der unterschiedlichen Verfügbarkeit über Macht.

Funktionale Gegenläufigkeit: Auch unabhängig von den hierarchi-
schen Gegensätzen gibt es natürlich solche, die sich aus sich wi-
dersprechenden Interessen im funktionalen Ablauf ergeben.

Wettbewerbsprinzip: Karriere wird verlangt und gefördert, aber nicht nur über Sachleistungen, sondern auch durch sonstige *Politica* gemacht.

Subjektive Faktoren: Das Bild vom Rädchen im Getriebe, der voll funktionalen Verfügbarkeit von Menschen, stimmt nicht und hat nie gestimmt, denn der betriebliche Ablauf kann nur über einen Teil der menschlichen Identität verfügen – zum Menschlichen gehört auch das Dysfunktionale.

All diese Faktoren verhindern oder behindern die dialogische Erzeugung von Zielidentität und Strategiegewissheit. Der informierte Mitarbeiter ist aber auch begrifflich ein Phantom: Eigentlich geht es um den *motivierten Mitarbeiter.* Die Vorstellung einer intrinsischen Motivation ist für ganze gewerbliche Belegschaften realitätsfern. Man kann vernünftigerweise nur an situative Motivation denken. Wir reden also über Unternehmenskultur, kulturelle Integration und kulturrevolutionäre Prozesse, nicht aber über Informationsvermittlung – weder im technischen noch im kognitiven Sinne. Deshalb ist der informierte Mitarbeiter, um dieses Wort noch einmal zu strapazieren, der zu motivierende Mitarbeiter. Methodisch ist er damit das Objekt von Public Relations/ Öffentlichkeitsarbeit, nicht aber vom EDV- und Informationswesen und/oder der traditionellen Personalverwaltung. Alle Instrumente der internen Informationen gehören in die Hände der Öffentlichkeitsarbeit, ganz gleich, wer sie ausführt. Auf gar keinen Fall gehört dieses Feld in den Entscheidungskontext der technischen Information. Pointiert ausgedrückt: Wer Dialog will, sollte das Surfen im Internet behindern, das Versenden von E-Mails erschweren, kulturelle Begegnungen fördern und Gesprächskultur entwickeln.

Peter Nieder hat 1994 den Begriff der *Informationspathologie* geprägt. Dies korrespondiert auf der psychologischen Seite zu dem, was die Publizistin Mast als Kommunikationsmüll beklagt. Wir brauchen nicht mehr Information. Wir brauchen nicht noch technisiertere Information. Wir brauchen eine Informationskultur, welche die Fähigkeit zur Metakommunikation entwickelt und hierfür kulturelle Kommunikationsräume eröffnet. Der unvermeidliche Watzlawick hat gesagt: „Die Fähigkeit zur Metakommunikation ist nicht nur eine conditio sine qua non aller erfolgreichen Kommunikation, sie ist überdies für jeden Menschen eng mit dem Problem hinlänglichen Bewusstseins seiner selbst und der anderen verknüpft." Auch deshalb gehört der *informierte Mitarbeiter* als Zielgruppe nicht den traditionellen Personalverwaltern, sondern den Kommunikationsmanagern. Und sei es, dass das Personalmanagement interne Öffentlichkeitsarbeit oder die PR-Abteilung Mitarbeitermotivation betreiben.

Der Gang dieser Argumentation bedeutet Abschied zu nehmen vom *Phantom des unter- oder überinformierten Mitarbeiters*. Augenmerk und Ehrgeiz müssen nun vielmehr auf dem *neuen Wesen*, dem *zu motivierenden Mitarbeiter*, liegen. Begreifen wir Unternehmen länger nicht als Galeeren, Schulklassen, Hörsäle oder die Computerwelt lernender Maschinen. Begreifen wir sie als einen kulturellen Raum – und dies in jeder Hinsicht.

Politische Philosophie:
Was oder worüber spinnt ein *spin-doctor*?

„Verba tene,
rem sequentur."

„The right honorable Betty Boothroyd, speaker of the House of Commons revealed yesterday", vermeldete im Frühjahr 1999 die FINANCIAL TIMES, „she regularly warns ministers in eyeball-to-eyeball confrontations to limit the powers of their spin-doctors and announce more policies in parliament – too many government announcements are made in newspapers and press conferences rather than to parliament." Das klingt sehr altväterlich oder altmütterlich parlamentarisch. Am Folgetag führte die TIMES die Headline *„Inside the secret world of the spin-doctors."* Der Lead klärte auf: „Media manipulators make the headlines almost every day, but few people realise how much, sometimes sinister, influence they can have." Der dies schrieb, war David Michie, Autor des Buches *„The Invisible Persuaders: How Britain's Spin-doctors Manipulate the Media".*

Michie nimmt in seiner Pauschalkritik der Politischen PR eine interessante historische Einordnung vor:

> „Most of us have long come to accept that while the media force of the Eighties was advertising, with Margaret Thatcher blazing to victory on the gilded chariot that was Saatchi & Saatchi, the Zeitgeist of the Nineties is PR. The success of new Labour, indeed its very creation, is the product of spin-doctoring, practised with relentlessness and virtuosity."

An späterer Stelle heißt es dort:

> „The real power in PR, as in most industries, is concentrated in just a few hands. In the City, for example, 80 per cent of FTSE-100-companies with nominated PR advisers are handled by just five PR firms.

With more pages and airtime to fill, fewer staff to fill them, and the geographic isolation of Docklands, journalists are increasingly dependent on spin-doctors. What's more, the number of journalists in Britain – about 50.000 – is growing at a far slower rate than that of PR people, whose numbers now stand at 30.000. It may not be long before Britain, like America, has more PR professionals than journalists. All of which leads to the question: do spin-doctors wield too much influence".

Zur gleichen Zeit titelte die FAZ: „*Alle Macht dem Spin Doctor.*"

Das Thema wird damit attitüdenhaft und ist so nicht weit vom Approach eines Vance Packard aus den sechziger Jahren entfernt, der die Werbung als geheimen Verführer geißelte. Die Entlehnung des Michie-Titels *The Invisible Persuaders* beim Packard-Klassiker ist also nicht zufällig. Es soll hier aber nicht jener eher feuilletonistischen Globalkritik an Werbung oder ähnlichem gefolgt werden, sondern es ist die als Trend zu beobachtende Amerikanisierung von Politischer PR zu behandeln. Beginnen wir deshalb bei der Etymologie des *spin-doctoring*. In der Berichterstattung über die Wahlkämpfe von Bill Clinton und Tony Blair tauchte erstmals diese für die deutsche Öffentlichkeit wie Fachöffentlichkeit verwirrende Bezeichnung für Wahlkampfmanager auf. Mit Namen wie George Stephanopoulos oder Dick Morris in den USA und Peter Mandelson oder Alistar Campbell in Großbritannien wurden die *spin-doctors* personifiziert. Wer dabei auf den Zungenschlag nicht nur der konservativen Presse achtete, konnte durchaus einen pejorativen Unterton vernehmen. Was spinnt diese neue Spezies der politischen PR, welche Fäden sind dies? Und: Worüber spinnen sie, die *spin-doctors?* Darüber herrscht breite Verwirrung.

Tatsächlich gibt es in der Presse bis heute vor allem Fehlübersetzungen des Begriffs. Deshalb zwei anglistische Hinweise: *To spin*, vor allem *to spin a yarn*, meint das, was im Deutschen unter *Seemannsgarn* oder *Jägerlatein* verstanden wird. *To doctor something* hat weniger mit dem Segen einer Promotion oder einem ärztlichen Halbgott in Weiß zu tun, als mit dem Fälschen eines Dokuments oder dem Panschen von Wein. Um den Übersetzungsproblemen – die möglicherweise ja Verständnisprobleme sind – aus dem Weg zu gehen, führte die deutsche Presse hilfsweise den englischen Begriff als Fachwort ein. So war in der RHEINISCHEN POST über den Leipziger Parteitag der SPD 1999 zu lesen: „Plötzlich ist Amerika in seiner typischen Mischung aus Glamour und Kitsch in Leipzig angekommen. Bodo Hombach, Schröders Spindoctor, wie sie in den USA die Nachrichtenmacher nennen, redet die Bedeutung der Inszenierung klein." *Was sind*, muss nun der Publizist fragen, *Nachrichtenmacher*? Die FAZ fasste in einem politologischen Autorenbeitrag das Phänomen, das sie törichterweise als neue Art von Produktwerbung einstufte, als Trend zur Personalisierung und Professionalisierung sowie zum Themen- und Ereignismanagement, der zu Zielgruppenpopulismus führe. Es gäbe auch – bemerkt man im Elfenbeinturm – die Technik des *negative campaigning*. Was ist also kommunikationswissenschaftlich die Amerikanisierung der Wahlkämpfe?

Heribert Prantl hat seinerzeit in einem Kommentar in der SÜDDEUTSCHEN ZEITUNG vor den amerikanischen Verhältnissen als dem bösen Schein eines „Hollywood" gewarnt. Um seine Argumentation entwickeln zu können, setzte er – intellektuell naiv – dem *künstlichen Medien-Charisma* von Gerhard Schröder das *natürliche Konzept* von Wolfgang Schäuble entgegen, das auf einen Wahrheitsdiskurs und damit auf Gesinnungsethik abstellt. Schlicht und ergreifend war zu lesen: „Wolfgang Schäuble versucht es mit schonungsloser Ehrlichkeit, mit einer Politik, die dem Wähler reinen Wein einschenkt." Die analytisch relevante Frage ist nicht, ob das stimmt oder gar, ob jemand gleicher Meinung ist. Das Interessante ist, welche Horizonte hier politologisch gegeneinander gestellt werden: schöner Schein versus lautere Seele. Das ist geistesgeschichtlich reinstes 18. Jahrhundert: höfische Machtpolitik versus bürgerlich-empfindsame Moral- und Charakterhuberei. Der reine Wein ist ein Topos der Demagogie: Dies zeigt die Ideologiegeschichte nicht erst seit Heinrich Heine. Aber hier ist nicht der Ort über den Paradigmenwechsel von der Gesinnungs- zur Verantwortungsethik nachzudenken. Es sollte lediglich studiert werden, wie die deutsche Presse das erlebt, was sie als neue Exzesse einer Mediengesellschaft oder Mediendemokratie *ex Amerika* geißelt.

Im Kommentar der SÜDDEUTSCHEN hieß es weiter:

> „In der Leipziger Neuen Messe, an dem Ort, wo vor einem halben Jahr die CDU ihren Wahlkampf begann, zeigte die SPD, welche Partei diesen Wahlkampf beherrscht. Sie tat dies mit fast atemberaubendem Selbstbewusstsein und mit einer glatten Professionalität, beinah so, als wäre Leipzig Hollywood. Der Leipziger SPD-Parteitag war kein Parteitag, sondern eine Show, ein Kunstprodukt für einen Medienhelden. Der musikalische Einmarsch der SPD-Gladiatoren ist das Exempel: Die Beobachter in der Halle mögen ihn als grandiose Peinlichkeit empfunden haben – auf dem Bildschirm bleibt von diesem Spektakel nur der Eindruck von etwas Grandiosem. Die SPD feierte ungeniert, mit beinah obszöner Befriedigung, den Hauptsatz ihres Wahlkampfes und seine Verkörperung. Der Hauptsatz des Wahlkampfes heißt: erst einmal Erfolg haben, mit welchen Mitteln auch immer, und dann politisch handeln. Und die Verkörperung dieses Hauptsatzes heißt: Gerhard Schröder. Der hielt eine lange, aber keine große Rede, in die er mehr Tropfen sozialen Öls träufelte, als er das sonst tut. Niemand weiß, nach welchen Regeln Schröder Politik machen und mit welchem Partner er spielen will; er weiß es wohl nicht einmal selbst, aber er beherrscht die Spielregeln der Medienwelt. Der verschwommene Gehalt seiner politischen Botschaft gehört dazu. Man kann das verurteilen, aber das ist die Lehre, die die SPD aus den Erfolgen des Tony Blair zieht."

Das Exemplarische des Zitats entschädigt für seine Länge.

Ihre Placebowirkung macht diese *amerikanische* oder *englische* Krankheit so *fruchtbar*. Sind Spindoctors Wunderheiler? Die FAZ pflegt diese stigmatisierende, aber wenig analytische Metaphorik. Hier ist jedoch zu Vorsicht und Nachdenklichkeit in beide Richtungen geraten: Vorsicht bei der Euphorie gegenüber einer amerikanisierten PR, Nachdenklichkeit über die Argumente der publizistischen Kritiker. Vorschusslorbeeren für berufsständische Elogen auf politische PR sind jedenfalls nicht angebracht. Es gibt, so ist der PR-Branche ins Stammbuch zu schreiben, nämlich keinen Grund über Spindoctoring „ga-ga" zu werden. Allerdings gibt es damit eine neue Qualität von PR.

Verlassen wir den Kontext des Bundestagswahlkampfes 1998 in Deutschland und versetzen uns ganz spielerisch in die Rolle eines Spindoctors, dann drängt sich der Verdacht auf, dass es nicht nur um einige neue Finessen oder einen forscheren Angang geht, sondern um einen völlig neuen, wissenschaftlich bisher noch nicht beschriebenen Kommunikationsprozess. Mehr noch: Es handelt sich um die Implementierung eines Systems, das es in Deutschland bisher nicht gibt. Je mehr jemandem das Beobachtete altbacken erscheint, desto weniger wird ihm die neue Qualität deutlich. Es sind sogar Zweifel angebracht, ob auch nur einzelne Elemente des Systems – etwa der demoskopische Teil, als *focus polling* gelegentlich in der Presse erwähnt – in Deutschland methodisch verfügbar sind. Das politische Substrat dieses Kommunikations- und Persuasionssystems ist in Deutschland nicht – jedenfalls noch nicht – konsensfähig. Bill Clintons Berater Dick Morris soll den soziotechnokratischen Impetus recht griffig auf einen Nenner gebracht haben, als er dem angehenden amerikanischen Präsidenten ins Stammbuch schrieb: „*Don't get elected for your ideas, get elected!*"

Der fehlende politische Konsens für ein amerikanisiertes Persuasionssystem ist in der ideologischen Verfassung der politischen Klasse in Deutschland begründet. Hier herrscht noch in weiten Bereichen eine Gesinnungsethik, die legitimationsfreien Pragmatismus und gänzlich ungebrochenen Willen zur Macht nur mit Schaudern erträgt. Wir wissen inzwischen, dass der Wahlkampf 1998 als *Charakterwahlkampf* aus der Konfrontation Kohl/ Schröder gewonnen wurde, bei dem *Verantwortungsethik* und *Gesinnungsethik* gegeneinander gestellt wurden.

Ein zweites Gedankenexperiment: Wie wird man eigentlich Spindoctor? Hierzu lassen sich zehn Fragen formulieren, die ein PR-Berater auf dem Weg zum Spindoctor selbst zu beantworten hat:

1. Wie weitsichtig und trennscharf ist meine Analyse des Wahlverhaltens? Kann ich nicht nur demographisch, sondern auch nach Lebensstilen und Themenkohärenz sich bildende Formationen und deren Wanderungsverhalten erfassen und beschreiben? Wie valide sind meine daraus entwickelten Zielgruppendefinitionen?

2. Wie gründlich und verlässlich kann ich Struktur und Inhalt von Einstellungen relevanter Zielgruppen erfassen und beherrschen, d. h. sozio-empirisch messen, politologisch beschreiben, kommunikationsstrategisch bewerten und kommunikationstaktisch bedienen?

3. Wie stark ist meine konzeptionelle Kraft, für die relevanten Zielgruppen taktisch wesentliche Inhalte untereinander widerspruchsfrei zu gestalten, mit der Programmatik der entsprechenden Partei plausibel, mindestens aber widerspruchsfrei, zu verbinden und in steigernder zeitlicher Abfolge zu kommunizieren?

4. Wie regelmäßig und wie kurzfristig kann ich Meinungsveränderungen in relevanten Zielgruppen erfassen und beherrschen, d. h. sozio-empirisch messen, politologisch beschreiben, kommunikationsstrategisch bewerten und kommunikationstaktisch bedienen?

5. Wie differenziert ist meine Media-Analyse zur Zielgruppenseparation, damit nicht nur Synergien genutzt und Spiralen ange-

stoßen, sondern auch potentiell kollidierende Themen jeweils sozial disjunkt kommuniziert werden können?

6. Wie überzeugend und durchgängig kann ich Inhalte in Schlagworte, Metaphern und Megasymbole, sprich diskursräumende Geschichten, übersetzen, so dass sie in Medienereignissen und der entsprechenden Berichterstattung den Charakter von frischen Nachrichten und nachhaltigen Botschaften erhalten?

7. Wie ernst nehme ich den Gegner? Verstehe ich seine Strategie und Taktik? Wie detailliert beobachte ich Veränderungen in seiner Kampagne? Wie detailliert erhebe ich Schrittfehler und Anlässe zu Kontroversen?

8. Wie schnell und durchgängig kann ich organisieren, dass meine eigene Organisation lenkbar ist, also taktische Themenstellungen zeitnah aufnimmt und sich innerhalb der Kommunikationsstrategie verhält? Welche neuen technischen Mittel sind hierzu geeignet?

9. Wie stark ist meine Fähigkeit, in dem sehr heterogenen Prozess der Kampagne im eigenen Lager ein Primat der Politik gegen alle Partialinteressen und/oder Unüberlegtheiten durchzusetzen?

10. Wie hoch ist meine persönliche Bereitschaft, als PR-Manager für den Kandidaten die Ziele der Kampagne – schlicht: den Wahlsieg – zu erreichen, auch wenn dies auf Kosten der eigenen Profilierung geschieht?

Spätestens mit der zehnten und letzten Frage wird der neuralgische Punkt deutscher PR berührt: Viele PR-Manager in Unternehmen und Verbänden verstehen ihre Aufgabe nicht operativ, sondern repräsentativ. Sie wollen nicht eigentlich etwas für ihren Laden erreichen, sondern lieber ein liebes Gesicht machen. Sie tun so, als ginge es im Kern um ihren eigenen Ruf und nicht um den Erfolg ihres Geschäftes. Ein wirklicher Spindoctor wird sich aber kaum zu Ehren halten können, mit welch hoher persönlicher Glaubwürdigkeit und welch tadellosen Manieren er eine Wahl ...

na ja ... verloren hat. In den idealisierten amerikanischen Verhältnissen gibt es einen ungebrochenen Willen *to make things happen*.
Hier werden die Champagnergläser auf den bevorstehenden Un-
tergang der Titanic erhoben, dort wird eine Galeere gerudert: So
viel zur gespaltenen Selbstbefindlichkeit der Branche.

Nun zum Fachlichen. Eine Lehrbuchweisheit der Publizistik,
die diese der Sozialpsychologie entlehnt hat, lautet: Persuasive
Kommunikation darf sich niemals intentional selbst thematisie-
ren, wenn sie nicht ihre Wirkabsicht verfehlen will. Persuasion
agiert immer in intentionaler Latenz. Weniger akademisch könnte
man dies das *Briefmarkensammlungs-Theorem* nennen, das zu einem guten Teil in das Selbstverständnis von PR in Deutschland
eingeflossen ist. Immer fühlten sich die Verfasser deutscher Be-
rufsbilder über Öffentlichkeitsarbeit von der Vorsätzlichkeit an-
gewidert, die Agitation und Propaganda so hässlich erscheinen
lässt. In der herkömmlichen politischen PR überkompensierte
sich das gleichwohl vorhandene Strukturmerkmal des *heimlichen
Verführers* durch die *gute Sache* oder *bessere Überzeugung*, für die
man eintrat, durch die sich der verborgene Vorsatz legitimieren
sollte.

Im Grunde aber geht es um persuasive Kommunikation, welche die Vorsätzlichkeit, die Umsetzung einer Absicht mit zum
Thema macht. Sie ist also doppelbödig, weil nicht nur die eine
Ebene denotiert wird, sondern die andere, die der Inszenierung,
ganz ungeniert konnotiert wird. Die Rezeption dieser Prozesse ist
damit strukturell identisch mit der fiktionaler Prozesse. Bekannt
ist dies bereits aus der Dramatik vor Lessing, die *Haupt- und
Staatsaktionen* auf die Bühne brachte: Theater für mitspielendes
Publikum, eine fiktional komplexe Dialog-Kommunikation also.
Aber die so genannte Amerikanisierung der politischen PR ist
mehr, als dass der Hamlet gegeben wird. Angeblich geht es auch
um eine neue partizipatorische Sozialkultur.

Und es geht um den Sarkasmus der klassischen schreibenden Presse, mit dem diese über die Fernsehfähigkeit der neuen politischen PR herzieht. Dieser medieninterne Zwist zwischen dem klassischen schreibenden Journalisten und den Kollegen bei elektronischen Medien ist auch aus anderen Bereichen bekannt. Der Konflikt zwischen Bleisatz und digitalem Pay-TV wird von den Gutenberg-Jüngern als Spindoctor-Vorwurf an die Pressearbeit von Industrie und Politik formuliert, spiegelt aber doch nur die Entwicklung der eigenen Branche. Ursächlich für die vielgeschmähten bunten Luftballons im amerikanischen Wahlkampf sind nicht wirklich ominöse Spindoctors, sondern die zahllosen TV-Stationen, die eben diese Bilder – und eben *nur* diese Bilder – an zahllose Zuschauer senden, die diese offensichtlich sehen wollen und die trotz ihrer – aus des Sicht des Tageszeitungskommentators – profanen Mediennutzungsgewohnheiten uneingeschränkt wahlberechtigt sind. Hier wird deutlich: Für gewisse Randeliten der Politischen Klasse ist das allgemeine Wahlrecht nach wie vor eine unverdauliche Errungenschaft, jedenfalls wenn man die Schäfchen auf den Weiden der privaten elektronischen Medien grasen lässt. Man sollte sich jedoch nicht ohne Nachdenklichkeit zum Befürworter oder gar Bewunderer dieser Moderne machen. Zur Erläuterung auch hierfür einige Beispiele.

In den USA wie in Großbritannien gab es die Aufforderung an *Campaigner*, ihre Position mit der Presse stets und immer zu argumentieren. Dies schloss bewusst ein, dass jeder Bericht, der nicht dem entsprach, was man sich von ihm erwartete, mit dem betreffenden Redakteur sofort erörtert werden sollte. Auch wenn dies unter vier Augen geschehen kann, ist deutlich, wie stark damit das Tabu der Unberührbarkeit der Presse, also der stets zu vermeidenden Medienschelte verletzt wird. Wenn die nachsichtige oder von innerem Zorn beherrschte Duldsamkeit gegenüber der Presse aufgegeben wird, entsteht entweder ein Junktim zum Konsens oder zur Kontroverse. Darüber, wie dies in Deutschland die Meinungsbildungsprozesse verändern würde, soll hier allerdings nicht spekuliert werden. Die polarisierende Wirkung ist zweifelsfrei in den USA wie in Großbritannien zu beobachten.

Klassisch gehört es zur Wirkungsweise insbesondere von politischer PR, dass stattfindende PR gegenüber der Zielgruppe nicht als PR thematisiert wird. So war es Usus, dass Wahlkampfstrategien nicht auf dem offenen Markt gehandelt wurden. Berater berieten in Hinterzimmern und inszenierten sich nicht vor laufenden Kameras. Dies ist anders geworden: Das Spindoctoring ist selbst ein Wahlkampfthema. Die Spindoctors treten als Stars auf. Die Wahlkampfzentrale der NEW LABOUR PARTY hieß – ganz englisch unbefangen – *The War Room*. Es lässt sich nicht abschließend sagen, was diese Selbstthematisierung letzten Endes bedeuten wird. Wenn sie allerdings funktioniert, dann liegt ein fachlich neuer Kommunikationsprozess vor. Vorausgesetzt, Persuasion ist immer intentional, wäre dann begrifflich zwischen *latenter Persuasion* und *evidenter Persuasion* zu unterscheiden. Evidente Persuasion funktioniert nur unter Rezeptionsbedingungen, die denen fiktionaler Kommunikation entsprechen. Fiktionalisierung nähme also Einfluss auf Wahrheitsfrage und Wirklichkeitsbezug – welchen allerdings, kann noch nicht gesagt werden.

Beide Aspekte – polarisierende Pressearbeit und Fiktionalisierung von politischer PR – können zusammengenommen und an einem Beispiel, was so vermutlich nur im amerikanisch-englischen, nicht aber im deutschen Kontext ablaufen kann, illustriert werden. Ein Kandidat kündigt kurzfristig – angeblich aus Sicherheitsgründen – einen Pressetermin in einem Kleinstadt-Kindergarten an. Zum Termin erscheinen, da rechtzeitig organisiert, viele Anhänger, die das Bad in einer geneigten Menge ermöglichen. Vermeintlich spontan ergibt sich ein Gespräch mit einer netten jungen Frau über die Probleme alleinerziehender Mütter. Während das für den Rezipienten sehr spontane Gespräch zwischen Kandidat und Bürger durch Kameras, Tonbänder und Stenoblock festgehalten wird, verteilen im *Off* die Pressebetreuer Pressemappen mit Foto, Lebenslauf und Schicksalsbeschreibung der alleinerziehenden Mutter sowie Redeauszügen des Kandidaten, aus denen hervorgeht, dass man mehr für diese Menschen tun müsse und im Parteiprogramm die Passage zur Vorschulerziehung bereits rot angestrichen seien. Alle Kanäle senden das spontane Rührstück, alle Journalisten sind begeistert – über das tolle Spindoctoring.

Geht das in Deutschland? Sollte das bei uns in Deutschland gehen? Diese Ambiguität des Spindoctoring lässt sich nicht intellektuell plausibel auflösen. Hier steht die fachliche, operative Faszination, die von diesem Kommunikationsmanagement ausgeht, der prinzipiellen Skepsis des Publizisten und Staatsbürgers gegenüber. Vielleicht handelt es sich aber nur um eine historisch überlebte Einstellung, weil vielleicht ein Teil der Medienberichterstattung auf Betreiben der Medien längst selbst zu PR geworden ist? Ein Hinweis auf die Themengewichtung bezüglich der Präsidentschaft Clintons belegt dies. Man könnte in Wehmut über einen derartigen Sittenverfall formulieren: *Früher* – etwa zu Watergate-Zeiten – wurden Affären zwar im Interesse von politischer PR aufgedeckt, aber doch wirkliche Affären von wirklicher Bedeutung. *Heute* kann man nicht mehr sicher sein, ob manche vermeintliche Affäre nicht lediglich zum Zwecke ihrer Aufdeckung durch die Medien von politischer PR erfunden wird, also nichts anderes als die schon an anderer Stelle skizzierte *Panfiktionalisierung* darstellt.

Soweit, so gut – oder so schlecht. Es soll hier aber nicht geschlossen werden, ohne dem Thema noch eine letzte, eine dialektische Wendung zu geben, schon allein deshalb, damit sich der Journalismus nicht an allzu wohlfeilen Pyrrhussiegen über das Spindoctoring ergötzt. So fand sich im April 1999 in einer Kolumne des GUARDIAN die Warnung eines Lesers namens A. Withan aus Dunstable in Bedfordshire vor den *real masters of the spin:*

„If I was a politician, I would take great care to defend myself from the real spin-doctors – the journalists. Voters can get rid of politicians and their press but the same old journalists are with us forever".

PR-Krisen durch Krisen-PR? Ein philosophisches Exempel

> *"They ride to and fro upon tigers*
> *which they dare not dismount.*
> *And the tigers are getting hungry."*
>
> *Winston Leonard Spencer Churchill*

Der so genannte *Elchtest*, bei dem ein schwedischer Motorjournalist ein neues Modell eines gestandenen Anbieters zum Kippen brachte, hat seinerzeit in der deutschen Automobilindustrie zur Überprüfung der Fahrzeugstabilität in extremen Situationen und zum Überdenken der Fahrwerkskonzepte geführt. Danach kam es bei der Pressevorstellung des Golf IV in England zu einem technischen Vorfall, über den die Volkswagen Kommunikation die Öffentlichkeit mit zwei *Hinweisen* informiert hat. Deren Wortlaut sei zunächst wiedergegeben.

HINWEIS: „Uns unterrichtet die Presseabteilung von Volkswagen Group United Kingdom Limited, die zur Zeit den Presselaunch des Golf IV in Großbritannien durchführt, dass bei einer einzelnen Testfahrt am 30. Oktober 1997 mit einem Golf mit 5-Zylinder-Motorisierung eine Fehlzündung festgestellt wurde, die nach bisherigem Kenntnisstand zur Zerstörung des Luftfilters, Beschädigung der Drosselklappe und Hochdrehen des Motors führte. Es kam zu keinen Unfallfolgen. Das Fahrzeug war fahrbereit. Ein Untersuchungsteam mit Technikern aus Wolfsburg ist heute morgen nach Großbritannien geflogen, um den Vorgang zu untersuchen, weil sich anfängliche Vermutungen zur Fehlerursache nicht bestätigt haben. Auch vor Klärung der Ursache wird der VW-Kundendienst die etwa einhundert Golf-Fahrer dieser Motorisierung vorsorglich und direkt informieren. Volkswagen hat die beiden Motorjournalisten, die die Testfahrt durchführten, zur Begleitung der internen Untersuchungen nach Wolfsburg eingeladen. Wir werden die Medien im Weiteren über jeden einzelnen Untersuchungschritt und dessen Ergebnisse informieren.

Wolfsburg, 4. November 1997"

HINWEIS: „Wir haben gestern die Medien über den Fall eines Golf IV mit Fünfzylinder-Motorisierung informiert, bei dem während einer einzelnen Testfahrt englischer Motorjournalisten in Großbritannien eine Fehlzündung aufgetreten war, die zum Hochdrehen des Motors geführt hat. Das zur Klärung des Vorfalls nach Großbritannien gereiste Team ist heute morgen mit seinem Bericht wieder in Wolfsburg eingetroffen. Nach dem bisherigen Untersuchungsergebnis konnte als Ursache der Fehlzündung ein nicht korrekt angeschlossener Drehzahlgeber ermittelt werden. Hierbei handelt es sich um einen einzelnen Fertigungsfehler und keinen Konstruktionsmangel. Durch einen inzwischen aus anderem Grund geänderten Kabelbaum ist die Möglichkeit einer Wiederholung dieser Fehlmontage ausgeschlossen. Vorsorglich werden aber alle etwa einhundert bereits an Kunden ausgelieferten Golf IV mit diesem Fünfzylinder-Motor überprüft. Die Handelsorganisation wird noch heute über die Vorgehensweise informiert. Die bisherigen Untersuchungsergebnisse sind dokumentiert und werden mit den beiden nach Wolfsburg eingeladenen englischen Motorjournalisten diskutiert.

Wolfsburg, 5. November 1997"

Die Berichterstattung war dem Ereignis und seinen Ursachen entsprechend sachbezogen und nicht anhaltend. Im Folgenden nun dazu zwei Pressestimmen, eine Agenturmeldung und eine Glosse. Sie zeigen, dass diese offene Art der Kommunikationsarbeit für leichte Verwirrung sorgte.

„SCHWEDENS ELCHE LASSEN GRÜßEN: FEHLZÜNDUNG SCHRECKT VW AUF. Schwedens Elche lassen auch in Wolfsburg grüßen: Ein kleiner technischer Defekt bei einer Testfahrt mit dem neuen VW Golf hat Europas größten Autobauer aufgeschreckt. Aus dem Wirbel um die neue A-Klasse von Mercedes nach dem ‚Umfaller' beim so genannten Elchtest zog die Volkswagen AG (Wolfsburg) ihre Lehren. Nach einer Fehlzündung beim Golf IV während einer Testfahrt britischer Motorjournalisten informierte VW am Dienstag umgehend Öffentlichkeit und Kunden. Was war passiert? Zwei britische Fachjournalisten hatten am 30. Oktober die einzige neue Golf-Variante mit einem 150 PS starken Fünfzylinder-Motor getestet. Dabei kam es zu einer bislang unerklärlichen Fehlzündung, die den Luftfilter zerstörte und die Drosselklappe beschädigte. Der Motor drehte durch. Wie VW in seiner Mitteilung am Dienstag betonte, blieb der Golf fahrtüchtig. ‚Es kam zu keinen Unfallfolgen'. ‚Diese Mitteilung erfolgt aufgrund der veränderten Sensibilität der Öffentlichkeit in solchen Fragen. Wir hätten früher einen solchen Vorfall nicht mitgeteilt', erklärte ein VW-Sprecher am Dienstag. Im übrigen gehe VW davon aus, dass der Fehler schnell geklärt und behoben werde. Allerdings war die genaue Ursache der Fehlzündung am Dienstag noch nicht klar. Deshalb flog am Dienstag morgen eigens ein Technikerteam aus Wolfsburg nach Großbritannien. Der VW-Kundendienst informierte vorsorglich die bislang 100 Besitzer des neuen Fünf-Zylinder-Golf. Die Debatte um den ‚Umfaller' des A-Klasse-Modells und die anfänglichen Probleme von Mercedes, das negative Test-Ergebnis eines schwedischen Fachjournalisten anzuerkennen, wurde beim Konkurrenten in Wolfsburg aufmerksam registriert. Während dem schwedischen Motorjournalisten erst nach Ausweichmanövern der Stuttgarter Genugtuung widerfuhr, dürfen dessen britische Kollegen nun den VW-Technikern bei den Untersuchungen zur Fehlzündung exklusiv über die Schulter schauen."

Eine der Glossen zum Tage lautete:

„FEHLZÜNDUNG. Der Wirbel um den Elch-Test mit dem Baby-Benz hat Folgen. Nun melden die Automobilbauer nicht nur freiwillig, sondern mit grimmigem Stolz jede Panne. Gestern faxte VW die Kunde, dass der 5-Zylinder-Golf-Motor bei einem Test in England eine Fehlzündung hatte. Luftfilter und Drosselklappe wurden beschädigt. Damit König Kunde keine Angst haben muss, werden 100 (!) Golf-Fahrer, die den Motor unter der Haube haben, sofort informiert. Und der englische Testfahrer darf den Ingenieuren in Wolfsburg bei der Fehlersuche zusehen. Zum Abendessen gibt's dann Elchbraten ..."

Obwohl es sich für die Pressearbeit von Volkswagen nicht um etwas handelte, das sich mit dramatischem Impetus unter dem Rubrum *Krise* verbuchen ließ, eignen sich die Zufallsprodukte der Tagesarbeit zu exkursiven Anmerkungen über das, was die PR-

Literatur im branchennotorischen Euphemismus *Krisen-PR* nennt. Dies würde vielleicht der tiefen Skepsis gegenüber dem Phänomen *Krisen-PR* gerecht, die von vielen PR-Managern geteilt wird. Kontroverse Öffentlichkeitsarbeit unterliegt, so die Meinungen dieses Teils der Fachleute, den gleichen Gesetzen wie jede Öffentlichkeitsarbeit, also normalen publizistischen Prozessen. Es gibt demnach PR als Praxisart publizistischer Kommunikation, aber wohl kaum Krisen-PR als Disziplin *sui generis*.

Sich über das Thema Krisen-PR zu äußern, gehört zum gängigen berufsbegleitenden Räsonieren. Es soll hier allerdings weniger darum gehen, allheilende Rezepte zu entwickeln oder weise Ratschläge zu erteilen, und auch nicht darum, einen mehr oder weniger wichtigen Beitrag für die typische Handreichungsliteratur unserer Branche zu liefern. Stattdessen wird hier ein anderer Umgang mit dem Thema Krisen-PR vorgeschlagen. Im Vordergrund steht dabei die Behauptung, dass in der PR-Praxis in der Regel anders gedacht, anders gehandelt und damit andere Ergebnisse erzielt werden, weil dort ein anderes publizistisches Grundverständnis vorherrscht. Die Analyse von Fällen so genannter Krisen-PR lässt aber vielleicht Denkschulen herausschälen, die über den Tag hinaus von theoretischem Interesse wären. Wie sagten die alten Griechen: *Ad usum delphini*, oder, wie es im Ruhrgebiet heißt: *Für zum Lernen.*

Die publizistisch interessante Schlüsselfrage bei solchen Fallstudien lautet: Sollte der Prozess der Wahrheitsfindung durch die Medien *(investigative journalism)* feindlichen oder gegnerischen Charakter annehmen? Idealtypisch argumentiert heißt dies: Stellt sich eine Freund-Feind-Relation zwischen Medien und Industrie ein, exkludieren sich die beiden Parteien jeweils möglichst weitgehend von ihren Erkenntnissen und führen die Diskussion dissensorientiert. Dies mündet in den Effekt einer Eskalation *(story building)*, deren Spannung sich oft nur noch in großen symbolischen Handlungen entladen kann. Oft sind dies öffentliche

Demutsgesten und Reue-Rituale *(I never did it and I won't do it again!)*. Diese symbolischen Entspannungshandlungen stehen funktional zur Kommunikationssituation, aber nicht notwendig kausal zum Vorfall im Sinne der Ursachenbeseitigung. Wir kennen aus dem politischen Leben Rücktritte von Personen, bevor deren Verantwortung auch nur ansatzweise geklärt war.

Gelingt es aber, eine gegnerische statt einer feindlichen Relation zwischen Gegenstand der Krisenberichterstattung und deren Subjekt, den Medien, herzustellen, so bleiben zwar der kontroverse Charakter wie die Gegenläufigkeit der Interessen erhalten. Der Prozess der öffentlichen Behandlung wird aber eher problemlösungsorientiert. Er wirkt somit in aller Regel deeskalierend, indem es zu faktischen Problemlösungen kommt, die auf große symbolische Akte verzichten können. Die kommunikative Geste des vom Medieninteresse Betroffenen – *vulgo: Krisenopfer* – ist hier also die einer öffentlichen Einladung zur Recherche, nicht aber die des Abblockens oder gar Verbietens einer Diskussion. Dieses nunmehr gemeinsame Recherchehandeln von Medien und Industrie erscheint dem Publikum vor allem deshalb ergebnisoffen, weil das kontroverse Rollenverständnis ja nicht verwischt oder durch falsche Harmonie überdeckt wird, sondern die Dramaturgie der Rechercheberichterstattung die Meinungsbildung bestimmt. Willkommen im englischen Debattierklub, im römischen Senat, in einer multimedialen Talkshow, in einem nicht mehr akademischen Oberseminar, im sokratischen Dialog. Demokratie ist keine Konsensgesellschaft, schon gar nicht im Sinne der fundamentalistischen Übereinstimmung mit einer *richtigen Lehre*. Demokratie ist der zivilisierte Umgang mit dem Dissens.

Entscheidend für das interaktiv begründete Verhältnis von Journalist und Pressesprecher ist in derart kontroversen Situationen der Rollenrespekt. Dies meint die wechselseitige Akzeptanz der unterschiedlichen Rollen im publizistischen Prozess. Dem Selbstverständnis der Medien entspricht es, dem Publikum eine Meinungsbildung zu ermöglichen. Dabei kann an dieser Stelle unberücksichtigt bleiben, dass die wirtschaftliche Wirklichkeit der Medien (Ratings) Einfluss nimmt und dass der publizistische Prozess auch für nicht redaktionelle Einflussnahmen offen sein kann. Die Frage, wie stark sich das Selbstverständnis der Redaktionen und die Branchenwirklichkeit der verlegerisch bestimmten Medien decken, bildet zwar im Prinzip und im jeweiligen Fall einen gewichtigen Aspekt, nützt aber hier nicht unserem Argumentationsgang. Verletzungen des Rollenrespekts werden immer von allen – insbesondere von Journalisten – als Zumutung erfahren.

Bevor diese kontroversenfreundliche, argumentative und von gegenseitigem Rollenrespekt geprägte Pressepolitik allzu leichthändig propagiert wird, muss aber aus Gründen der Fürsorglichkeit – etwa für den PR-Nachwuchs – ein für die PR-Manager selbst relevanter Aspekt vertieft werden, den man als intellektuelle Hausaufgabe bezeichnen könnte. Von der Sprachregelung in einer PR-Krise geht oft eine Erwartung aus, die man den *Rumpelstilzchen-Effekt* nennen könnte: Wenn man nur das richtige Wort findet, zerreißt sich das Problem von selbst. Vor die erlösende Kraft der Sprachregelung haben die Götter aber den Schweiß des Tatbestandes gestellt. Gewarnt wird, sich allzu schnell dem süßen Gift der Sprachregelung zu ergeben, bevor nicht die schlafraubenden Niederungen des Tatbestandes ausgelotet wurden.

Gelegentlich wirkt der Umgang mit fremden Disziplinen befruchtend für das eigene Handwerk. Von forensisch erfahrenen Juristen können PR-Manager manches lernen, in Fällen von Krisen-PR sogar vieles. Als eine der ersten Aufgaben erachtete ein gestandener Jurist die Etablierung des Sachverhaltes. Das mag in den Ohren der Medienbranche nicht sehr eindrucksvoll klingen, bildet aber den Schlüssel für die strategische Qualität eines Kommunikationsprozesses. Auch wenn die PR-Handreichungsliteratur immer wieder Zielorientierung und neuerdings auch Evaluation betont, vergisst man allzu leicht, dass zur Zielfindung auch die klare Definition des Ausgangs, die Zielsetzung gehört. Diesen vektoralen Gedanken *(von ... nach)* kennt man in der Planung von Imagebildungsprozessen als sozialempirische Erhebung des Ist-Zustandes (Selbstbild versus Fremdbild).

Dies gilt umso mehr für die referentielle Funktion einer Kommunikationssituation, den so genannten Wirklichkeitsbezug, der natürlich ein Wahrheitsbezug ist, denn wirklich ist die Lüge auch. Erfahrene PR-Manager wissen, dass der Sachverhalt zunächst und prinzipiell unsicher ist. Zu unterscheiden sind also in der apostrophierten intellektuellen Hausaufgabe *Vorfall* und *Fall*. Zu unterscheiden sind am Ereignis *Anlass* und *Grund*: Diese vermeintlich ähnlichen Begriffe stellen in ihrer strategischen Konsequenz möglicherweise binäre Pole dar, von denen ganz unterschiedliche Wege ausgehen können. Zu vergessen ist die fahrlässige Bereitschaft des PR-Laien zur Notlüge. Stattdessen ist als Primat festzuhalten: Zunächst muss der Sachverhalt etabliert werden.

Kontroverse Kommunikation beginnt mit der Vergegenwärtigung eines prinzipiellen erkenntnistheoretischen Dilemmas: Im Zweifel wissen wir – ganz sokratisch –, dass wir nichts wissen. Das zu lösende Erkenntnisdilemma ist vielfältig. Es kann durch *Noch-nicht-Kenntnis* unklar sein, was passiert ist, etwa an anderem Ort zu anderer Zeit. Es kann sein, dass auch nach dem Stand des Wissens Unkenntnis über die wirklichen Ursachen vorherrscht. Es kann sein, dass die Zeugen irren oder nur halbe Wahrheiten kennen können. Es kann sein, dass es zu interessengeleiteten Beeinflussungen kommt. Es kann eine Gemengelage von interessengeleiteten Verfälschungen geben, die nicht mehr mit einem einfachen *cui bono* zu entflechten ist. In fehlersanktionierenden Kulturen ist die Neigung, Verantwortung für eine Katastrophe zu übernehmen, ohnehin gering. Ein vordergründiges Motiv, den Sachverhalt nicht aufscheinen zu lassen – zumindest nicht sofort oder nicht in vollem Umfang –, haben daher sehr viele. Für die humanistisch gebildeten PR-Manager lautet die Eingangshypothese strategischen PR-Managements deshalb: *Causae rerum semper incertae.* Im Ruhrbergbau heißt dieser Lehrsatz: *Vor Hacke is' duster.*

Da der situative Kontext von Krisen-PR immer durch Handlungsdruck gekennzeichnet ist, gibt es keine Gelegenheit, auf das Erkenntnisdilemma mit akademischer Muße zu reagieren. Von Tickermeldung zu Tickermeldung, von Meeting zu Meeting steigt die Bereitschaft, irgendetwas zu sagen oder irgendetwas zu tun. Die Hoffnung auf eine Erlösung nach dem *Rumpelstilzchen-Effekt* steigt. Mancher PR-Berater – als Fachmann für Krisen-PR in Zeiten höchster Not hinzugezogen – möchte lieber eine falsche Strategie schnell exekutieren als vergeblich auf eine richtige Strategie zu warten – zumal, wenn er noch ein ursprünglich für einen anderen Kunden entwickeltes, aber ungenutztes Konzept in der Schublade liegen hat. Ungeachtet der wünschenswerten Nervenstärke, die es braucht, um in dieser brenzligen Situation einfach und selbstbewusst warten und schweigen zu können, wird es den Punkt geben, an dem dann doch eine Stellungnahme zum Ereignis zu ergehen hat. Die Demut, zu der das oben erörterte Erkenntnisdilemma erzogen hat, führt nun – geläutert durch die intellektuelle Hausaufgabe – dazu, dass die Stellungnahme neben einer Erklärung zur Sache immer auch den Status des eigenen Wissens ausweist. Die Medien erfahren nicht nur Petiten, sondern auch Tatbestände; mehr noch, sie erfahren, wieso man wissen kann, was man zu wissen vorgibt.

Wenn Strategie die Zielorientierung der taktischen Schritte ist, erklärt sich die Vorsicht, die uns unsere Vorüberlegungen lehren, aus der Gefahr eines möglichen Schrittfehlers. Akademische Erkenntnisprozesse erlauben eine beliebige Abfolge von Hypothesen und deren Falsifikation, wenn denn nur am Ende des Prozesses der Irrungen und Wirrungen eine höhere Wahrheit steht. Irrtümer, die er selbst begangen hat, adeln den Wissenschaftler geradezu – den Krisen-Kommunikator bringen sie im Zweifel um. Dies zu verstehen, verlangt den Prozess der öffentlichen Behandlung eines Ereignisses, das sich im Prozess dieser Behandlung als Krise oder Skandal etabliert, als ein Rollenspiel zu erkennen, dessen Wesen in Wahrheitsritualen besteht. Eine Ungeheuerlichkeit ist geschehen, sagt sich der diese entdeckende Journalist. Indem er das Ungeheuerliche des Ereignisses der Öffentlichkeit darstellt, denkt er sich selbst in die Rolle des Enthüllers von Verhülltem. Verhüller des zu Enthüllenden sind in der Dramaturgie der Krise diejenigen, die für die Katastrophe verantwortlich zu machen, aber nicht notwendig mit dem Verursacher identisch sind – im Zweifelsfall der Pressesprecher.

Der Kampf um das, was wirklich geschah, entfaltet sich im Stakkato der sich aufbauenden Berichterstattung. Da in der Medienwelt auch die Lüge wirklich ist – weil sie dergleichen Wirkung entfaltet –, ist der Kampf um die Wirklichkeit – philosophisch korrekt formuliert – ein Kampf um Wahrheit, um die eigene Wahrheit, die wahre Wahrheit. Es erscheint schon deshalb angebracht, von *Wahrheitsritualen* zu sprechen. Die Abfolge der Stellungnahmen ist in den Wahrheitsritualen so wesentlich wie die Abfolge der Züge beim Schach. Ein altes deutsches Sprichwort lautet: *Wer einmal lügt, dem glaubt man nicht, wenn er auch die Wahrheit spricht.* Unter Tage lautet dieser Lehrsatz: *Erzähl mich nich noch ma vonn' Sonnenschein.* Zur Gewichtung der Glaubwürdigkeit in der öffentlichen Auseinandersetzung gehört, dass für recherchierende Medien dieses gnadenlose Verdikt der Fehlerfreiheit eher aufgehoben wird als für den zu enttarnenden Recherchegegenstand. Immer wieder ist zu beobachten, dass gerade Journalisten auf die Irreversibilität der Kommunikationssituationen bestehen. Dies anzuerkennen gehört auch zum angesprochenen Rollenrespekt.

Dem grundsätzlichen Bedürfnis des einzelnen Journalisten, seinem publizistischen Auftrag zu folgen und der Geschichte, die

er erzählt, möglichst schnell auf den Grund zu gehen, steht die
Erwartung seines Mediums entgegen, eine Geschichte in möglichst vielen Folgen oder Fortsetzungen erzählen zu können, die
Wahrheitsfindung also aus eigenen Interessen heraus zu verzö-
gern. Große PR-Krisen sind ausgedehnte Dramen: Fünf Akte sind
das Mindeste. Sie bieten einen Stoff, von dem das (Me-
dien-)Drama handelt. Wir finden Helden und Schurken in Haupt-
und Nebenrollen. Vor allem aber haben sie eine Dramaturgie.
Eine allzu schnelle Folge von Ereignis, Anfrage, Stellungnahme
und Aufklärung, etwa per Agenturmeldung an einem Vormittag,
vernichtet den seriellen Charakter einer Story.

Insofern ist die Erwartung des idealtypischen Journalisten an
den idealtypischen Pressesprecher funktional betrachtet nicht,
dass dieser durch eine plausible, aber langweilige Erklärung das
Sensationelle der Story vernichtet. Sie besteht vielmehr darin,
dass er in hektischer Folge sich widersprechende Halbwahrheiten
absondert, die eine hohe Dramatik der Wahrheitsrituale entfalten
lassen. Ein bei allen Journalisten stets beliebter Pressesprecher zu
sein, kann deshalb ein durchaus zweifelhaftes Kompliment ent-
halten. Widersprüche zwischen unbeholfenen Stellungnahmen
sind die Essenz des *story buildings*. Es wiederholt sich in den Medien eine quasi-forensische Situation: Der Angeklagte gerät zunehmend unter Druck, indem er sich in Widersprüche verwickelt
und die Wahrheit so Stück für Stück an den Tag kommt. Im
Lichte dieser Mediendramaturgie ist es die historische Königs-
szene, welche die Rituale beendet, jene Szene, in welcher der zer-
knirschte Nixon nach Watergate der Nation seinen Rücktritt erklärt: der tragische Held einer modernen Tragödie nach wechsel-
vollem Handeln am Ende seines unausweichlichen Schicksals –
ein Sophokles im Internet-Zeitalter.

Eine kluge kontroverse Kommunikation weist also in den
Schritten der Stellungnahme – sozusagen dem Erkenntnisfort-
schritt folgend – immer den jeweiligen Status der Erkenntnis aus

und entgeht so der Gefahr, Behauptungen aufzustellen, die schon deshalb morgen falsifiziert sein könnten, weil ihr Wahrheitsgehalt gar nicht feststellbar sein kann. Es gehören, wie gesagt, Nerven dazu, nur zu dem zu sprechen, zu dem man sprechen kann. Die Annahme, dass es zu jeder Frage eine Antwort gibt, ist ein schrecklicher Irrtum. Neben dem erkenntnistheoretischen Dilemma als prinzipiellem Tatbestand ist da auch die Aporie, die Nichtbeantwortbarkeit. Die gerne vorgetragene Behauptung, es gäbe keine dummen Fragen, mag dem Grundschullehrer ins Stammbuch geschrieben sein, damit er auch zu den weniger begabten Schülern nett ist; im politischen Rahmen ist sie bestenfalls naiv. Hier gibt es – neben dem eo ipso legitimen Frage- und Nachfrageinteresse – auch Naivität oder Niedertracht. Der Nachfragedruck – im wahrsten Sinne des Wortes – kann gleichwohl immens sein: *Können Sie ausschließen, dass...* lautet eine in diesem Zusammenhang gerne gestellte Frage.

Eindrucksvollstes Beispiel ist der so genannte negative Beweis: *„You never know that you don't know somebody, who the hell he might be, as you can never prove that you never met him, as you can never know if they come up with a picture showing you, him and Joe Sixpack on a crowded shopping mall. Next edition you'll read an exclusive interview with Joe Sixpack. You definitely don't know Joe Sixpack? Say, you listen what I said before?"* doziert ein amerikanischer Freund.

Vergleiche der Krisen-PR zum Forensischen haben ihren Charme, aber eben auch ihre Grenzen. Trotz dieser Warnung ein letztes Symbol aus der Welt *Justitias*: Verstehen sich Pressesprecher und Journalist als Verteidiger und Staatsanwalt, sind sie derart handelnde Kräfte im Weltengericht, so können sie den Leser, den Zuschauer in die Rolle des Richters versetzen. Dies ist Verfassungsauftrag einer freien Presse. Eine kritische Diskussion des hypotrophen Selbstverständnisses einiger Journalisten hätte die wissenschaftliche Publizistik zu führen; wähnen sich doch einige Standesvertreter nicht als Ankläger, die sie sein sollen, als die sie

uns willkommen sind, sondern bereits – kurzer Prozess – als
Richter. Diese Rolle kommt allerdings allein der Öffentlichkeit zu.
Der Öffentlichkeit einer aufgeklärten Gesellschaft, dem Souverän
der Verfassung, haben Ankläger wie Verteidiger zur Meinungsbildung ihre Dienste zu leisten. Der Souverän ist das Volk; er liest
Zeitung. Aber dieser Souverän ist nicht notwendig identisch mit
dem Rezensentenvotum.

Weise spricht inzwischen auch die BILD-Zeitung ihre Leser
mit dem Slogan an: *Bild Dir Deine Meinung!* Wird dieser Anspruch tatsächlich erfüllt, stimmt die Rollenverteilung von Medium und Publikum, wie sie im Begriff einer aufgeklärten Öffentlichkeit seit dem 18. Jahrhundert angelegt ist. Das ist ein aufklärerisches Schauspiel mit humanistischer Erhabenheit: kommunizieren, um die eigene Meinung zu bilden. Warum sollten an
diesem Drama nicht alle Akteure mitwirken können? Wie töricht
ist es, als Partialinteresse Diskussionen in der Allgemeinheit für
endgültig beendet erklären zu wollen, also sich in die Rolle des
absoluten Herrschers zu versetzen? Demokratische Kultur ist
Streitkultur!

Was ist nach alledem Krisen-PR? Und: Lässt sich durch Krisen-
PR verhindern, dass ein Ereignis zur Krise wird? Wenn dem so
wäre, würde es sich um ein publizistisch hochproblematisches
Verhalten handeln. Die Logik ist elementar: Wenn etwas – tatsächlich – ein Skandal ist, wäre es zweifellos ein weiterer, weit
skandalöserer Skandal, zu verhindern, dass der Skandal bekannt
wird. Krisen-PR verdiente also den schlechten Ruf als Kommunikation mit beschränkter Legitimität. Und dann wäre auch verständlich, warum es so wenige Beispiele erfolgreicher Krisen-PR
gibt. Eine Legitimität würden aber jene Versuche haben, die zu
vermeiden suchen, dass kommunikative Fehlreaktion nach und
neben dem Ereignis selbst zum Skandal wird, die Krise also lediglich Folge mangelnder kommunikativer Kompetenz wäre.

Wenn Kommunikation, wie es uns die Wissenschaft lehrt, symbolischer gesellschaftlicher Verkehr ist, könnte man die Skandale als *Verkehrsunfälle* fassen, welche das Interesse aller Passanten finden, die auf dem Trottoir stehend diskutieren: Was ist geschehen? Dann wäre PR der besonnene Rat an den vom Unfall Betroffenen, nicht in Hysterie zu verfallen, den Unfallschock zu verarbeiten und zur Aufklärung des Geschehens beizutragen. Wer kam von rechts? Wer von links? Wer hat die rote Ampel überfahren? Einfache Fragen, einfache Antworten, ein spannendes Feature. Bertolt Brecht hat eine solche Straßenszene als Symbol für die Dramatik seiner Stücke genutzt. Er verstand als zentrale Aufgabe seiner Dramen, das Publikum ans Nachdenken zu bringen. Bloße Empörung oder bloße Begeisterung schienen ihm bei weitem zu wenig: eine richtungsweisende Einstellung.

Schöne Neue Medienwelt:
Plädoyer gegen eine Deregulierung der Publizistik

„Speak softly and
carry a big stick."
Theodore Roosevelt

Ein sehr bekannter moderner Philosoph (Peter Sloterdijk) hat jüngst Journalisten, die einen seiner Vorträge kritisierten, mit den Gänsen auf dem Kapitol des alten Rom verglichen, die dereinst die Stadt mit heftigem Schnattern vor den Galliern gerettet hatten. *Das kapitolinische Geflügel, das funktional in unserer Presse weiter lebt, hat das Recht, Fehlalarme auszulösen, ohne geschlachtet zu werden. Das ist schon gut so. Lieber ein paar Mal zu oft schnattern als einmal zu wenig.* Nachdem sich der zürnende Philosoph zunächst so ausgewogen eingelassen hat, nimmt er sich seinen Rezensenten zur Brust: *Sie rauschen daher wie eine gefiederte Entrüstungsdiva, die ständig nach der Publikumsreaktion giert. Worin besteht für die Öffentlichkeit der Nutzen einer Sologans, die ihre Wahnsinnsarie abschnattert, während weit und breit kein Gallier zu sehen ist?* Oder wollen *Sie sagen,* knurrt der Philosoph dem Journalisten entgegen, *was ein Gallier ist, das bestimmt die Gans, die vor ihm warnt?* Und dann wirft er Publizisten und PR-Manager in ein Grab: *Beide seien der Tod der redlichen Kritik und nur noch Erregungsproduzenten auf dem eng gewordenen Markt der Aufmerksamkeitsquoten. Sie bieten ihre Dienste immer unverhohlener an: entweder als Publicity-Macher oder als Skandalisten, was strukturell dasselbe ist.*

Haben PR und Journalismus derart harsche Vorwürfe der zeitgenössischen Philosophie verdient? Vielleicht schieben wir die Frage einfach beiseite, so wie es die ZEIT getan hat: Was der Philosoph *„denke, interessiert unten auf der Straße und oben in den Wipfeln der Konzerne kein Schwein",* so das Zitat. Ein so kräftiges proletarisches Wort in einem so umsichtigen bildungsbürgerlichen

Blatt nährt den Verdacht, dass der Philosoph mit seiner Schelte gegen die *Erregungsproduzenten* in Presse und PR so falsch nicht lag. Getroffen und versenkt?

Szenenwechsel. Zurück zum banalen Leben. Ein junger Mensch, dem Beruf noch Berufung sein soll, schlägt die Stellenanzeigen der WELT auf und stürzt in tiefes Nachdenken. Seine Phantasie schweift ab. Bilder der Nutztierhaltung, des Tankstellengeschäfts, der Gänse auf dem Kapitol und aus Goethes Faust durchschweifen sein verwirrtes Hirn. Sollte man nicht – etwa aus Effizienzgründen – die gegenspielenden Rollen von Mephisto und Faust einfach zusammenlegen? *Zwei Seelen, ach, sind in einer Brust!* Die *eierlegende Wollmilchsau*, jener sprichwörtliche Vielfachnutzenträger, geht ihm durch den Kopf. An der Tankstelle heißt so etwas *MPD* – multi product dispenser: eine wunderbare Erfindung, man muss halt nur die richtige Pistole erwischen; wer freilich Super braucht und Superdiesel tankt, bleibt liegen. Die antike Rhetorik nannte das Oxymoron, ein Wortgebilde, in dem sich gegensätzliche Begriffe vereinen. Eine solche bittersüße Erfahrung macht er gerade, der junge Mensch, eine Stellenanzeige lesend, über der die Berufsbezeichnung *PR-Journalist* steht. PR-Journalist: Was ist das? Beides in einem? Die römische Gans geklont mit dem gallischen Fuchs? Eine *eierlegende Wollmilchsau*, die Super wie Diesel anbietet?

Ein renommierter SPIEGEL-Redakteur hat einmal davon gesprochen, dass der Niedergang des Journalismus daran zu erkennen sei, dass er nicht diskutiert würde, und seinen Kollegen dazu geraten, etwas publizistisch Achtbares auf die Beine zu stellen, statt zu versuchen, die PR-Leute arbeitslos zu machen. Public Relations und Publizistik werden in der Perspektive des *investigativen Journalismus* als gegenläufige Aufgaben verstanden. In dieser berufsethischen Auffassung steht das eine im manipulativen Interesse eines Auftraggebers, ist also bewirtschaftete interessengeleitete Kommunikation, während das andere ein nur der Wahr-

heit und dem Allgemeinwohl verpflichtetes Verfassungsinstitut
ist, die Vierte Gewalt. Beides soll nun, wenn der junge Mensch
der Stellenanzeige glauben sollte, in einer Person zu vereinen
sein, in dem Frankensteingeschöpf des *PR-Journalisten*. Die kapitolinische Gans ist zugleich PR-Fuchs. Oder tarnt sich der Fuchs
als Gans?

Für den leitenden Redakteur einer überregionalen Tageszeitung, der den Ruf des publizistisch besonders Untadeligen genießt, ist der *PR-Journalist* tatsächlich ein Homunkulus. Er wehrt
sich gegen die Auffassung, dass jedweder, der Geschichten zu erzählen habe, in einen Topf gehöre. Der Journalist sei Richter über
den Weltenlauf und der PR-Manager allzu oft nur der Verteidiger
eines verzweifelten Angeklagten. Die Rollen von Strafverteidiger
und Richter könne man in einer Demokratie ja wohl nicht mi-
schen. Jungen Journalisten gefällt diese Auffassung, weil sie viel
für das eigene Selbstbewusstsein tut: Wer möchte nicht gerne den
Daumen heben und senken über die Guten oder Bösen dieser
Welt? Nachdenklicher wird die Volontärsschar, wenn sie aus
gleicher Autorität erfährt, dass dies aber nur für die Printmedien
gelte. Die elektronischen Medien trieben einen albernen Jahrmarkt der Eitelkeiten. Eigentlich gäbe es so gute Journalisten, so
erfahren sie, auch nur bei einigen überregionalen Tageszeitungen
und ein, zwei Magazinen. Im Boulevardjournalismus sei dies
ausgeschlossen und erst recht im Reisejournalismus. Und ob der
Lokaljournalismus sich zur Vierten Gewalt entfalten könne, da
müsse man doch Zweifel haben. Unser Inserate lesender Journalist in spe fürchtet so, ein Leben lang vom Pulitzerpreis und seinem Watergate zu träumen und doch als Witzeredakteur der BÄ-
CKERBLUME zu enden. Oder soll er, statt die kapitolinischen Gänse
zu hüten, nicht lieber gleich für die Gallier arbeiten? Vielleicht
sind dies aber keine sich ausschließenden Alternativen mehr.
Viele Kritiker unserer Medienentwicklung finden allerdings, dass
es die Grenzen zwischen Gans und Fuchs immer weniger gibt.

Die Medienwelt nahm eine rasante Entwicklung. Fortschritt ist das. Neue Freiheit. Kantisch ist nicht nur zu fragen: *Frei wovon?* Es ist auch zu fragen: *Frei wozu?* Satellitenschüsseln saugen 20, 30, 40 Fernsehkanäle ins Wohnzimmer. Ein zur Couchkartoffel mutierter Zuschauer zappt sich durch den wippenden Finger auf seiner Fernbedienung durch die allzu bunte Welt. Es sind nicht nur alberne Seifenopern und peinliche Talkshows. Er sieht BBC WORLD, er sieht CNN, er sieht BLOOMBERG. Die Informationsflut überschwemmt ihn. Bei BLOOMBERGs Fernsehbild mit seinen 5, 6, 7 gleichzeitigen News-Reels ist man nicht einmal mehr sicher, ob es sich noch um Fernsehen handelt, so hoch ist dort die Komplexität. In der schönen neuen Medienwelt erreicht den Rezipienten nicht nur Trash-TV, wie öffentlich-rechtliche Kritiker gerne betulich suggerieren möchten, sondern auch schnellere, vielleicht sogar bessere Information – unter dem Strich jedenfalls eine gewaltige Menge. Die Entwicklung, die N-TV in den letzten Jahren genommen hat, ist dafür ein Beleg.

Ein Gegenbild zum Rezipienten Marke *zappende Couchkartoffel* ist der *kontemplative FAZ-Leser*. Der redaktionelle Standard des Blattes scheint diese Vermutung zu rechtfertigen. Als Leser denken wir uns hier einen abwägend im Ohrensessel einer Mahagoni-Bibliothek sitzenden Weltenbürger, der sich durch ein Blatt führen lässt, das neben aller Umfänglichkeit oder Ausführlichkeit und Vollständigkeit zwei Grundregeln beachtet. Zum Ersten das Trennungsgebot von Redaktion und Werbung: Schon Umbruch und Layout signalisieren ganz unzweideutig, was das eine und was das andere ist. Hier spricht die Redaktion, erhaben und mit publizistischer Verantwortung, dort hat, dem Verleger sei es gegönnt, der Werbetreibende schnöderweise das Wort. Die Trennung dieser Welten muss nicht nur im Prinzip gegeben sein, sie muss für den Leser jederzeit erfahrbar sein. Das zweite Trennungsgebot ist prekärer, nämlich das von Meldung und Kommentar. Auch diese Welten werden geschieden. Hier wird be-

richtet, dort bewertet und gewertet: hier Fakten, dort Meinung –
eine Positivismuskritik, nämlich die Frage, was denn nun ein Fak-
tum im Gegensatz zu einer Meinung sei, kann hier ausgespart
bleiben.

Nachdem vorstehend zwei Bilder des typischen Rezipienten –
das der *zappenden Couchkartoffel* und das des *kontemplativen Ohren-
sessellesers* – skizziert wurden, könnten nun beiden Rezipienten-
typen als Ausdruck unterschiedlicher Kulturformen verstanden
werden. Die zappende Couchkartoffel erlebt, während sie Chips
vertilgt und Sirup trinkt, eine radikale Kompilationskultur. Im
Unisono der vierzig Kanäle und der tausend Programmformate
ist alles und jedes vermischbar. Alles und jedes ist Thema. Alles
und jedes kann gezeigt werden. Alles und jedes ist denkbar. Verglichen damit, wird im Ohrensessel der Bibliothek bei starkem
Kaffee und klarem Kopf eine Disjunktionskultur erlebt. Nicht
alles ist Thema, schon gar nicht ist alles vermischbar.

Es könnte sogar sein, dass zwischen diesen beiden Kulturen
völlig andere Prioritäten des Faktischen herrschen, also unterschiedliche Vorstellungen von Wirklichkeit gelten. So kann in der
Kompilationskultur der Schönen Neuen Medien das Bauchnabel-
piercing der blonden Sekretärin des ruchlosen Ministers, die möglicherweise – wenn man seiner Nachbarin glauben darf – seine
Freundin ist, zu vorderster Priorität und unschlagbarem Ruhm
gelangen, während in der Disjunktionskultur des Ohrensessels
diese Dinge gar nicht berührt werden. Andere dagegen lösen Be-
geisterungsstürme auf der Leserbriefseite aus, etwa die Frage, ob
nicht das Abendland untergehe, ob nicht die deutsche Kultur ver-
falle, wo doch die deutsche Sprache aufgegeben werde, wo man
der neuen deutschen Rechtschreibung nach jetzt Schifffahrt mit
drei „f" schreiben dürfe.

Beide Welten müssen nicht weiter beschrieben werden: Sie
sind so präsent, dass einerseits über die Brave New World apo-
strophiert und andererseits mit mildem Spott über die Weltsicht

aus der Mahagoni-Bibliothek räsoniert werden kann. Mit den *hässlichen alten Regeln* sind die publizistisch hinreichend abgehandelten *Trennungsgebote* von *Redaktion und Werbung* wie von *Meldung und Kommentar* gemeint. Soweit also wahrlich nichts Neues.

Dies alles aus dem Mund eines PR-Mannes und Kommunikationsmanagers zu hören, mag vielleicht verwundern, zumal, wenn die Publizistik seit zwanzig Jahren mit gewissem Recht PR als die vorsätzliche Umgehung dieser beiden Trennungsgebote definiert. Wenn PR auch von Werbung zu unterscheiden ist, so ist sie der klassischen Theorie nach doch als der nachhaltigste Beeinflussungsversuch ökonomischer Partialinteressen auf die so genannte freie Presse mit dem Ziel, seine Botschaften – quasiredaktionell – in das redaktionelle Feld einzuschleusen. Dementsprechend wird PR klassisch auch als der Versuch, aus Meinung – hier interessengeleiteter, nicht-journalistischer Meinung – eine Meldung zu machen, definiert.

Nun könnte man erwarten, dass sich ein Kommunikationsmanager kritisch über den Berufsstand der PR-Manager äußert. Hier aber geht es um ein journalistisches Thema. So soll denn auch der gegenläufige Prozess weiter beleuchtet werden. Zu sprechen ist hier also nicht von der Beeinflussung, die PR auf Redaktionen ausübt oder ausüben könnte, der Verschiebung von PR in das redaktionelle Feld, sondern vom Vordringen von Redaktion in das Feld der PR – eine Schnittmengenbetrachtung also. Vor dem geistigen Auge lässt sich dies als Bewegung zwischen zwei Mengen vorstellen, die entweder nebeneinander stehen – also disjunkt sind – oder aber eine Schnittmenge bilden – also zur teilweisen Deckung gebracht werden. Dabei kann es naturgemäß große oder kleine Schnittmengen geben. Interessant erscheint dabei die Frage, welche Menge sich denn hier nun auf welche zubewegt: PR auf Redaktion oder Redaktion auf PR. Dazu lässt sich die These formulieren, dass sich heute sektoral – also nicht überall – eine Entwicklung der Medien findet, bei der Redaktionen zunehmend auf das Feld von PR drängen.

Zunächst ein einfaches Beispiel der Vermischung von Information und Unterhaltung – neudeutsch *Infotainment*. Die Konkurrenzanalyse eines Wochenmagazins hatte folgendes Untersuchungsdesign: Einer ausgewählten Zahl von Abonnenten wurden
das neueste Heft, ein Heft der Vorwoche und ein sechs Monate
altes Heft vorgelegt, um mit den üblichen Finessen der Sozialempirie herauszufinden, welches nun das alte Heft sei. Hierzu
waren über die Hälfte der befragten Leser nicht in der Lage. Auch
wenn dieser Fall auf wettbewerblichen Motiven beruht, so wirft
dies doch zwei Fragen auf: Kann ein solcher zeitlicher Abstand
zwischen Referenzzeitpunkt und Rezeptionsdatum noch als *Aktualität* gefasst und hier die Charakterisierung *Nachrichtenmagazin*
aufrechterhalten werden? Oder liegt eine andere Art von Nachrichten vor? Letzteres scheint der Fall zu sein. Dies wäre ein publizistisch schwerwiegender Befund. Dabei ist dies nicht als Kritik
gemeint, denn es ist ja überhaupt nicht einzusehen, wieso die
klassische Tageszeitung das Maß aller Dinge und die LLOYD'S
LIST bis ans Ende aller Tage als Paradigma von Nachrichtenberichterstattung gelten sollten. Was ist schon die reputierlich
kleine Auflage von LLOYD'S LIST gegen die unverschämt hohe
Auflage eines Boulevardblattes wie der SUN. Können Leser irren?
Können Kunden irren? Ist der Ohrensessel in der Bibliothek noch
ein repräsentativer Ort der Mediennutzung? Es muss sich jedenfalls im *Infotainment* um eine qualitativ andere Definition von
Nachricht handeln.

Die textliche Verarbeitung von Nachrichten – so die traditionelle Vorstellung – ist der Textsorte *Bericht* vorbehalten. Schon
der Schulunterricht lehrt den Unterschied zur *Erlebniserzählung*.
In schier endloser Propädeutik unterscheidet die Germanistik *den
expositorischen Text* vom *fiktionalen Text*; zwischen beiden sollen

Welten liegen. Alle diese Unterscheidungen fegt das Feature vom Tisch, wie zwei Textproben zeigen.

Text 1: „Der Verwaltungsrat trat heute zu einer Sitzung zusammen."

Text 2: „Nervös ist er eigentlich immer, diesmal war es aber besonders schlimm. Ich dachte noch, mein Gott, der ist ja puterrot. Konrad Wiedenfels ist ein gestandener Pförtner. In dreißig Dienstjahren hat er viel erlebt. Aber was er an diesem Freitag mit eigenen Augen sah, lässt ihn doch nicht mehr los. Immer wieder muss er daran denken, wie der Verwaltungsratsvorsitzende vor ihm stand und ihm ein vermeintlich harmloses Guten Morgen entgegenbrachte. Der verzweifelte Versuch, Normalität vorzutäuschen, konnte den 68jährigen Vater und Großvater aus Köln-Porz aber nicht in die Irre führen ..."

Das Feature gilt dabei als eine qualitativ besondere Definition von Nachrichtenberichterstattung. Seine Ausbreitung begann im Printbereich – zunächst bei Magazinen und Illustrierten, um nun wieder zur Tageszeitung zurückzukehren – und setzte sich dann im elektronischen Bereich – insbesondere im Fernsehen – als eine inzwischen durchgängige Darstellungsform fort. Im Feature erhält Meinung einen anderen erkenntnistheoretischen Status. Der klassische Kommentar weist sich selbst als subjektiv aus, im Layout und Umbruch, im argumentativen Duktus. Dies war und ist für einen gestandenen Journalisten nun wahrlich nichts Problematisches. Ausnahmen sind selten, aber lehrreich. So gelingt es nicht immer, den Unterschied zwischen einer *Tatsachenbehauptung* und einer *Meinungsäußerung* überzeugend darzulegen. Ein Beispiel.

Text 1: „Frau Müller, die sich von Herrn Müller gerade scheiden lässt, sagt, Herr Müller sei ein Schuft."

Text 2: „Herr Müller ist ein Schuft."

Standpunkt eines ungenannt bleibenden Redakteurs: Beide Texte sind identisch ... halt nur anders formuliert. Früher gehörte es schon zum kleinen 1x1 des Journalismus, diese Unterscheidung im Volontariat zu lernen.

Meinung bekommt im Feature – so das hier vorgetragene Argument – einen anderen Status: Sie weist sich nicht aus, sondern gestaltet aus der Latenz die Darstellung; sie verbirgt sich als Meinung und wandelt sich so selbst zum Faktischen.

> Text 1: „Der Vorsitzende wies im Ergebnis seiner Analyse darauf hin, dass er die Renditesituation zwar für verbessert, aber noch immer für unzureichend halte."

> Text 2: „Zum Schluss seiner weitschweifigen Rede musste er dann doch mit schweißnasser Stirn gestehen, dass die Renditesituation nicht mal seinen eigenen Ansprüchen genüge. Die Blamage war perfekt. Experten schüttelten den Kopf. Eisiges Schweigen im Saal."

Aus einer Aufforderung zu mehr Rendite wird so ein Geständnis, aus dem Ankläger der Verbrecher.

Die Glosse hat sich schon immer die Freiheit des Features genommen; sie ist eine erhabene Form des Journalismus. Für sie gilt der Freiheitsraum, den Tucholsky für die Satire definiert hat. *Was darf sie? Alles!* Aber, so muss man anfügen: *Als was wird sie wahrgenommen? Als ein fiktionaler Text.* Und weil sie als Kunst eingestuft wird und ihrem Rezipienten ihre Fiktionalität nicht verschweigt, gehört ihr die Freiheit der Kunst. In der Panfiktionalisierung, die der moderne Medienprozess gebiert, verändern sich Wahrheitsfrage und Wirklichkeitsfrage. Dies muss die Neuen Medien nicht schlecht machen, im Gegenteil. Die neue Leichtigkeit ihres Seins macht aber auch für sie die Wahrheits- und die Wirklichkeitsfrage nicht überflüssig.

Nachdem die innere Veränderung von Nachricht, Bericht und Kommentar beschrieben worden ist, abschließend zwei Anmerkungen zur verlegerischen Ambition bezüglich der Werbung. Das erste Beispiel für eine neue Schnittmenge von Werbung und Redaktion ist mittlerweile so vertraut, dass sie kaum noch als erheblich empfunden wird. So findet sich in der vermeintlich seriösen Presse der namentlich gezeichnete Beitrag eines Patentanwalts, der vor den Gefahren der Patentrechtsverletzungen warnt; seine Autorenzeile hat ein Sternchen und eine Fußnote, die Kanzlei und Ort mitteilt. Oder: Eine Unternehmensberatung veröffentlicht eine Studie zu den Segnungen eines Marktes in fernen Landen mit dem Verweis, dass man sich dort gut auskennen müsse, so wie diese Unternehmensberatung eben, die gerade diese Studie gemacht habt. Sarkastisch ausgedrückt verkündet hier Dr. Marlboro redaktionell, dass Rauchen gesund sei.

Weiteres Beispiel, diesmal aus dem Bereich der privaten elektronischen Medien: Eine Talkshow wird abgesetzt, obwohl sie der Redaktion gefällt und eine gute Quote hat – also Zuschauer findet. Sie wird abgesetzt, weil sie nach Ansicht der werbetreibenden Wirtschaft zu dieser Tageszeit die soziodemographisch *falsche*, weil für sie *uninteressante* Zielgruppe anzieht: zu alt, zu jung, zu arm oder was auch immer. Ein neues Talkshowkonzept wird von der Redaktion erwartet, das die *richtige* Zielgruppe fesselt. Nach dieser Vorgabe der Werbung entsteht nun das gewünschte Programm. Freilich: Das Trennungsgebot ist hier beachtet, aber in zynischer Umkehrung. Die Publizistik muss die Gesamtveranstaltung eigentlich als Werbung definieren. Da bekommt der Begriff *Dauerwerbesendung* einen ganz neuen Gehalt.

Warum aber sollte PR Interesse an integren und intakten publizistischen Standards haben? Warum sollte man die neue Permissivität nicht begrüßen? Dies ist doch ein freies Land: *Everyone is entitled to have his own opinion*, wie Maurice Chevalier einmal sagte. Die Antwort lässt sich in einem Chiasmus formulieren: Zwar finanziert Werbung heute mehr als die Hälfte des Mediengeschäftes, zwar beruht Redaktionsarbeit heute zu mehr als der Hälfte auf Unterstützung durch PR, aber für die intellektuelle Beurteilung des publizistischen Prozesses bleiben die Unterscheidungen von Redaktion und Werbung wie die von Meldung und

Kommentar – die hässlichen alten Regeln also – unaufhebbar. Sie
sind die Säulen, auf denen das Verfassungsgut Pressefreiheit ruht.

Fortschrittsgläubigkeit sollte sich in dieser Frage ausgespro-
chen in Grenzen halten und dies aus gutem Grund: PR ist nämlich eine Kommunikationsdisziplin, die nur in einer publizistisch
intakten Medienlandschaft funktioniert. Aus diesem Grunde
sollten PR-Leute auch nichts dagegen haben – auch wenn dies
pejorativ klingt –, gelegentlich als *Parasiten* bezeichnet zu werden,
denn bekannterweise haben Parasiten ja allergrößtes Interesse an
der Gesundheit ihres Futtertiers: Sie leben von und mit ihm! Dies
ist ein zeitgemäßes Verständnis von PR: ein Kommunikationsmanagement, das bei einem wesentlichen Teil seiner Tätigkeit auf
qualifizierte, professionelle journalistische Counterparts angewie-
sen ist, also ein originäres Interesse an intakten und integren publizistischen Standards haben muss. Eine fortschreitende Deregulierung der Publizistik kann damit gar nicht im Interesse der PR
liegen. Wenn die alten PR-Füchse dies nicht verstehen, wird man
sie nicht schlau nennen können. Und wenn die *alten Regeln* gefährdet sind, sollten die Gänse Rom wieder vor den Galliern
retten.

Der Internet-Mythos: Philosophische Anmerkungen zur Entropie kybernetischer Systeme

„Was kann ich wissen? Was soll ich tun? Was darf ich hoffen?"
Immanuel Kant, achtzehntes Jahrhundert

„Ich bin für extropisches und hypermodernes Denken. Extropie ist zunehmende
Ordnung, Information, Vitalität, Intelligenz, Wachstum. Die Postmoderne, eine
geistige Krankheit Europas, neigt zur Skepsis gegenüber Technologie. Für die
Kreise, in denen ich mich vor allem im Internet bewege, ist eine extreme Begei-
sterung für Technik charakteristisch. Wir lieben die Technik. Wie lieben die
neuesten Apparate. Wir lieben die DNA-Chips. Wir lieben die Hirnprothesen.
Wir glauben, dass das gute Dinge sind."
Max More, einundzwanzigstes Jahrhundert

Technische Errungenschaften darf man eigentlich nicht an den
Betriebsunfällen ihrer frühen Tage messen; man sollte sie in ihrer
ganzen historischen Bedeutung würdigen, also gegenüber Kin-
derkrankheiten nachsichtig sein. Ein Betriebsunfall war, was die
FRANKFURTER ALLGEMEINE ZEITUNG am 28. August 2000 aus New
York berichtete:

„An der Wall Street sind Anlegern und Journalisten jüngst einmal
mehr die Gefahren allzu schneller und kurzfristig nicht überprüfbarer
Informationen über das Internet bewusst geworden. Eine über einen
Internet-Nachrichtendienst, die Internet Wire Inc., verbreitete, ge-
fälschte Pressemitteilung des kalifornischen Herstellers von Komponenten für Glasfasertelekommunikationsnetze Emulex Corp., Costa
Mesa, hatte bis zur Aussetzung des Handels mit Emulex-Papieren an
der Technologiebörse Nasdaq zu einem Kursverlust von 60 Prozent
gesorgt. Der Marktwert von Emulex war damit in kürzester Zeit um
2,45 Milliarden Dollar gesunken. Nachdem Emulex die Nachricht
richtig stellen konnte, setzte der Handel zwar zu Kursen wieder ein,
die nur geringfügig unter dem Niveau lagen, das vor dem Informati-
ons-Betrug gegolten hatte. Doch bis dahin hatten zahlreiche Emulex-

Aktionäre ihre Aktien schon in Panik verkauft. In der vermeintlichen
Pressemitteilung hatte es geheißen, Emulex müsse seine Ergebnisse
der vergangenen zwei Jahre deutlich nach unten korrigieren, der
Vorstandsvorsitzende Paul Folino sei zurückgetreten und die amerikanische Wertpapieraufsichtsbehörde Securities and Exchange
Commission (SEC) habe eine Untersuchung der Vorgänge eingeleitet.
Zunächst wurde die ‚Nachricht' lediglich in einigen so genannten In-
ternet-Chat-Räumen aufgegriffen, in denen Anleger gegenseitig vor
allem Gerüchte kolportieren. Knapp 45 Minuten nach der ersten Veröffentlichung über Internet Wire berichtete jedoch auch die renom-
mierte Nachrichtenagentur Bloomberg von den vermeintlichen
Schwierigkeiten bei Emulex. Weitere Meldungen in Nachrichtendien-
sten sowie ein Hinweis im Wirtschaftsfernsehsender CNBC folgten.
Zwanzig Minuten lang konnte die Aktie auf Basis dieser vermeintlich
verlässlichen Informationen noch gehandelt werden, bevor die Han-
delsüberwachung der Nasdaq die Aussetzung des Handels beschloss.
Nach einiger Zeit stellte Emulex in einer tatsächlichen Pressemitteilung, in Telefongesprächen mit besorgten Anlegern und Fernsehin-
terviews dann klar, dass es sich um einen Betrug gehandelt hatte.
Unterdessen untersucht das amerikanische Bundeskriminalamt FBI
den Fall und auch die SEC ist nun tatsächlich, allerdings anders als in
der gefälschten Pressemitteilung angekündigt, mit einer Emulex-
Untersuchung befasst."

Soweit zu einem Betriebsunfall in den frühen Zeiten der Internet-
Revolution, als diese noch, wie alle Revolutionen, Neigungen hatte, ihre Kinder zu fressen.

Eines fernen Tages werden solche Kinderkrankheiten über-
wunden sein. Sollte es dann dem inzwischen pensionierten Internetpionier aus einer der legendären Garagen im Silicon Valley
gegeben sein, sein Wirken in einen menschheitsgeschichtlichen
Zusammenhang zu stellen, so würde er in seinem epochemachen-
den Buch von den grauen Vorzeiten reden, dem *Homo sapiens* als
Jäger und Sammler, von der *Old Economy*, die auf kaltes Eisen
schlug, von den bäuerlichen und mechanischen Vorzeiten und
dann vom Informationszeitalter, dem Goldenen. Er würde sich

rühmen, die Gutenberg-Galaxie verlassen zu haben, denn zwischen den dunklen Kapiteln der Menschheit und dem immer helleren läge für ihn als eigentlicher Held des Neuen nicht Gutenberg, sondern der Morsepionier Marconi. Nicht der Buchdruck wäre ihm das Medium der aufgeklärten Menschheit, sondern Funk, Fernsehen, Computer.

Die Sonne des wirklichen Fortschritts wäre ihm erst aufgegangen, als das tintenklecksende Säkulum Tinte und Kiel, Blei und Schwärze, schließlich auch Wort, Satz und Diskurs beiseite legte und die alten Weltbilder zu Mosaiken zerschlug, deren Steinchen nun im virtuellen Raum jedermann bewundern durfte. Die Rohstoffe des Lebens wären ihm nicht mehr Arbeit, also profane Energieumwandlung, sondern Informationen, deren Vernetzung. Mit der technischen Revolution käme jetzt bald, so hoffte der Autobiograph, der politische Fortschritt. Die *volonté générale* des Jean-Jacques Rousseau, das Prinzip der wahren Demokratie, fände in der *volonté de tous* der jedermann überall zugänglichen *Chatrooms* des Internets ihre Verwirklichung.

Die Menschheit bestünde in der Vollendung des elektronischen Zeitalters endlich nicht mehr aus Mägen und Muskeln, sondern aus global vernetzten Hirnen. Sie wäre endlich nicht mehr schweißtriefender Körper, sondern ganz Kopf, von allen irdischen Fesseln befreit – die reine Virtualität in den virtuellen Räumen eines virtuellen Netzes. Der Hegel'sche Weltgeist hätte im World Wide Web zu sich selbst gefunden. Und die von der Internet-Revolution geschaffenen Kinder der neuen Zeit bangen nicht mehr um ihre Existenz. Die bangeste Frage, die sie einander stellen könnten, wäre: „*Bist du schon drin?*" Und ist man endlich drin, wird man alles lesen können, alles schreiben, alles kaufen, alles verkaufen und sogar unter Pseudonymen der aufregendsten Art mit anderen Pseudonymen Kurzmitteilungen gänzlich unzensiert und blitzschnell austauschen.

Und so habe er, der Internetpionier, die Menschheit von den kommunikativen Fesseln befreit, die sie trug, als sie noch im sumerischen Ton ritzte, babylonische Steine beschlug, griechischen Sängern lauschte, römische Tuschezeichner mit riesigen Papyrusrollen über die Alpen ritten, die Schwarze Kunst der beweglichen Bleilettern Schwärzröcke in Schrecken versetzte. Kurz: Das World Wide Web habe die Vorgeschichte der Menschheit beendet.

Während unser Internetpionier diesen hymnischen Text im Zwei-Finger-Suchsystem in seine Tastatur klappert, schauen ihm aus dem Himmel mittelalterliche Mönche zu, die ihr karges Leben mit dem unermüdlichen und kunstvollen Kopieren von Manuskripten verbracht hatten, und verstehen die Welt nicht mehr. Einst hatte an die Pforte ihres entlegenen Klosters mit seiner gut behüteten Bibliothek der gelehrte William von Baskerville geklopft, nachdem er Monate auf einem Esel über die verschneiten Alpen geritten war, um an den fünften Band des Aristoteles zu gelangen, und hatte in der Suche nach jenem Buch beinahe sein Leben vertan. Den Engeln, die im Himmel auf den obligatorischen Wolken sitzen und mit dem obligatorischen Frohlocken beschäftigt sind, schaudert vor der Hybris dieser neuen Zeiten, und sie raunen sich die bange Frage zu: „Ist das Internet überhaupt gottgefällig?" Petrus weiß die Kontroverse zwischen jenen, die jubeln, dass das Martyrium des Bücherkopierens beendet sei, und jenen, die den fünften Band des Aristoteles auf immer verborgen sehen möchten, nicht zu schlichten. Die Engel drohen die Fassung zu verlieren. Himmelhoch jauchzend – zu Tode betrübt.

Technikgeschichte ist, wenn ihre Evolution springt, immer ambivalent. Schon die Seele des Erfinders selbst schwankt zwischen dem Alptraum der Vergeblichkeit all seiner Mühen einerseits und dem Wahn andererseits, dass sein Ding die Welt verändern werde. Solche Befindlichkeiten des Einzelnen sind in ihrer Wechselhaftigkeit den leichten oder schweren Massenhysterien nicht fremd, die die frühe Rezeptionsgeschichte technischer Innovationen immer begleiten. Es wächst im Laufe der Geschichte lediglich die Größe des Publikums dieser Wechselspiele. Dass es recht war, den Giordano Bruno zu verbrennen und Galileo Galilei abschwören zu lassen, darin war die Inquisition ihrer Zeit nicht zu erschüttern.

Aber ob die Erde eine Scheibe und das Zentrum aller Welten sei, war da auch noch keine Frage, die die Marktplätze erreicht hatte. Die Internet-Revolution wird nicht von einsamen Gelehrten betrieben, sondern von einem gigantischen globalen Gewerbe. Das allgegenwärtige Rauschen im Blätterwald ist begleitet von Milliardengeschäften. Eine schwankende Altarlampe in Italien, ein Fernglas aus Holland, eine kühne Berechnung in England – das ließ die rebellischen Geister jener Zeit zunächst nur flüstern. Lauter wurde es durch die Schwarze Kunst des Gutenberg und die Bibel in deutscher Sprache in jedermanns Hand, und dann mit LLOYD'S LIST – der ersten Tageszeitung aus Londons City. Aber auch das waren noch kleine Milieus – in ihrer sozialen Abgeschlossenheit stand die Hanse dem Klerus um nichts nach.

Richtig laut, auch an entlegenen Orten der Stille, wurde es erst durch den Telegraphen des Italieners Moroni, durch die Emanzipation des Rundfunks aus seinen militärischen Kindertagen, durch den Rotationsdruck, das Fernsehen, die Handys und, jetzt, das World Wide Web des Internets. Das Informationszeitalter ist da! Die Feuilletons fallen in Nachdenklichkeit – die *Soap operas* boomen. Wir vergnügen uns zu Tode, fürchtet der eine. Die Menschheit hat jetzt alles Wissen überall für jedermann, jubelt der andere. Vielleicht ist solche Ambivalenz der Treibstoff, der jeden Mythos neuer Technik beflügelt. Schon in den Kindertagen der Industrialisierung hielten sich Maschinenstürmerei und Jules Verne'scher Fortschrittsglaube die Waage.

Die Dampfmaschine, das James Watt zugeschriebene Wundermittel, Feuer in Kraft umzusetzen, ist, obwohl dem Prinzip nach eigentlich von jedem Teekessel vertraut, der technische Katalysator der Mechanisierungs- und Elektrifizierungsrevolution, die wir emphatisch Neuzeit nennen, und damit das Ende des „natürlichen" Lebens, der bäuerlichen und handwerklichen Idylle. Mit der Dampfmaschine wurde unerschöpflich scheinende Nahrung für den Energiehunger des Maschinenzeitalters zugänglich; sie schuf sich die von ihr zu verzehrende Energie selbst. Die Dampfmaschine erlaubte erstmals gewaltige Pumpen im Steinkohlenbergbau, eine bergmännische Wasserhaltung, die Tiefbergbau in hohen Teufen ermöglichte, und damit die gewaltigen Mengen an Kohle, Koks und Erz zur Verfügung stellte, die die Industrialisierung befeuerten. Weil die Dampfmaschine auf Gleisen in Gestalt der furiosen Lokomotiven so hohe Popularität erlangt, wird oft vergessen, dass mit dem Einsatz der Wasserpumpen im Steinkohlebergbau das entscheidende energetische Tor der Industrialisierung aufgeschlossen wurde. Der bäuerliche Nebenerwerbsbergbau wird mechanisiert, zur eigenen Industrie und so zur Energie- und Rohstoffbasis der Stahl-und-Eisen-Revolution. Dann erst und damit kommt die Eisenbahn. Öl, die fossile Schwester der Kohle, wird später die individuelle Mobilität und damit das Autozeitalter eröffnen. Öl, Gas und Kohle in Strom gewandelt eröffnen schließlich das elektrische, und dann das elektronische Zeitalter. Alles Leihgaben aus des Feuers Macht – alles Hinweise auf den Zweiten Hauptsatz der Thermodynamik, der von der Entropie dieser sonnenbeschienenen und mondkalten Welt handelt. Es mag ein europäisches Denken sein, das entropische der Old Economy, dem man die New Economy, zweifellos ein amerikanischer Traum, entgegenstellen kann, die sich nun extropisch entwickelt.

Aber auch die Geschichte der großen amerikanischen Vermögen beginnt mit der dampfenden Eisenbahn und der Telegraphie, und damit die eigentliche Geschichte der einzigen verbliebenen Weltmacht des 21. Jahrhunderts. Der Schwung ist ungebrochen. Die alten Imperien, jene vor der Industrialisierung, hatten nicht mehr verstanden, als Segeltuch in den Wind zu halten, hölzerne Nachen zu lenken unter imperialer portugiesischer, spanischer und englischer Flagge – immer beinahe eine Beute von Wasser und Wind, und dagegen halfen dann auch nicht Pfeffersack und Schwert. Da ging das neue, industrialisierte Imperium der neuen Welt anders zur Sache. Moderne Weltmächte bereisen die Welt, mächtige Mächte greifen nach der Tiefe der See und nach dem Himmel. Peter Boenisch textete bei der Mondlandung den legendären Titel: *„Jetzt ist der Mond ein Ami!"*

Die Bedeutung der Verbrennungsmaschinen auf Schienen, Straßen, im Wasser und in der Luft kommt nicht von ungefähr. Sie bieten eine neue Dimension der Mobilität. Technikgeschichtlich ist dieses die Zähmung des Feuers. Menschen lernen, des Feuers Macht zu nutzen, eine Säkularisierung und Vervielfältigung der Sonne, aus deren galaktischer Diktatur sie sich als Erdenwürmer befreien. Auch alle Stromanwendungen, selbst die der kleinen Ströme in den Computern, sind fossile Derivate, die insofern fundamental nichts anderes als Sonnenderivate sind. Die Neuzeit ist technikarchäologisch die beginnende Emanzipation des Irdischen von der fundamentalen Sonnenabhängigkeit.

Mythisch, das heißt für das Erleben der Menschen, ihr Sehnen und Streben, ist dies zugleich der immer rasender werdende Kampf des Menschen um individuelle Mobilität, und das ist der Kampf gegen das Hier und Jetzt seiner Existenz. Seine Verhaftung in Raum und Zeit, am Ort und in der Gegenwart ist es, was den Menschen, vielleicht auch das Tier, vom Baum und allemal vom Felsen unterscheidet, nämlich sein Bedürfnis nach nichtzweckgebundener Mobilität in Raum und Zeit. Selbst der Himmel, obwohl putativ Ort höherer Autorität, bleibt dem reisewütigen Menschen nicht verschlossen, wie oft sich auch die Ikarus-Erfahrung wiederholen mag. Eichen mögen nicht spazieren gehen; sie sind, wo sie sind, und recken sich zur Sonne. Und auch Tiere, sie mögen nomadisch Nahrung suchen, unternehmen, auch

wenn sie dabei Kontinente oder Weltmeere durchstreifen, keine
Reisen. Zu reisen ist Menschenprivileg – wie das Spielen, auch
das kann nur er. Dem Hier und Jetzt entflieht der Mensch durch
Arbeit, und, dies ist nicht zu vergessen, durch Spiel. Beide sind
ordnungsstiftende Aneignungen des natürlichen und des gesellschaftlichen Raumes.

Natürlich wird dieser Wille des Ordnens durch die Gutenberg'sche Revolution des 15. Jahrhunderts und die daraus folgende Massen-Alphabetisierung und die Sozialisierung des Buches
beflügelt. Die Dampfmaschine ist aber im Wortsinn das Vehikel
der industriellen Neuzeit. Deshalb begleiten sie Fortschrittshoff-
nung und Aufklärungswille. Zugleich ist aber das Wort des In-
dianerhäuptlings überliefert, nach dem die Lokomotiven viel zu
schnell fahren, als dass die Seele noch mitkommen könne. See-
lenlose Technik ist den erschreckten Zeitgenossen eine Technik,
die entseelt. Und dieses Häuptlingswort, authentisch oder nicht,
finden wir deshalb oft zitiert. Es ist von der gleichen Sorge getragen, die auch unsere frohlockenden Mönche an der Gottgefälligkeit des Internets zweifeln lässt.

Der Topos der seelenlosen Technik beruht auf der Annahme
einer anthropophilen Technik, jener, die dem Menschenge-
schlecht (gerade noch) angemessen sei, und einer neuen, die eben
diesen Bezirk verlasse. Es ist evident, dass es sich dabei um eine
historisch-spezifische Angst handelt. Die wachsgeklebten Flügel
des Ikarus waren dereinst anthropophob, und die Kernenergie ist
es in Deutschland wohl auch. Ob die Gentechnik jene Grenzen
definitiv überschreitet, darum geht eine Debatte unserer Tage.
Dabei wird der Schöpfungsbegriff der jüdisch-christlichen Religion bemüht: Der göttliche Imperativ „Machet euch die Erde un-
tertan" finde dort Grenzen, wo der Mensch in die Schöpfung
selbst eingreife, also die böseste aller Blasphemien vornehme. So
ethisch absolut diese Kategorien, so historisch sind die Grenzen,
die sie jeweils legitimieren sollen. Alle Anwendungen des fossilen

Feuers gelten heute als menschengemäß. Die Entfesselung des nuklearen Feuers hat sich nicht vom Verdacht des Frevels befreien können. Der technische Eingriff in die Erbanlagen des Menschen ist (noch) eindeutig illegitim – jedenfalls außerhalb der wissenschaftlichen Nutzung, die ja dem (unterstellten) Prinzip der Wertfreiheit unterliege; aber das ist, wie Kipling sagt, eine andere Geschichte. Wir haben es passim mit dem Paradigma von Frevel wider die Natur, also von Hybris zu tun, das die sozialen und kulturellen Folgen von neuen Techniken zu fassen sucht.

Hybris ist seit der Antike, später allemal in den calvinistischen Religionen, die Unheil provozierende Überschreitung jener Grenzen, die dem Menschen gesetzt sind. Es ist die Missachtung des Gebotes der Gottgefälligkeit des menschlichen Handelns. Der Warnung vor fehlender Demut liegt die in Goethes Zauberlehrling exemplifizierte Angst zugrunde: *„Was, wenn man die Geister, die man rief, nicht wieder los wird?"*

Die daraus folgende Amplitude zwischen Fortschrittseuphorie und Apokalypse ist weniger sozialpsychologisch als philosophisch interessant, nämlich in der impliziten Annahme einer der Natur des Menschen angemessenen Technik. Da dies hier nicht die physische Seite, sondern die psychische, genauer die moralische Natur des Menschen meinen muss, ist ferner evident, dass es sich bei anthropophiler Technik um ein extrem ideologisches Konstrukt handeln muss. Die ideologische Sprengkraft der Vorstellung von einer „angemessenen Technik" muss als noch größer gelten, wenn man nicht nur von einer an den Menschen angepassten Technik ausgeht, sondern von einer ihn als Menschen befördernden Technik oder gar einer Technik, die ihn als Menschen zur Vollendung bringt. Dies alles setzt ein normatives Menschenbild voraus – natürlich in der Absicht, regulativ in die technische und gesellschaftliche Entwicklung einzugreifen, wenn sich gegen diese Festlegung des Menschlichen Verstöße oder auch nur Gefährdungen abzeichnen.

Dies allein ist schon von einer unglaublichen kulturpolitischen und gesellschaftspolitischen Virulenz. Vor allem aber enthält das Konzept die Gefahr der dialektischen Wendung: Es ist ebenso nahe liegend, das Prinzip der Wünschbarkeit umzukehren, also aus der anthropophilen Technik den gewünschten Menschen zu definieren und in dieser Vorstellung in seine Natur einzugreifen. Wer nur die Schlagzeilen über die Zukunft der Gentechnik verfolgt, wird sich der Ernsthaftigkeit dieses Gedankens nicht entziehen können.

Dass das Internet sich den ihm, dem Internet, gemäßen User zu schaffen sucht, mag noch nicht als problematisch erkannt sein. In der Qualität mögen sich die jeweiligen aktuellen Fälle aus der Informationstechnologie oder der Gentechnik möglicherweise unterscheiden. Wir haben es aber immer mit einer Häresiekultur zu tun und dem daraus folgenden Inquisitionswillen. Wenn die Menschheit und ihre Maschinen in der Lage sind, die Schöpfung zu revidieren oder die Evolution selbst zu betreiben und dazu auch eine gesellschaftliche Bereitschaft entsteht, wird die Frage des Zieles relevant: Wohin soll diese Sozial- und/oder Humantechnologie führen? Auf diesem Fragekomplex liegen schwerste Tabus einerseits und die leichtfertigste Ignoranz der technokratischen Hypermoderne gegenüber moralischen Diskursen andererseits. Wohin sollen die Spielchen mit dem technisch Möglichen führen?

Man wird finden, dass die dümmste Antwort darauf die ist, dass dies in der inhärenten Logik des technischen Prinzips selbst liege und sich schon von dort beantworte; man müsse halt nur deregulieren und den Dingen ihren Lauf lassen. Und man wird finden, dass der Internet-Mythos genau diese Antwort, die dümmste aller möglichen, zu geben bereit ist. Die humanistisch geprägte Annahme, dass so naiv niemand sein könnte, sieht sich bald und vielfältig getäuscht, wenn man die Internet-Euphorie auslotet, die ihre Anhänger so beseelt.

Während die Publizistik sich traditionell für die Inhalte von Kommunikation interessiert hat, lebt der Internet-Mythos aus der technischen Faszination des neuen Mediums, aus dem riesigen Horizont neuer Möglichkeiten. Und das, wir kommen zum Punkt, hat auch in der Publizistik eine identifizierbare Tradition. Dass das Medium selbst die eigentliche Nachricht sei, dieser Satz hat mit Marshall McLuhan seit den siebziger Jahren die „Toronto School of Communications" berühmt gemacht. Heute greift der österreichische Publizist Frank Hartmann diese Schule wieder auf und referiert begeistert die Medienarchäologie des McLuhan-Kollegen Harold A. Innis. Dieser gründet seine Einblicke in die Zivilisationsentwicklung auf nicht weniger oder, wenn man so will, nicht mehr als die Materialität der jeweiligen Leitmedien. Ton, Stein, Papyrus, Pergament, Papier erscheinen ihm als technische Dispositive der kulturellen Evolution. Der Gedanke lässt sich eindrucksvoll bebildern; folgt man ihm, gibt es Jahrhunderte, in denen vornehmlich Stein, also Architektur, der Herrschaftsrepräsentanz diente. Erst mit der Druckerpresse verliere die Architektur ihr Bildungsmonopol. So erscheint die sumerische Kultur im Lichte des Tons, Babylon als Stein-Zeit, Griechenland findet Stärke in der mündlichen Überlieferung blinder Sänger, das römische Reich stand auf den Säulen der Papyrusrollen.

Wie jeder Reduktionismus hat dieses Konzept den unvergleichlichen Charme der einfachen, aber universalen Idee. Die Erlösungsleistung einfacher Erklärungen ist uneinholbar. Man kennt die eingängige Melodie schon aus dem Materialismus vergangener Jahrhunderte: Der Mensch ist, was er isst. Kommunikation ist das Medium, eben dieses ist die Physik des Datenträgers. Das Netz ist das Netz.

Man bewahre sich jedoch vor dem spontanen Gefühl, dass solch elementarer Materialismus keine Konjunktur mehr haben könne. Die Internet-Euphorie führt ihre Frühlingstänze auf eben dieser Bühne auf. Der Torontoer Ansatz beruht auf der Hoffnung, die soziale Wirklichkeit der Kommunikation, also die Kultur, aus der technischen Disposition des Mediums extrapolieren zu können. Die Internet-Euphorie nährt sich also wie der Alkoholiker aus seinem Gin aus der technischen Virtualität, diese wird zum Ursprung aller Bewertungen: Je größer das mögliche Mögliche, desto größer die Hoffnung auf das alsbald Wirkliche. Die mit dem Internet mögliche globale Netzstruktur wird als tatsächliche kulturelle Vernetzung gedacht und erfüllt damit Menschheitsträume der Allgegenwart allen Wissens. Es ist wegen der aktuellen Popularität dieser Technikeuphorie nicht nötig, erneut alle ihre Blütenträume aufzublättern.

Als prinzipielles Phänomen ist solche Euphorie ohnehin nicht neu, sondern ein konstitutiver Bestandteil von Technikgeschichte. In den Kindertagen der zivilen Nutzung der Kernenergie wurde die Erwartung gefeiert, dass Strom durch die nukleare Erzeugung so billig werde, dass es sich nicht mehr lohne, Stromzähler zu installieren. Nach der Versteigerung der UMTS-Lizenzen für einen dreistelligen Milliardenbetrag war in den Zeitungen zu lesen, dass das Telefonieren wohl bald kostenlos sei. Die Welt werde man in achtzig Tagen umrunden können, lautete eine frühere Hochstimmung. Der Film, vor allem in der Montagetechnik des Avantgardisten Eisenstein, werde die Völker der Welt wachrütteln und vom Sozialismus überzeugen. Mit dem WAP-Handy beginnt das Säkulum der völligen Mobilität, der professionellen Nichtsesshaftigkeit, der totalen Freiheit. Das Netz ist das Netz ist das Netz.

Bescheidenheit ist den Internetbefürwortern in ihrer World-Wide-Web-Kultur keine Zier. Eine neue Informationsökonomie sorge dafür, dass Wertschöpfung nicht mehr durch Arbeit und Güterproduktion, sondern durch Informationsbewegung dargestellt werde: *New Economy*.

Aber es ist eben nicht nur der enorme Umsatz an Hard- und Software des Gewerbes, der zu neuen Ufern führt. Auch die Philosophiegeschichte bricht. Eigentlich, wären sie nur mutiger, fänden die Euphoriker einen epochalen Bruch, einen galaktischen. So schwärmt der Internetapologet Frank Hermann in der Torontoer Tradition: „McLuhan war nicht ohne gute Gründe überzeugt davon, dass das logisch-lineare Weltbild und damit das cartesianische Projekt an sein Ende gelangt sei." René Descartes' Unterscheidung zwischen der *„res extensa"* und der *„res cogitans"* falle als die Differenzierung von der mechanischen Gesetzen gehorchenden Materie und dem Bewusstsein eines rationalen Geistes, erläutert der Kremser Publizist den kanadischen Urvater. „Das Maschinendenken wird durch eine neue Organizität abgelöst, die Prozesse der Mechanisierung durch die der Automation, Linearität durch kybernetische Schleifen." Die Philosophie sei wie die Naturwissenschaften dem typographischen Zeitalter, der „Gutenberg-Galaxie", verhaftet und stehe nun am Ende. Das heilsbringende Paradigma der neuen Epoche wird in der Entfaltung der kybernetischen Systeme gesehen. Freilich wird das Vokabular aus Kybernetik und Systemtheorie mit einem gewaltigen politischen Pathos beladen. Aus der Autoreferentialität von Systemen wird Eigenveredelung. Selbstregulierende Systeme regulieren sich selbst und sich untereinander und so reguliert sich die Welt. Die alten Imperien der Philosophie fallen auch, die Newton'sche Physik gleich mit.

Da staunt der Belesene: Mit der Widerlegung Descartes' fällt die gesamte Philosophie durch kybernetische Schleifen ins Nirgendwo? Aus dem Jenseits hören wir ein herzhaftes Lachen eines einsamen Königsberger Spaziergängers, des sonst so ernsten Immanuel Kant, des Titans des Denkens über das Denken. Hatte er doch in seinen Vorlesungen die Frage, was man wissen könne und was man tun solle, also die Prinzipien der reinen und der praktischen Vernunft, schon hinreichend erläutert.

Kant muss sich heute, dass wollen wir als seine Nachfahren eingestehen, der Erkenntnis stellen, dass seine Nachhaltigkeit nicht bis in die Internet-Intelligenz reicht. Die Annahme der Internet-Euphoriker, dass „mit Einsteins Relativitätstheorie die bisherige Grundlage einer philosophischen Erkenntnistheorie an Relevanz" verliere, nämlich das cartesianische Prinzip, ist eine Groteske. Die frohlockenden Mönche unterbrechen das Frohlokken und diskurieren von Heisenberg bis Einstein und zurück – und sie sind sich sicher: Nichts finden wir in der modernen Physik, dass den Königsberger erschüttern könnte. Im Gegenteil ist hier in der Philosophie die Tür aufgeschlagen, durch die die Technikwissenschaften und die Kulturwissenschaften als Ganze erst noch gehen müssen.

Warum so viel Geschichtsklitterung in den Hymnen auf die neue Zeit? Nicht die neue Technik beflügelt, sondern die mit ihr verbündenden Träume. Der Internet-Mythos ist zu einem guten Teil die Wiedergeburt der Aufklärung des 18. Jahrhunderts – nunmehr als Mensch-Maschine-Symbiose in der Hypermoderne des 21. Jahrhunderts. Die Aufklärungsillusion, die jetzt mit den kybernetischen Systemen verbunden wird, hat heute wie vor 300 Jahren soziale Hoffnungen. Die Hypermoderne denkt ihre Vision in diesen Konzepten des 18. Jahrhunderts. Was damals, so könnte man verdichtend sagen, den fortschrittlichen bürgerlichen Intellektuellen das Nationaltheater war, ist einigen heute das World Wide Web. Das Ende einer Expertenkultur wird beschworen, weil die herkömmlichen Mediatoren, also Journalisten und Verleger, ihre Funktion verlören. Es ist, als sollte die bürgerliche Öffentlichkeit den feudalen Zensor nochmals schlagen. Diese publizistische Deregulierung wird als Befreiung und Bereicherung gewertet. Die alte Gesellschaft des *„Broadcasting"* werde durch das *„Networking"* einer Informationsgesellschaft so abgelöst, wie das Interpretationsmonopol der Heiligen Römischen Kirche durch den Protestantismus. Man findet bis in die Tonlage hinein erneut den Lessing'schen oder Luther'schen Überschwang.

Freilich steht die neuere Aufklärungsillusion auf einem schmaleren Grat als die Aufklärung des 18. Jahrhunderts: Denn in der neuen Wissenskultur soll sich, so als sei dies ein ganz besonderer Triumph, das technische Prinzip des Internets entfalten, und zwar zur Verwirklichung des Menschheitstraums der Freiheit, Gleichheit, Brüderlichkeit. Die kybernetischen Systeme selbst erschaffen die neue Welt der (beinahe) endlosen Virtualitäten, der (beinahe) endgültigen Korrektur des Schöpfungsaktes. Die Frage, ob dies gottgefällig sei, ist von ernsterem Gehalt, als die traditionelle Wortwahl es nahe legt. Es geht nicht nur um das Ängstigen vor neuen Zeiten, hier wirft sich der technische Gestaltungswillen in den Abgrund einer ideologisch dubiosen Heilserwartung. Denn die Hybris liegt in der selbstverständlichen Annahme einer Extropie des World Wide Web und damit der kybernetischen Systeme.

Bisher haben wir die Welt immer als Entropie gedacht: als etwas von uns zu Ordnendes, das sich, bei nachlassender Ordnungstätigkeit, sprich fehlender Arbeit, eben dieser Ordnung wieder entzieht. Die Verantwortung des politischen Menschen sei es, fanden wir, die Menschen der alten Welt, sich aus seiner ethischen Selbstverfassung gegen den Gang der Natur zu stellen und sie zu gestalten. Darum baut er Häuser, Schulen, Parlamente. Der Mensch stemmt sich, dies ist sein Leben, gegen die Entropie der Welt und bezeichnet eben dies als Kultur. Jetzt soll er „internetminded" sein, und die Dinge richten sich?

Max Weber hat alles zum Nachteil einer Gesinnungsethik und zum Vorteil einer Verantwortungsethik gesagt. Der an Hegel angelehnte Glauben an die im Prinzip vernünftige Weltgeschichte ist, wer wollte das bedauern, aufgegeben. Der Sinn des Weltgeschehens extrapoliert sich für die geläuterte Moderne „vor dem Internet" nicht mehr in einem teleologischen Prozess aus dem Geschehen selbst, sondern muss diesem stets aufs Neue aufgezwungen werden. Menschsein definiert sich für Weber darin,

„dass wir Kulturmenschen sind, begabt mit der Fähigkeit und dem Willen, bewusst zur Welt Stellung zu nehmen und ihr einen Sinn zu verleihen". Der Welt Sinn zu verleihen, ist etwas gänzlich anderes, als in ihr einen Sinn oder gar den Sinn zu suchen. Dabei denkt Max Weber Wirklichkeit durchaus nicht in einer monolithischen und monokausalen Form, wie sie die Internet-Visionäre dem mechanischen Zeitalter zuschreiben. Wirklichkeit ist ihm eine „schlechthin unendliche Mannigfaltigkeit von nach- und nebeneinander auftauchenden und vergehenden Vorgängen." Wir finden – ebenso wie die schon zitierten frohlockenden Mönche im Himmel – in den modernen Naturwissenschaften nichts, was diesen Wirklichkeitsbegriff sprengte. „In dieses Chaos bringt nur der Umstand Ordnung, dass in jedem Fall nur ein Teil der individuellen Wirklichkeit für uns Interesse und Bedeutung hat, weil nur er in Bezug steht zu den Kulturwertideen, mit welchen wir an die Wirklichkeit herantreten." Heinz Dieter Kittsteiner, dem diese Hinweise auf die Aktualität Webers zu verdanken sind, fasst dessen Position so zusammen: „Geschichtliche Wirklichkeit hat keinen immanenten Sinn, sie ist ein Chaos, das geordnet werden muss. Die Ausgangspunkte der wissenschaftlichen Ordnung sind Kulturwertideen, sie bestimmen unsere Fragestellungen, sie bestimmen, was uns wertvoll erscheint, sie bestimmen ebenfalls, wie weit sich der Forscher in die Unendlichkeit der Kausalzusammenhänge hineinbegibt." Sie sind, so muss man den Internet-Visionären zurufen, nicht im technischen Prinzip, auch dem noch so fortschrittlichen, vorgegeben und bedürften nur der Entfaltung – im Gegenteil konstituieren sie selbst das technische Prinzip und unsere Auffassung von seiner Nutzung. Deshalb bedarf es des philosophischen Diskurses über die Kulturwertideen und der politischen Verantwortung ihrer Umsetzung.

Eine technokratische Gesinnungsethik aber auch noch als Agens der Zukunft selbst, als Siegeszug eines universellen technischen Konzeptes zu feiern, erscheint danach wenigstens als bodenlose intellektuelle Naivität. Sie liegt im Fundamentalismus ihres Selbstverständnisses nahe bei fanatischen Ersatzreligionen und damit, Fortschrittsgläubigkeit hin oder her, in grauer, grauer Vorzeit.

Dem ideologischen Prinzip dieser Deregulierung werden beispielsweise die ordnungspolitischen Errungenschaften einer „freien Presse" geopfert. Die Deregulierung rührt an die Selbstentleibung von Instituten der Verfassung, allemal der Pressefreiheit. Dass das Internet ein Megamedium jenseits jeder publizistischen Verantwortung, also eine nicht-redaktionelle Form der Veröffentlichung ist, die sich jeder Quellenidentität entledigt, muss nachdenklich stimmen. Dies schafft eine Anarchie der Information, aus der es unter Umständen kein Zurück gibt – jedenfalls nicht für jeden und nicht jederzeit. Hier liegt die Verführung, die die Internet-Euphorie der Generation surfender Kids antut: den wirren Blick in das Kaleidoskop als Weltläufigkeit erscheinen zu lassen, die schnell verfügbare Vielfalt als enzyklopädisch, das viele Virtuelle als das ganz Wahre. Das Internet birgt so viel Wahrheit, wie sie ein gebildeter Mensch in ihm zu finden weiß.

Ein Medium ist, wenn man es in der einfachen Metaphorik des Handwerks beschreibt, ein Werkzeug – die Arbeit liegt in seiner Benutzung und die Kunst in ihrem Ergebnis. Ein Hammer vermag aus sich weder schlau noch gut zu sein. Die implizite Intelligenz des Internets ist lediglich kumulativer Natur. Es verwaltet Datenspeicher, zu einem großen Teil die Texte der „alten" Medien, es fügt neue hinzu, die gänzlich unterschiedlicher Herkunft sein können, und erzeugt durch Verknüpfungen neue Kontexte, die die alten tilgen. Die Euphoriker sprechen vom Übergang der Texte zur Textualität zur Hypertextualität.

Freilich hat dies nichts von einer Vertextung, in der wir einen Autoren identifizierbar und verantwortend an Quellen arbeiten sehen, die in seinem Werk zu einem neuen Œuvre aufsteigen.

Eine „*storage mania*", die Faszination des Speicherumfangs, wenn
nicht der Sammelwahn, den wir ansonsten nur von zwangs-
neurotischen Hobbyisten kennen, zeichnet die eigentliche Qualität des Internets aus. Das ist technik- und wissenschaftsge-
schichtlich nicht eben wenig. Tatsächlich hat sich die raum-
zeitliche Verfügung von Information dramatisch und qualitativ
signifikant verändert. Verborgene Folianten in verschlossenen
Bibliotheken gehören zur mittelalterlichen Elitekultur. Durch die
geringen Kosten der elektronischen Verfügbarkeit löst sich die
soziale Beschränkung von Wissen zugleich mit der räumlichen
auf. Weder provinzielle Bezirke noch soziale Exklusivitäten bleiben bestehen – die Verfügbarkeit von Information globalisiert
und sozialisiert sich. Damit erfüllen sich viele Hoffnungen, die im
19. Jahrhundert mit der Volksbildungspolitik verbunden worden
sind. Allein dieses lässt es auch nach einer Abwägung der Werbe-
sprüche der Branche angemessen erscheinen, von einer Internet-
Revolution zu sprechen.

Die Freude darüber, dass die Verfügbarkeit ins beinahe Uner-
lässliche gestiegen ist, muss aber durch den Hinweis getrübt
werden, dass Wissen nicht hinreichend durch den raum-
zeitlichen Informationszugang begründet ist. Prinzipielle Verfügbarkeit vieler Daten, aller Daten, ist nicht schon Erkenntnis und
Beratung. Wäre dem so, würde schon immer der Brockhaus im
Regal den Besitzer zum Intellektuellen gemacht haben. Zu unterscheiden ist die notwendige und die hinreichende Bedingung von
Bildung. Die Enzyklopädisten des 19. Jahrhunderts haben uns die
Freude an vielen Informationen gelehrt; Bilder entstehen aus den
Puzzle-Steinchen freilich erst, wenn man sie richtig zusammen-
zulegen weiß. Wissen ist doch wohl auch die Fähigkeit, in Zu-
sammenhängen zu denken, Prioritäten zu setzen und bewusste
Auswahl vorzunehmen. Wissen ist eben auch, einen Fokus auf
etwas richten und vor allem ignorieren und vergessen zu können.
Der ohnehin überfütterte, also überinformierte Idiot wird nicht

klüger, indem man ihm weitere Würste vor die Nase hält. Im
Kontext der heutigen „*E-Competence*" ist nur noch schwer nach-
zuvollziehen, welchen Widerwillen das 18. und 19. Jahrhundert
beim Begriff der „Halbbildung" empfunden hat.

Wirklich notwendig zu entwickeln ist – nach der so dramatisch
gesenkten Verfügbarkeitsschwelle von Informationen – die qualitativ gesteuerte Selektion. Das Stichwortprinzip ist eine recht
unbeholfene Krücke. Die innere Ordnung des Mediums Internet
ist die einer gigantischen Briefmarkensammlung, nicht mehr. Da
ein sehr großer Teil der hierüber greifbaren Informationen nicht
redaktionell verantwortet ist und das technische Prinzip der klassischen Unterscheidung von Original und Kopie aufgehoben ist,
entsteht eine prinzipielle Quellenindifferenz aller Internet-
Informationen.

Ein solcher Befund mag die in bunten Reigen surfenden Kids
kalt lassen, für den Historiker und den Publizisten ist er von ex-
tremer Bedeutung. Das Medium Internet egalisiert Informationen
höchst unterschiedlicher Provenienz unter Vernichtung der beim
Papier durch das publizistische Ordnungssystem gegebenen
Quellenidentifikation, selbst die beim Papier zumindest haptisch
noch zu erahnende Herkunft verschwindet. Es ist nicht nur die
Kopie so gut wie das Original – die Unterscheidung selbst fällt.
Alles ist im virtuellen nur noch (anonymes) Original, weil alles
nur noch Kopie der Kopie der Kopie ist. Der Horizont möglicher
Fälschungen, die diese Welt bietet, wird von der Fangemeinde
noch nicht einmal erahnt. Gelegentliche Episoden mit spielerischen Viren sind nur die Spitze dieses Eisberges; sie sind tatsächlich als Liebesbriefe (I-love-you-Virus) nur Vorboten viel grimmi-
gerer Post.

Zahlreiche Faktoren machen das Medium Internet zum idealen
Nährboden gezielter Manipulation. Das Kriterium der Authentizität ist technisch aufgehoben. Das Kriterium der Nachhaltigkeit
ist in einer unkontrollierbaren Flüchtigkeit verschwunden. Die

egalisierte Oberfläche tilgt jede Spur von Kontext und von Ursprung; sie atomisiert die Informationen zu einer detextualisier-
ten Pseudoautonomie, die die Bewertung von Texten im Extrem-
fall unmöglich macht. Man wird von Fälschungen bald nicht
mehr reden können, da dies die Existenz des verifizierbaren Ori-
ginals voraussetzt. Die Kommunikationssituation ist prinzipiell
asynchron, wenn nicht sogar asynchron und anonym. Deshalb
sind die klassischen Insignien der Authentizität wie Schrift, Un-
terschrift, Impressum beliebig simulierbar.

Die gelobte Münze der Vernetzung schließlich zeigt auf ihrer
Kehrseite das hässliche Antlitz der extremen Anfälligkeit für Epi-
demien – nicht nur der spielerischen Zerstörung durch Hackervi-
ren, sondern in den nächsten Generationen auch der inhaltlichen
Bearbeitung von allen Beständen, sprich der irreversiblen Trans-
formation. In diesem Kontext der publizistischen Anarchie, der
ubiquitären Manipulation, hört man den Volontär auf die kritische Frage, wo er dieses oder jenes her habe, mit besonderem
Stolz die modernste und damit höchste Autorität zitieren: „Aus
dem Internet!" Na, dann ist ja alles bestens!

Das wissenschaftliche Verständnis kybernetischer Systeme
muss allein aus historischen Gründen geringer sein als das ther-
modynamischer oder elektrodynamischer. Die Frühzeit einer
neuen Technik ist immer durch technische Entwicklung, das
„How-to-do" bestimmt. Deshalb steht die kritische Forschung über
die Grenzen der neuen Technik und ihre nicht abzusehenen Folgen noch bevor. Die kindliche Euphorie der mausklickenden Pu-
blizistikprofessoren steuert ihrer Pubertät erst entgegen.

So viel ist freilich seit den Kindertagen der Kybernetik klar:
Die prinzipielle Steuerbarkeit von Systemen nimmt mit dem Grad
der Komplexität nicht nur ab, sondern erreicht einen Scheitel-
punkt, an dem sie sich rasch aufzulösen beginnt. Es gibt immer
einen Punkt der einsetzenden Divergenz von Regelungsaufwand
auf der einen Seite und Komplexität der Regelstrecke auf der an-

deren. Jede weitere Steigerung des Regelungsaufwandes kompliziert das Gesamtsystem stärker, als die zusätzlichen Effekte auf der Regelstrecke kompensieren können. Mit der Überschreitung dieses Scheitelpunktes der kybernetischen Sinuskurve setzt eine rasante Talfahrt zurück ins Chaos ein. Am Schicksal der Zentralverwaltungswirtschaften in Mittel- und Osteuropa ließe sich dieses ebenso zeigen wie an den Selbstorganisationen der westdeutschen Hochschulen.

Die erste gravierende Erschütterung hat das geordnete physikalische Weltbild der Moderne durch Heisenbergs Unschärfe-Effekt erfahren. Die Folgen der Zwangslagen seiner Quantenmechanik scheinen noch nicht ausdiskutiert. In den Naturwissenschaften, bei denen man immer die klarsten Vorstellungen von Ursache und Wirkung vermutete, muss ein „schwacher" Kausalbegriff Anwendung finden – selbst dort! Es schwächt sich wissenschaftshistorisch das Leitbild der auf wunderbare Weise einfachen und eindeutig gefügten Welt. Die Systemtheorie der Geisteswissenschaften musste sich anschließend der schwachen Kausalität stellen.

Die nächste populär gewordene Erschütterung ist deshalb die Chaostheorie, die eigentlich eine Strukturmodelltheorie am ungewöhnlichen Gegenstand ist – sie muss sich Zuständen nähern, deren Dynamik einer Nichtlinearität gehorchen. Dabei kann sie nicht umhin, ein deterministisches Weltbild zu revidieren. Die Systemtheorie hat einen Teil des Läuterungsprozesses, den die Internet-Euphoriker noch vor sich haben, in der Chaostheorie vollzogen. Die Vorstellung, dass der Flügelschlag eines Schmetterlings in Brasilien zu einem Wirbelsturm im Mittleren Westen führen könne, hat viel Mechanisches im Denken aufgelöst und kybernetische Propädentik gelehrt.

Freilich kann man den Ausweg auch in umgekehrter Richtung, also als Flucht nach vorne proben. Der fortschrittlichen Internetgemeinde scheint dies als Königsweg. Max More flieht – beispiel-

haft für das Lager der Internet-Euphoriker – frohen Herzens aus
der europäischen Geisteskrankheit „Postmoderne" in einen amerikanischen Traum, den er als „Hypermoderne" empfindet. Hier ent-
falte sich „extropisches Denken", das einer „neuen Aufklärung"
zur Vollendung helfe. „Wenn ich über Hypermoderne oder die
neue Aufklärung spreche, dann spreche ich von Ideen, die mit
einem permanenten Fortschritt zu tun haben. Das extropische
Weltverständnis ist kein Katalog von Glaubenssätzen. Es ist keine
Ideologie. Das extropische Denken gleicht weitgehend dem humanistischen Denken." Es werden die Prinzipien der elektronischen Mensch-Maschine-Symbiose aufgeblättert: „Das erste Prinzip ist die unbegrenzte Forschung. Wer extropisch denkt, ist
davon überzeugt, dass die Welt voller Möglichkeiten ist, dass das
Universum der Erkenntnis offen steht. Wir können uns um die
Erde herumbewegen, die Erde verlassen, unser Leben verlängern,
neue Formen des Menschseins schaffen, unsere Identität verändern. Nichts ist heilig." Die Hypermoderne erweist sich schnell
als die elektronische Wiederbelebung eines Traums aus dem me-
chanischem Zeitalter, nach dem der Mensch ein Uhrwerk sei (La
Mettrie: l'homme machine). Die Vision der künstlichen Intelligenz aus den Kindertagen des Computers wird zur Hypervision
der beliebigen Schöpfung – neben der beinahe unendlichen Ver-
längerung des biologischen Lebens ist „ein weiteres Ziel die
Übertragung des menschlichen Bewusstseins vom Gehirn auf ein
anderes Medium". Man wende ein, dass Max More ein Exot sei
und die Euphorie übertreibe. Das eigentliche Problem des Internet-Mythos ist aber keine Frage das Über- oder Untertreiben, es
offenbart ein grundlegendes Paradoxon.

Die vermeintliche Extropie erweist sich als akzelerierende
Entropie. Entropie ist, weit über dem Geltungsbereich des Zweiten Hauptsatzes der Thermodynamik hinaus, auch das interne
Wirkungsgesetz von kybernetischen Systemen. Die Chaosfor-
schung hält zwar daran fest, dass gleiche Ursachen zu gleichen

Wirkungen führen. Sie hat aber in zahlreichen Fällen gefunden, dass ähnliche Ursachen nicht zu ähnlichen Wirkungen führen müssen, sondern dramatisch unterschiedliche Zustände hervorzurufen im Stande sind. Dabei wird Ähnlichkeit schon als minimale Abweichung im Ausgangsszenario definiert. Auch das gehört zum Komplexitätsproblem: Die Identitätsrelation zwischen zwei Systemen ist prinzipiell problematisch. Das Komplexitätsparadoxon kybernetischer Systeme lässt sich an einem so alltäglichen Verlangen wie der Wettervorhersage erläutern: Obwohl wir relativ gesichert annehmen dürfen, dass alle Einflussfaktoren auf das Wetter bekannt sind und die Wirkungsgesetze nicht von hoher Komplexität, wir also in der Regel in der Lage sind, bereits eingetretene Wirkungen auf bestimmte Ursachen zurückzuführen, erlauben wir uns nur sehr, sehr kurzfristige Vorhersagen.

Warum aber, erkenntnistheoretisch gefragt, kann ich das Wetter für morgen oder den Rest der Woche vorhersagen, nicht aber das in einem Monat oder einem Jahr? Warum erhöhe ich nicht den Speicherumfang an Wetterdaten aller Zeiten und Regionen und die Rechnerkapazität? Man wird dabei über die Prognosequalität bäuerlicher Spruchweisheiten hinauskommen, aber nur graduell. Warum können wir ein so einfaches System wie das Wetter nicht prognostizieren? Warum werden wir es nie, immer und überall steuern können? Ähnliche Ursachen haben nicht ähnliche Wirkungen.

Schon 1873 hat James Clerk Maxwell erkannt: „It is manifest that the existence of unstable conditions renders impossible the prediction of future events, if our knowledge of the present state is only approximate and not accurate." Dem ist hinzuzufügen, dass jeder Gegenstand von einer gewissen Komplexitätsgrenze an uns a priori nur annäherungsweise und deshalb *„not accurate"* zugänglich ist. Das physikalische Experiment versucht Herr dieser Situation durch die Versuchsanordnung zu werden, die nichts anderes ist als eine radikale Reduktion von Komplexität, nämlich

die Isolation des Phänomens aus allen Wirkungszusammen-
hängen außer den zum Zwecke des Versuches intendierten. Wes-
halb das Experiment seine Anordnung beweist, und sonst nichts.
Wie erreicht man solche Zustände im Internet, dessen Eigentlich-
keit in genau dem Gegenteil, der Entgrenzung, liegt? Wann entfalten seine Subsysteme eine Eigendynamik, wie wir sie beim
Wetter hinzunehmen gelernt haben?

Die ferne Zukunft komplexer Systeme bleibt uns prinzipiell
verschlossen – dies gilt schon unter der Voraussetzung von Linearität – bei selbstähnlichen Systemen, die uns die Mandelbrot'sche Fraktale ans Herz legt, ist ohnehin jede Teleologie des
Systems verloren. Das bedeutendste Beispiel für planerisch nicht
auszudeterminierende Systeme ist der Markt als Regulativum der
Marktwirtschaft.

Schon Adam Smith war sich in „The Wealth of Nations" des
Paradoxons der gesteuerten Nichtsteuerbarkeit bewusst: Er war
fasziniert von der „invisible hand", die den Einzelnen an ein Ziel
führe, „which was not part of his intention. By pursuing his own
interest he frequently promotes that of the society more ef-
fectually than when he really intends to promote it". Karl Marx
hat in seinem „Kapital" noch im gleichen Staunen gefunden: „Sie
wissen es nicht, aber sie tun es." Der Markt ist uns Exempel für
die Unsteuerbarkeit eines Steuerungsinstrumentes (durch den
Einzelnen, aber auch den Staat) und zugleich die hervorragende
Steuerleistung über alles durch das Unsteuerbare.

Alle Versuche der Wirtschaftspolitik, durch die Volks- und
Betriebswirtschaftslehre die Wirkungsgesetze des Marktes einzu-
holen, sind verdienstvoll und hilfreich. Daraus sind viele grundsätzliche Erkenntnisse über allgemeine Wirkungszusammenhänge entstanden, aber sie sind nie dazu angetan, langfristig das
System auszudeterminieren. Das durchgängige Scheitern der
Zentralverwaltungswirtschaften beweist unsere Argumentation
ex negativo: Geschaffen im Motiv, das Chaos des kapitalistischen

Schweinezyklus durch planerisches Handeln zu ersetzen, nahmen die Zentralverwaltungswirtschaften die Absurdität der Kafkaesken Bürokratie an. Nicht einmal die gleichmäßige Verteilung der Armut gelang ihnen zum Schluss.

Die explodierende Speicherfähigkeit des Internets und die daraus resultierende Verfügbarkeit von Informationen, also der heutige Stand des Netzes, führt vielleicht noch nicht in die Komplexitätsfalle, da es sich bei Netzaufbau bisher nur um einen kumulativen Vorgang handelt. Die dabei relevante Verbesserung hat noch keine Sprünge im Sinne selbstregulierender Systeme. Der heute erreichte evolutionäre Sprung liegt in der Verkürzung von Bearbeitungszeit. Da wir nicht ewig leben und schnell klüger werden wollen, wichtig genug.

Höhere Anforderungen und eine neue Stufe der technischen Evolution lägen in Selektion und Kommutation, auch wenn die Kriterien für Selektion und Kommutation nicht durch bloßes Stichwort definiert, also semantisch komplex oder multikausal sind. Wir sind heute ohne weiteres in der Lage, aus der Nachrichtenflut des Reuters-Dienstes uns jede Meldung, in der das Wort Benzin oder Aral vorkommt, aufscheinen zu lassen. Wir sind bereit, darüber hinwegzusehen, dass dabei auch der Wasserstand des Aral-Sees durch unser Selektionsmuster fällt. Eine Aufgabenstellung wie: „Bitte melde mir alle kursrelevanten Vorgänge für die Titel meines Portfolios!" stellt schon höhere Anforderungen, die gleichwohl zu einem Teil erfüllt werden können, da es noch immer um digitalisierbare Vorgänge der Selektion und Kommutation geht. Grundgesetz ist dabei aber, dass Bekanntes wiederholt werden kann und Unbekanntes wie Unerkanntes in der *Black Box* verbleibt oder sich durch Zufall dem Gebildeten offenbart. Das ist ja immer so: Wir sehen eigentlich nur, was wir prinzipiell schon kennen. Wir finden eigentlich nur, was wir prinzipiell schon wissen. Neue, revolutionär neue und intellektu-

ell komplexe Erkenntnisse oder Vorgänge werden wir nie der
Selbstregulation eines kybernetischen Systems entwachsen sehen.

Das Internet ersetzt den Bibliothekar des Philosophen, nicht
den Philosophen. Es handelt sich bei allen heterogenen Bewer-
tungsvorgängen, die dort so schnell und so systematisch möglich
sind, in Wirklichkeit um Mensch-Maschine-Symbiosen, bei der
dem Nutzer des Internets die Fähigkeit zur intellektuellen Bewertung zugemutet wird. Der Verdacht, dass das Internet den
Dummen dümmer und den Schlauen schlauer macht, ist vielleicht nicht ganz richtig, aber sicher auch nicht ganz falsch.

Das Netz steigert die raum-zeitliche Verfügbarkeit beliebiger
Daten, es stiftet aber keine intellektuelle Ordnung, die wir traditionell als das Prinzip „Bildung" beschreiben. Max Weber hat auf
die orientierende Bedeutung von Kulturwertideen und das Prinzip der politischen Verantwortung verwiesen. Kybernetisch geht
es dabei um wissensregulative Kompetenz, die von einer Meta-
Reglerebene auf das System angewendet werden kann, aber nicht
aus der Regelstrecke selbst generiert wird. Deren Vielfalt ist nur
dem Hellen erhellend; eine Sehnsucht nach Vielfalt im Sinne der
Zerstreuung, dem Universalprinzip der Unterhaltungsindustrie,
ist ohne Willen zur Belehrung, Sehnsucht nach dem Chaos, in
dem man sich verlieren kann, ohne der peinlichen Pflicht des
Denkens und Entscheidens nachgehen zu müssen. In ihrer Speicherfähigkeit beinahe unendliche kybernetische Systeme begeistern ihre euphorischen Nutzer mit der Illusion einer sehr großen, vermeintlich unendlichen, deshalb qualitativ neuen Extropie.
Sie tendieren aber in neuen, ungeahnten quantitativen Dimensionen zur Entropie, deren intellektuelle Orientierungslosigkeit der
Wissensarmut früherer Zeiten nicht nachsteht. Wir werden uns
selbst weiter fragen müssen: Was kann ich wissen? Was soll ich
tun? Was darf ich hoffen?

Von Kennedy und Blair lernen: Wie wird aus Berlin Camelot? Die politische Welt der Spindoctors

„Suaviter in modo,
fortiter in re."

Bescheidenheit ist eine Zier – nur in Berlin sagt man: Aber weiter kommt man ohne ihr. Mag es eine Bürgertugend sein, sich in Redlichkeit und Demut zu üben, so sind in jener politischen Welt der Spindoctors eben dies die Insignien des Unterganges. Dort gilt das Motto von Hans Albers: „Nur Schufte sind bescheiden."

Es geht nicht um Parteipolitik. Es geht um publizistische Grundsatzthemen. Ich nenne die Triade Kennedy, Blair und Schröder, doch statt des Demokraten Kennedy hätte ich durchaus auch den Republikaner Reagan aufnehmen können, also einen Politiker aus dem konservativen Lager der amerikanischen Politik. Ronald Reagan, der als gelernter Schauspieler zunächst Westernhelden, dann den Repräsentanten der Schauspielergewerkschaft, dann den Präsidenten gab, ist in vielem Vorbild, was heute als besondere Raffinesse der politischen PR gilt. Auch im aktuellen deutschen Kontext finden wir hoch interessante Versuche um Florettkämpfe und Säbelrasseln. Die Welt der Spindoctors hat zunächst einmal nichts mit rechts oder links zu tun, auch nichts mit den Kategorien konservativ, liberal oder sozialdemokratisch. Es geht nicht um diese oder jene Parteipolitik, sondern um die Welt des Politischen generell, und zwar insoweit sie sich dem Wähler darstellt, sprich: Es geht um Grundmechanismen des politischen PR.

Es ist die Welt der Emphase. Emphatisch, also überschwänglich, wird in dieser Welt nicht gesprochen, weil es eine andauernde Hochstimmung, ein durchgängiges Hochgefühl gäbe, das wegen des Übermaßes an Emotionen Ausdruck in emphatischer Rede suchte. Da läuft niemandem das Herz über. Diese Emphase hat

Grund, Zweck, Richtung und Wirkung. Vor allem hat sie eine
sehr klare Absicht, die sie sehr geschickt verbirgt.

Der BILD-Zeitung ist es zu danken, aus einem (für meine Begriffe) herzergreifend belanglosen, jedenfalls nicht gerade intellektuell erhellenden, bayerischen Fußballspieler namens Beckenbauer ein Wesen geschaffen zu haben, das sie selbst *Kaiser Franz*
nennt. Die Geläufigkeit dieses Titels und die jüngsten Kampagnen mittels Vorwürfen der Drogenabhängigkeit, jener Daum-
Fall des DFB, verstellen vielleicht etwas den Blick darauf, wie
ungewöhnlich er ist, vor allem aber welch kühner kommunikativer Prozess der Kaiserkrönung zugrunde liegt. Emphasen
sind immer dreist. In einem demokratisch verfassten Gemein-
wesen, einer Republik jemanden zum absoluten Monarchen aus-
zurufen – und dann auch noch mit dem Namen Franz – das ist,
wenn nicht schlicht eine Konterrevolution, so doch ein eindrucksvolles Beispiel für einen völligen Mangel an Demut und
Bescheidenheit – und diese Welt der Emphase schreckt auch vor
den schlimmsten Vergehen nicht zurück. Sie scheut nicht einmal
Blasphemie. Wissend, dass die Zehn Gebote eindeutig verlangen,
dass man keine Götter neben dem Einen haben soll, nannte sie
einen, für meine Begriffe etwas schmierigen, untersetzten Süd-
amerikaner „*Fußballgott*". Inzwischen sehen wir das göttliche Wesen mit beachtlichem Übergewicht und den Spuren der offenbar
berufsnotorischen Kokainsucht sowie Che-Guevara-Tätowierung
auf Kuba kuren.

Und eben dies weist auf eine zweite Eigenheit dieser Welt der
Emphase hin: Ihre Helden kommen und gehen. Das so überraschend verliehene Glück ist launisch und nie von Dauer. Es gilt
sogar das Fallgesetz des Shakespeare'schen Königsdramas: *The
higher they stand, the harder they fall.* Das Publikum ist von den
glorreichen Aufstiegen gerade deshalb so fasziniert, weil tief in
den Herzen aller die Furcht vor dem schrecklichen Abstieg schlum-
mert. Vielleicht gibt es sogar heimlich eine lüsterne Erwartung

nach dem Motto: *What goes up, must come down*. Der Hochmut steht ja, so haben wir gelernt, vor dem Fall. Dieses Denken verfolgt uns seit der Antike, seitdem wir wissen, dass der außergewöhnliche Erfolg des Irdischen den Neid und Zorn der Götter hervorrufen kann, die sodann zu furchtbaren Taten schreiten, um dem Erdenwurm zu zeigen, wo er eigentlich hingehört. Wir alle wissen in den Tiefen unserer kulturellen Erinnerung, dass es uns gehen wird wie Dädalus und Ikarus, wenn wir mit selbst gebauten Schwingen zu weit in den Himmel vorzudringen suchen. Und die Ewigkeitsschwüre des Alltags geschehen genau in diesem Bewusstsein der Vergänglichkeit und Hinfälligkeit allen menschlichen Strebens: *„Marmor, Stein und Eisen bricht, aber unsere Liebe nicht"*, singen ja vor allem jene, die sich von der ewigen Liebe bereits mehrfach überzeugt haben, also das sind, was man heute *„sequenziell monogam"* nennt.

Lassen wir an dieser Stelle das Missbehagen darüber zu, wer in diesem Vortrag alles in mehr oder weniger einem Atemzug zitiert wird. Homer, Drafi Deutscher, die Bibel, Shakespeare, die BILD-Zeitung, Kennedy und Reagan, Blair und Schröder: zugegeben ein schier unerträgliches *mixtum compositum*. – Versuchen wir es wissenschaftlicher.

Wir beschäftigen uns in den politischen PR mit der Applikation von Mythen. Mythen sind Geschichten mit sehr, sehr langen Traditionen, die sich der Emphase bedienen – emphatische Erzählungen von fiktionalen Charakteren mit ritualisierten Handlungen. Dabei gibt es zweifelsfrei qualitative Unterschiede. Sie mögen Dädalus und Ikarus wie David und Goliath wie Karl und Franz Moor für wertvolle Mythen halten. Und die ewige Liebe des werkstoffprüfenden Drafi Deutscher für einen Trivialmythos. Aber aus der Sicht des Spindoctors sind alle wirklich erfolgreichen Trivialmythen nur Aktualisierungen von dem, was die Kulturwissenschaften Fundamentalmythen nennen: die Spitze eines Eisberges, die über Wasser, also in unserer aktuellen Wahrnehmung steht, und der unter Wasser sehr tief und sehr weit in unser kulturelles Erbe reicht. Ein Beispiel: Der Vater-Sohn-Generationswechsel-Mythos ist ein solcher Fundamentalmythos, dessen trivialere Anwendung wir in der Art haben erleben dürfen, wie die Wähler mittels Gerhard Schröder den geschätzten Helmut Kohl auf das Altenteil geschickt haben. Was andere danach bei gleichem Vorgang, aber innerparteilich versucht haben, dafür gibt es auch Fundamentalmythen, etwa den des gescheiterten Vatermords. Aber das ist, wie Kipling sagt, eine andere Geschichte.

Die assoziative Kette von Trivialmythen reicht weit in unser kulturelles Erbe zurück. Und genau in diesem Sinne hat es die amerikanische Presse zur Zeit der Präsidentschaft von John F. Kennedy verstanden, das *Weiße Haus*, also ein Profangebäude wie das Kanzleramt, *Camelot* zu nennen. Ich glaube sogar, sie hat das Weiße Haus als Camelot *begriffen*. Camelot ist der sagenumwobene Sitz von König Artus und seiner Tafelrunde. Ein Mythos, der historisch so weit zurück reicht, dass die ersten Zeugnisse vor der Schriftkultur liegen. Auf der sagenumwobenen Burg Camelot saßen mit König Artus und seinen edlen Recken die Lichtgestalten jener Urzeit zusammen, die sich vorgenommen hatten, den heiligen Gral zu hüten, ein Megasymbol für das Streben des ritterlichen Menschen nach dem Edelsten seiner Welt. Welch ein Bild für das imperiale Selbstverständnis Amerikas! Und dies finden wir zehn, vierzehn Jahrhunderte später projiziert auf das Weiße Haus, in dem der junge Kennedy eine Gruppe von Beratern als Spindoctors versammelt, und seine junge Frau Künstler, Intellektuelle, Modeschöpfer, Coiffeure. Wie bereits gesagt: Emphasen sind dreist. Wenn wir uns aus heutiger Distanz jene Amtszeit eines amerikanischen Präsidenten ansehen, wohlgemerkt mit dem Hautgout der Schweinebucht, der angeblich in Mafiadiensten stehenden angeblichen Konkubine und anderer Desillusionierungen, so wird besonders deutlich, welche emphatische Dreistigkeit darin lag, das Weiße Haus als Camelot, JFK

als König Artus und seinen politischen Stab als die Ritter der Tafelrunde nicht nur zu begreifen, sondern auch dem Wähler darzustellen. Bis heute werden ganze Kapitel der JFK-Biographie mit
Camelot überschrieben, so als sei dies ein Paradigma der amerikanischen Geschichte. Die Emphase erhöht offenbar nicht die von
ihr selbst symbolisch Erhöhten, sondern darin auch jene, die an
sie glauben. Es trifft auf sie das Marx'sche Diktum vom Opium
für das Volk. Dies mag auch in der Downing Street No. 10 möglich sein – im rheinischen Bonn roch es zu sehr nach Kleinbürgerlichen für so große Entwürfe, aber jetzt haben wir ja wieder
eine Hauptstadt ... Uns schwant etwas von der Möglichkeit neuer
Götterdämmerung – republikanische Übelkeit beschleicht uns.

Camelot erläutert den Zusammenhang zwischen politischer
Emphase und der Applikation von Mythen. Der Leser mag sich
mit der Vorstellung amüsieren, das Berliner Kabinett als Tafelrunde des Königs Artus zu sehen. Zu JFK-Zeiten wäre eine solche
Aufforderung von großen Teilen der Öffentlichkeit gänzlich ironiefrei wahrgenommen worden. Ich muss mir diese Posse aus
grundsätzlichem Respekt vor dem Souverän und persönlichem
Respekt vor den handelnden Personen versagen. Das ist sie nicht
die neue Berliner Zeit – sie sollte es nicht sein.

Unerklärt ist bisher ein englisches Schlagwort der neuesten
Zeit geblieben, das des Spindoctoring. Was oder worüber spinnt
ein Spindoctor? Wir kennen den Begriff des *spin* aus dem Tennis,
im Sinne von: einer Sache einen besonderen Dreh geben. Es
schwingt in dem englischen Schlagwort des Spindoctors für eine
bestimmte Art von politischem Berater aber noch mehr mit. Das
ist nicht jedem, der es hierzulande benutzt, klar, lustigerweise
wird dieses britische Schimpfwort in Deutschland als Ehrentitel
verstanden. *„To spin a yarn"* heißt nichts anderes, als Seemannsgarn spinnen. Und wer den Doktortitel im Spindoctoring
für ein Lob gehalten hat, sozusagen *honoris causa*, muss sich mit
dem Gedanken beschäftigen, dass *„to doctor a document"* nichts

anderes heißt, als es zu fälschen. Im britischen Publizismus unserer Tage ist Spindoctoring eine Pejoration, ein Schimpfwort, das Äquivalent für eine politisch motivierte Manipulation der Medien. Aber das trifft es nicht ganz. Bei den Marxisten/Leninisten hieß dieser Komplex einmal Agitation und Propaganda, kurz Agitprop; aber auch das trifft es nicht. Man könnte ihn politische Öffentlichkeitsarbeit nennen, also das demokratisch legitime Unterfangen, den Wähler über Politik und Politiker zu informieren. Aber auch das trifft es nicht ganz. Man könnte es im Diderot'schen Sinne als Volkspädagogik begreifen, aber – wir ahnen es – auch das trifft es nicht ganz.

Wir kommen also um einen eigenen Definitionsversuch nicht umhin. Spindoctoring ist eine spezifische Ausprägung von strategischem Kommunikationsmanagement. Es hat aber recht wenig mit dem zu tun, was man früher *politische Überzeugungsarbeit* genannt hat. Es geht um etwas, das wir *handlungsauslösende Kommunikation* nennen. Die auszulösende Handlung ist, in einem ersten Angang, relativ schlicht damit zu beschreiben, dass der Wähler überhaupt zur Wahl geht und dann möglichst noch an der richtigen Stelle sein Kreuz macht. Dabei ist von entscheidendem Gewicht, was der Wähler denkt, und von untergeordnetem Gewicht, was der zu wählende Politiker denkt. Der Spindoctor fragt nach der Rezeptionsdisposition des von ihm zu mobilisierenden Wählers, nicht so sehr nach der ethischen oder weltanschaulichen Verfassung des Kandidaten. Auch auf die Gefahr hin, mich zu wiederholen: Niemand hat es so schroff und klar formuliert wie Dick Morris, einer der Spindoctors von Bill Clinton, der seinem Präsidenten in spe ins Stammbuch schrieb: *„Don't get elected for your ideas, get elected!"*

Wir merken, dass dies zunächst einmal eine relativ schnöde Sozialtechnologie ist. Und da es in der demokratischen Entscheidung des Souveräns nicht darum geht, Waschmittel oder Hamburger zu verkaufen, beschleicht uns mittlerweile ein ordnungspolitisches Störgefühl, ob das eigentlich alles so in Ordnung ist, was hier beschrieben wird. Schließlich haben wir gelernt, dass ein Politiker ein in seinem Wertgefüge unumstößlicher Charakterkopf ist, dessen unbedingte Glaubwürdigkeit und persönliche Integrität dafür steht, dass er steht, wenn er im Parlament steht, wo er nur seinem Gewissen verantwortlich ist. Und jetzt dieses: „Uns ist egal, was der Kandidat eigentlich will, solange er das sagt und verkörpert, was bei seinen Wählern dazu führt, dass sie erstens wählen gehen und zweitens möglichst ihn."

Wir haben gesagt, dass es beim Spindoctoring im Kern um handlungsauslösende Kommunikation geht. Diese Reduktion des breiten Tätigkeitsfeldes war möglich, weil wir uns auf die Wahlkämpfe als Kernaktivität bezogen haben. Appellative Kommunikation ist dem Marketing – und nicht der antiken Rhetorik – entlehnt. Das Ganze ist frei von jedwedem missionarischen Eifer. Das ideologische Prinzip bleibt sekundär. Dem Marketing ist relativ gleichgültig, was bestimmte Leute denken und fühlen, solange sie das zu bewerbende Produkt kaufen. Im Marketing wird niemand von irgendetwas überzeugt, sondern jemand zu etwas überredet, nämlich einem Kaufakt – möglichst einem Kaufakt mit Wiederholungszwang. In den primitivsten Formen der Werbung ist dieses einfach eine Sprechblase über dem Produkt mit dem Imperativ *„Kauf mich!"* In einer höheren Stufe der Werbung werden Produktvorteile ausgelobt und um Komperative wie billiger, besser, schöner oder die einschlägigen Superlative – das beste, schönste... Und der Werbeplaner fragt nach dem USP, der *unique selling proposition:* Was macht dieses Produkt aus, das es unvergleichlich macht? Es geht bei der Auslobung des USP um den Trigger-Effekt, der den Kaufimpuls auslöst. Nun ist die Entwicklung der Produktmärkte so, dass es solche Einmaligkeiten der Produkte immer seltener gibt. Wo liegt das Einmalige, das ultimativ den Kaufrausch auslösende bei irgendeinem, gar einem weiteren gekühlten Wasser mit Sirup und Coffeinzusatz? Was ist der USP eines Schuhs mit gegossener Kunststoffsohle und buntem Oberleder? Warum sind Kunden über Jahrzehnte einer Zigarette markentreu, die sie in einem Blindtest von fünf anderen Marken nicht unterscheiden können? Die Antwort ist klar: Coca-Cola, Nike und Marlboro sind hochkomplexe Trivialmythen, wir nennen das umgangssprachlich „große Marken", deren Wert vor allem in der ihnen zugrunde liegenden Kommunikation liegt. Man kommt zu ganz interessanten Zahlenbeispielen, wenn man die Börsenkapitalisierung eines Unternehmens etwa von Coca-Cola nimmt, und zu unterscheiden versucht, wieviel dieses Wertes in Fabrikmauern, Behältnissen und Sirup besteht, und wieviel in der eigentlichen Marke, also dem kulturellen oder kommunikativen Anteil. Ich lese zu Coca-Cola, Nike und Marlboro Anteile von 80 Prozent, die nur durch den Markencharakter realisiert werden.

Wenn wir eingangs davon ausgegangen sind, dass die Einheiten, die wir beschreiben, seien sie Politiker oder Turnschuhe, zunächst und mehrheitlich aus sich selbst bestehen und daneben vielleicht diesen oder jenen Ruf genießen, diesen oder jenen Mythos bemühen, so werden wir nun eines besseren belehrt. Uns beherrscht die naive Vorstellung, dass eine Marke ein Produkt mit einer gewissen Bekanntheit ist – in Wirklichkeit ist es eine Bekanntheit mit einem gewissen Produkt. Wir sind argumentativ jetzt also an einem Punkt, an dem wir von einem überwiegenden, von einem konstitutiven Anteil des Mythos reden. Und insofern ist dann die Emphase, die eingangs nur als Methode beschrieben war, plötzlich Wirklichkeit geworden. *Verba tene, rem sequentur.* Wertstiftend ist nicht der *Berufsfußballer* Beckenbauer mit einer ganz guten Presse, sondern der *Mythos* Kaiser Franz, der durch Herrn Beckenbauer dargestellt wird. Für Kaiser Franz ist Herr Beckenbauer eine notwendige, aber keineswegs eine hinreichende Bedingung. Insofern kann man allgemein sagen, dass ein Star nichts anderes ist als eine durch Medien erzeugte Emphase, ein

Trivialmythos mit einem realen Träger, nämlich der Person, auf die der Mythos appliziert wurde.

Wir haben es bei Politikern mit mindestens drei disjunkten Rollen zu tun, die man intellektuell zu scheiden hat, auch wenn es ein beliebtes Medienspiel ist, diese immer wieder miteinander zu vermischen. Seit dem aufgeklärten Absolutismus wissen wir, dass zwischen dem absoluten Monarchen auf der einen Seite und der Person des Monarchen auf der anderen ein prinzipieller Unterschied besteht, sozusagen zwischen dem politischen Körper und dem Körper der Person. Wir finden dies heute noch in der Unterscheidung zwischen dienstlichen und privaten Bezügen wieder. Der Oberkreisdirektor, der mir einen Mahnbescheid schickt, ist eine Behörde. Keinesfalls handelt es sich um einen ekelhaften Brief des Amtsinhabers, also des netten Menschen, der bei Rotary neben mir sitzt. Die Unterscheidung von politischem Körper und Körper des Politikers ist für eine vernunftgeleitete Beurteilung von Politik ganz entscheidend. Nicht nur die Privatsphäre der Politiker ist gemeint, sondern die ordnungspolitisch grundsätzliche Disjunktion.

Um ein krasses Beispiel zu nennen: Es trifft nicht zu, dass der amerikanische Präsident eine Beziehung mit einer Praktikantin hatte, – das geht überhaupt nicht, auch wenn der Calvinismus noch so tobt – allenfalls die Person des Amtsinhabers, also Herr Clinton, könnte eine solche Beziehung gehabt haben. Und selbst das interessiert mich nicht, weil mich das Privatleben von Herrn Clinton nicht zu interessieren hat. Der differenzierende Ansatz hat Weiterungen. Politologisch korrekt kann eine Amtsperson keine politische Glaubwürdigkeit haben, sondern nur seine Amtsführung. Eine persönliche Integrität muss nicht jedwede Amtsführung heilen, so wie es sein kann, dass jemand, der Äpfel gestohlen und seine Mutter belogen hat, einen Krieg verhindern konnte, also auf eine verdienstvolle Amtsführung verweisen darf.

Zudem gibt es eine dritte Identität, die die ersten beiden miteinander vermittelt, nämlich das Mythische. Man kann diesen Aspekt das Charisma eines Politikers nennen, seinen Ruf, sein Image, seinen Charakter ... All diese Bezeichnungen sind dann richtig, wenn man im Kopf behält, dass es hier um eine dritte Größe geht, die zunächst einmal ihrem Wesen nach nichts mit dem Amt und nichts mit der Person zu tun hat, sondern der auf beide angewendete emphatische Prozess ist. Frau Merkel gibt das Aschenputtel, sie muss es nicht als Person sein und nicht als Parteivorsitzende. Die Dreiteilung entspricht ungefähr der, die man umgangssprachlich zwischen dem Amt, dem Amtsinhaber als Person und dem Amtsinhaber als Politiker treffen könnte. Papa Meier und der Oberkreisdirektor und Willi Meier, der Lokalmatador. Der potentielle Amtsinhaber als Person wird zum Träger eines öffentlichen Kommunikationsprozesses, der ihn als Politiker und als potentiellen Amtsinhaber gestaltet, bei Erfolg ihm das Amt übertragen lässt, weil der Wähler vom Politiker, den die Person vorführt, so angetan ist, dass er das Amt und das Politikerimage für kompatibel hält. *„Der kann das!"* Und wenn man darauf, nur zur Verdeutlichung der Dreiteilung, das Kriterium der Glaubwürdigkeit anwendet, so haben wir gerade gesagt: Ob ein potentieller Amtsinhaber als Person glaubwürdig ist, das kann man seine Mutter, seine Frau oder seine Freundin fragen – für den politischen Prozess ist dieses relativ unerheblich. Dies ist die Frage, ob JFK mit Marilyn Monroe und so weiter. Ob ein potentieller Amtsinhaber als Politiker glaubwürdig ist, ist die Frage danach, bei wem wie lange und wie stark sein Image glaubwürdig erscheint. Dies hat mit der Glaubwürdigkeit unter eins im Zweifel überhaupt nichts zu tun.

Damit diese Bemerkung nicht allzu zynisch erscheint, möchte ich als Argument erneut anführen, dass es ohne weiteres sein kann, dass eine integere Persönlichkeit in der Politik, wie es neudeutsch heißt, *nicht rüber kommt*, also als nicht glaubwürdig erscheint. Ebenso wie es sein kann, dass jemand, der als Person nicht ganz so integer ist, große politische Glaubwürdigkeitserfolge in der Öffentlichkeit erzielt. Insofern ist der Begriff der *„Verkaufe"* fehlleitend – es geht nicht darum, dass ein Politiker *„sich"* als Person verkaufen können muss. Er muss in der Lage sein, sein Politikerimage aufzubauen und es nicht schon durch seine bloße persönliche Erscheinung zu dementieren; das ist etwas anderes.

Ob schließlich, das ist das dritte Element der Dreiteilung, eine Amtsführung, ein Amt, glaubwürdig ist, lässt sich nur aus der Amtsführung, also aus dem tatsächlich Erreichten schließen. Mit Max Weber bin ich sehr dafür, dass die politischen Dinge an der Wirkung der Taten gemessen werden, nicht an der Intensität des Images oder der privaten Selbstbefindlichkeit der Verantwortlichen. Gesinnungsethik hat diesem Land schon über alle Maßen geschadet – es braucht Verantwortungsethik. Dies ist durchaus nicht Konsens. In der TAZ verlautet der SPD-MdB Scherer – ansonsten der Solarenergie zugetan, diesmal ohne höhere Erleuchtung – dass das Spindoctoring am Ende sei und jetzt wieder authentische Gesinnung gefragt sei. Wahre Worte werden gefordert, praktizierte Ideologie, Bekennertum. Mancher atmet auf, weil dann die Welt wieder heil wäre, andere fröstelt es.

Unser eingangs empfundenes ordnungspolitisches Unbehagen ist mittlerweile vom Dorn zum Balken angewachsen. Wir fragen, warum stößt dem Wähler diese eigenartige Dreiteilung nicht unangenehm auf, zumindest das von der Person getrennte politische *role taking*. Das hängt mit einem Tatbestand zusammen, der möglicherweise historisch neu ist, also eine Folge der Mediengesellschaft, möglicherweise aber schon immer politische Prozesse ausgezeichnet hat. Meine These ist: Die Wähler nehmen politische Prozesse als fiktionale Prozesse wahr. Sie erleben Politik so, wie sie auch Kunst und Kultur, insbesondere Schauspiel erleben. Die Wähler wissen, dass dies eine andere Wirklichkeit ist – und sie wollen diese andere Wirklichkeit. Es erwartet ja niemand von dem Provinzschauspieler Oskar Müller, der am Stadttheater für Abo-Kunden den Hamlet gibt, dass er wirklich Hamlet ist. Er darf ein an die Folkwangschule verschlagener Bäckerssohn aus Münster sein und muss nicht dem dänischen Adelsgeschlecht entstammen. Und wenn die Vorstellung durch tosenden Applaus gekrönt wird, so kann dies doch nicht dadurch getrübt sein, dass Hamlet gar nicht selbst auf der Bühne war, sondern nur Oskar Müller aus Greven bei Münster als Hamlet. Und so heißt in der Politik der Imperativ an den potentiellen Amtsinhaber, an den Kandidaten: *„Gib uns den Präsidenten!"*

Zur Eigenart einer fiktionalen Rezeptionsdisposition gehört, dass der Kunstgenuss nicht dadurch beeinträchtigt ist, dass der Rezipient sich über die Fiktionalität des Vorgangs im Klaren ist. Nun mag jemand einwenden, dass dies nur für den Mann auf der Straße, ein Boulevardpublikum gelte, das sich so stark mit Hamlet identifiziere, dass es meint, er sei es selbst. Aber dem mündigen Staatsbürger, dem passiere doch eine solch kindliche Identifikation nicht. Ich halte dieses für eine böswillige Unterschätzung der Intelligenz eines jeden Zeitgenossen. Der Wähler ist intelligenter als diese Kritiker meinen. Es ist ja auch bewiesen, dass er intelligenter ist als manche Politiker meinen. Überhaupt halte ich die Annahme, das Volk sei verführbar, für eine kleinbürgerliche Attitüde. Das Bürgertum hat historisch diese Verführbarkeit mindestens ebenso stark unter Beweis gestellt.

Aber deshalb muss die These von der fiktionalen Rezeptionsdisposition noch nicht richtig sein. Es könnte jemand einwenden, dass die Wähler in der personalisierten Wahrnehmung von Politik Dinge sagen wie „Das tut der XY nicht!" und in einem anderen Fall „Das würde ich dem XY ohne weiteres zutrauen!". Solche Äußerungen sprechen ja doch für eine nichtfiktionale Rezeption von Politik, also die Annahme, dass die Wähler unserer akademischen Unterscheidung zwischen drei verschiedenen Sphären gar nicht folgen. Man würde dann meinen, dass Politik doch die Überzeugungskraft einer starken politischen Persönlichkeit braucht, und dieser Charakterkopf sodann gewählt würde. Auch dies lässt sich leicht widerlegen. Wenn nun an einem Stammtisch gesagt wird, dass man dieses oder jenes von einem bestimmten Politiker ohne weiteres erwarten könne, „weil der so ist", so ist dieses nur der sprachlichen Gestalt nach eine Aussage über die Person. Denn wir müssen uns ja vor Augen führen, dass die Person des Kandidaten unsern Stammtischbrüdern überhaupt nicht bekannt ist, folglich auch über sie, die Person, gar keine Aussage getroffen werden kann. Worüber am Stammtisch gesprochen werden kann, ist nur das mediale Rollenbild, das Image der Person als Politiker, weil in aller Regel ein anderer Zugang gar nicht vorhanden ist. Von daher heißt die Stammtischaussage „Das trau ich diesem oder jenem Politiker zu!" nichts anderes als: *Dieses entspricht als Vorgang oder Einstellung den Handlungsmustern des mythischen Konzeptes, das mir als Wähler von ihm als zu Wählendem von seiner Partei und den Medien vermittelt wurde.* Es bleibt bei der Disjunktion von drei qualitativ unterschiedlichen Sphären, die der Medienprozess funktional verknüpft hat, die sich widerspruchsfrei zueinander verhalten sollten, aber mehr eben nicht.

Brechen wir mit den politiktaktischen Überlegungen an dieser Stelle ab, und tun dies mit einem einzigen Hinweis: Wenn all das, was bisher gesagt wurde, richtig ist, so ist es das Dümmste, was man überhaupt machen kann, einen Kanzlerkandidaten oder Präsidentschaftskandidaten durch die Mitglieder der eigenen Partei wählen zu lassen. Wir sind uns in diesem Urteil übrigens fachlich mit Peter Radunski einig, der ein enormes Know-how über konservative Wahlkampfführung in Deutschland hat. Plebiszite helfen zum Entwurf von Strategien überhaupt nicht. Das amerikanische System der *pre-elections* ist deshalb so viel erfolgreicher, weil es den Spindoctors Einsicht darin erlaubt, wer am erfolgreichsten den Hamlet gibt, Oskar Müller oder Gerd Meier. Dann stürzen die Oskars nicht erst ab, wenn sie schon im Amt sind. Zurück zu den großen Mythen.

Die traditionelle englische Sozialdemokratie, also in den Zeiten des *Old Labour*, wie es ja jetzt mittlerweile heißt, wurde einmal durch einen sehr liebenswerten englischen Herrn Michael Foot, Sir Michael Foot, repräsentiert. In der Medienwahrnehmung, jedenfalls im GUARDIAN, hatte er für mich immer etwas von Herbert Wehner. Und es gab einen großen Staatsakt unter der Begleitung der Königin und der Königinmutter, und Michael Foot erschien dort (es herrschte offensichtlich das typisch englische Wetter) in einer Kleidung, die die Nation vor Entsetzen aufschreien ließ. Er hatte seine gute alte warme Jacke angezogen, einen Anorak, wie man ihn in den Häfen und Arbeitervierteln des Königreichs oft sieht. Und die Königinmutter, in der ganzen Grandezza ihrer Zuwendung, sagte zu ihm, dass dies bestimmt eine wunderbar warme Jacke sei, was er von Herzen bestätigen konnte. Eine Nation sah am Fernsehschirm, dass dieser liebenswerte ältere Herr, ein *working class hero*, den *Social Club* der Labour Party in einem Vorort von Birmingham leiten konnte, nicht aber diese stolze Nation. Und die Medien der Nation hatten wahrlich nicht die fürsorgliche Grandezza der Königinmutter, es folgte Hohn und Spott. Es ist zu bezweifeln, dass dies ausschließlich eine Herabwürdigung des Menschen sein sollte. Es war vielmehr die Erkenntnis, dass der Politiker Michael Foot den Premierminister nicht geben kann.

Szenenwechsel: Wir sehen *New Labour* mit Tony Blair, der junge, gutaussehende, gebildete Mann, das unglaubliche Lächeln in seinen Augen, der leichte Silberblick, mit einer sowohl als Mutter wie auch als Rechtsanwältin hoch erfolgreichen Frau, eine Schönheit, aber keine Diva, im maßgeschneiderten taubenblauen Anzug, das neugeborene Kind auf dem Arm, in der Downing Street. Das Bild mit dem Neugeborenen schlägt eine Glocke in unserem Herzen an. Wir sehen John F. Kennedy an seinem Schreibtisch sitzen, als sein Sohn John John, zwischen seinen Füßen spielend, aus dem Schreibtisch rauskrabbelt. Wir denken an Jackie in ihrer neuesten Garderobe im Rosengarten des Weißen Hauses. Camelot, König Artus, der heilige Gral, Merlin, Excalibur. Und wir verstehen plötzlich, warum die Labour Party der heutigen Tage als Symbol die rote Rose hat, *sah ein Knab' ein Röslein stehen, war so jung und morgenschön*. Und wir verstehen plötzlich, warum das große Drama „Generationenwechsel", das die letzte Bundestagswahl gestaltet hat, und die CDU bis heute in Atem hält, eben das Drama war, das auch zum Generationenwechsel führte. Wer so tiefe mythische Glocken in den Herzen der Menschen zum Klingen bringt, der erfüllt Menschheitsträume – während andere sich parteipolitischem Geschacher hingeben.

Doch genug der Satire. Ich sollte in eine andere Welt entführen. Ob dies gelungen ist, weiß ich nicht, denn das meiste wird von den Tatbeständen her bekannt gewesen sein. Vielleicht ist es mir aber doch gelungen, eine bestimmte Sichtweise dieser Welt zu karikieren – wohl gemerkt, es war eine Karikatur, keine Dokumentation. Und man mag diese Sichtweise für richtig, falsch oder absurd halten, oder für die typische Berufsdeformation einer bestimmten Gattung von PR-Leuten, sie spielt mittlerweile eine große Rolle. Ein letztes Beispiel:

Ich habe oft gefragt, ob Oskar den Hamlet geben kann. Die Frage, was Oskar so geben kann und was nicht, ist ja eine Frage, die in der bundesrepublikanischen Politik durchaus von Bedeutung war. Und wir haben anhand eines einzelnen Fotos von einem SPD-Parteitag gesehen, dass er den John Travolta in *Saturday Night Fever* jedenfalls nicht geben kann. Und wenn man sich dann anguckt, was im Bonner Camelot, dem Weißen Häuschen am Rhein, zu Beginn der Regierungszeit der jetzigen Koalition so alles geschehen ist, so denkt ein Spindoctor natürlich an Franz und Karl Moor, die beiden Protagonisten aus Schillers Räubern: Schillers Räuber – ein Sturm-und-Drang-Drama, wir sind in der richtigen Gattung – gehört zu einem Genre, das sehr beliebt war, und das den Titel trug „Machtkampfdrama der verfeindeten Brüder". Das waren im 18. Jahrhundert eine ganze Zeit lang die erfolgreichsten Soaps. Und so wie bei Schiller lief es denn nun auch ab, im rheinischen Camelötchen. Nein, ich muss korrigieren: Und genau so, wie wir das Schiller'sche Drama erleben, sind uns auch die Bonner Vorgänge vermittelt wurden. Der herzensgute Karl Moor besiegte den verbittert bösen Franz. Was ist *fact*, was *fiction*? Erleben wir die Wirklichkeit als *„fact supported fiction"* – als einen ereignisgestützen, mythenzitierenden Geschichtenreigen?

Wir meinen durch das Fenster der Medien in die Wirklichkeit zu blicken. Das ist ein verhängnisvoller Irrtum. Wir blicken in ein Schaufenster, das in den Medien dekoriert wird. Wir bewundern nicht das wirkliche Leben, wir bestaunen Dekorationen. Und wir wissen, dass Schaufenster dazu dienen, etwas zu verkaufen. Bei aller gespielten Empörung über das Unwesen des Spindoctoring: Unser kritischer Anspruch gegenüber alldem beschränkt sich im Normalfall darauf, dass die Dekoration doch bitte hübsch, jedenfalls unterhaltend sein soll. Wir sind mit unserer Rolle als Abo-Publikum eines Provinztheaters eigentlich doch recht zufrieden. Warum auch nicht?

„Kaum zu glauben, aber wahr."
Zum publizistischen Prinzip der paradoxen Endoxie

„Ohnmacht zur Lüge
ist lange noch nicht
Liebe zur Wahrheit"
Friedrich Nietzsche

Zur Standardaussage zeitkritischer Reden gehört der Hinweis auf die sogenannte Mediengesellschaft, in der die Massenkommunikation in eine überdeterminierende Rolle gekommen sei. In der Publizistik geben die radikalen Konstruktivisten den Ton an; sie sprechen gar von der Konstruktion der Wirklichkeit selbst durch Medien. An den Lehrstühlen in Berlin, Leipzig, Münster, Eichstätt, Zürich und andernorts müht man sich um eine Bestimmung des neuen Einflusses der Public Relations. Eine moderne Allmacht scheint entdeckt. Eine Ernüchterung aus der Sicht des Praktikers sei jedoch erlaubt: Öffentlichkeitsarbeit ist ein Kampf am Rande der Vergeblichkeit. Viele PR-Manager in Unternehmen, Verbänden, Körperschaften, Parteien, NGOs versuchen, das Ohr der Menschen zu gewinnen, und nur Wenige, sehr Wenige sind wirklich erfolgreich. Den Kampf um Aufmerksamkeit, und dann um einen Platz in den Köpfen oder in den Herzen der Menschen, kämpfen aber auch die Kollegen im Marketing mittels Werbung. Auch hier ist die Erfolgsquote der Bemühungen um *„unprompted awareness"* extrem gering. Der Wortschatz eines Durchschnittsdeutschen umfasst rund 10 000 Wörter, gleichzeitig haben wir etwa 400 000 registrierte Markennamen. Wie kommt es, dass wir uns alle an NIVEA und COCA COLA, und einige von uns sich auch an NIKE erinnern, aber mehr als 99% der Markennamen diesen Kampf um eine fundamentale Bekanntheit verloren haben? Sprechen wir die gleiche Frage für eine dritte Berufsgruppe an: Wie erklären wir uns, dass es Chefredakteure gibt, die mit der Seite eins ihres Blattes die Auflage deutlich steigern und andere, denen dieses nicht gelingt? Worin genau besteht die Qualifikation einer herausgehobenen Minderheit von Boulevardjournalisten, die die Menschen an den Kiosken zum Portemonnaie greifen lässt – oder auch nicht? Warum ist eben diese Fähigkeit so selten, dass dies ein Geschäft weniger, hochbezahlter Starjournalisten ist?

Wir nähern uns mit diesen naiven Fragen zu PR, Werbung und Journalismus einem Sachverhalt, der, wenn unsere naiven Fragen nicht dumm sind, gleichermaßen für PR, Werbung und Journalismus gelten würde. Es ginge also, fänden wir eine belastbare Antwort, um ein allgemeines Prinzip der publizistischen Wirksamkeit. Wir fragen nach dem, was die Berufspraktiker mit deutlichem Euphemismus eine „Geschichte" nennen, eine „gute Geschichte", eine „Bombenstory". Wir gehen dabei davon aus, dass diese narrative Identität nicht nur der erfolgreichen PR-Meldung und dem aufsehenerregenden Zeitungsartikel, sondern auch dem Markencharakter eines Produktes zugrunde liegt, weil wir wissen, dass eine Marke nicht ein Produkt mit einer gewissen Bekanntheit, sondern eine Bekanntheit mit einem gewissen Produkt ist. Ob dies legitim ist, die Dinge aus unterschiedlichen Subsystemen der sogenannten Mediengesellschaften so in einen Topf zu werfen, müssen wir freilich noch nachweisen. Wäre der Nachweis zu erbringen, hätte die Publizistik als Wissenschaft eine übergreifende, vielleicht sogar integrierende Bedeutung für alle Phänomene der Mediengesellschaft.

Unser heuristischer Ansatz liegt darin, aus den Praktiken der Praktiker die Praxis zu rekonstruieren und aus den Selbsterklärungen der Praktiker den praktizierten Diskurs. Praxis und darin praktizierter Diskurs wiederum lassen möglicherweise analytische Einsichten zu, die schließlich als Verbesserung der Praktiken anzuwenden sind – wir sind also induktiv. Also vom Besonderen zum Allgemeinen. Von der Diskussion zum Diskurs. Vom Witz zum Esprit.

Der Witz lautet so: *Warum passiert eigentlich jeden Tag genau so-viel, dass die Zeitung genau voll wird?* Niemand wird die Frage be-antworten können, wieviel Ereignisse es an einem Tag gibt. Sie beschreibt eine erkenntnistheoretische Aporie, die hier nicht ex-pliziert werden soll, aber natürlich das Philosophenherz höher schlagen lässt. Wir kennen alle den rhetorischen Hinweis darauf, dass in diesem Moment möglicherweise in China ein Sack Reis umfällt: „Was soll's?" Unsere Umwelt konstituiert sich für uns nicht im An-sich-Faktischen, sondern im Für-uns-Faktischen. Al-so fragen wir nicht nach der Grundgesamtheit aller Ereignisse dieser Welt an einem Tag, sondern nach den berichtenswerten Ereignissen. Wie schafft es ein Reissack in einer entlegenen chine-sischen Provinz, bei der Nachrichtenagentur REUTERS als Mel-dung aufgenommen zu werden?

REUTERS bietet in Deutschland jeden Tag rund 400 Meldungen an. Da wir uns schon auf die aporische Situation bei der Frage nach der Anzahl aller Ereignisse dieser Welt geeinigt haben, kön-nen wir nun wenigstens diese konkrete Zahl als Ausgang einer Selektionsbetrachtung wählen. Von den 400 REUTERS-Meldungen werden an einem durchschnittlichen Tag weniger als drei Prozent von den Zeitungen, hier dem Handelsblatt, abgedruckt (jedenfalls als gekennzeichnete Agenturmeldung). Auf die Seite eins bringen es weniger als ein Prozent. Interessanter als die Frage, warum die anderen Meldungen, immerhin 99%, es nicht geschafft haben, ist die Frage, warum es die, die es geschafft haben, geschafft haben. Woraus entstehen *frontpage news*?

Das Gewicht unseres Frageansatzes steigt wesentlich dadurch, dass wir beobachten, dass mehrere, voneinander getrennte Re-daktionen gänzlich unabhängig voneinander die gleiche Ent-scheidung treffen. Aus 400 Meldungen wählen sie eine einzige, vielleicht zwei gemeinsam als *frontpage news* aus und den Rest verwerfen sie gemeinsam. Wir haben es also mit diskreten Syste-men zu tun, die sich, obwohl im Wettbewerb zueinander und

ohne Kopplung, gleichartig verhalten. Ein solcher Befund treibt
den Adrenalinspiegel des Kybernetikers hoch. Es muss einen
übergeordneten Regelmechanismus geben, der in dem Gesamtsystem „Journalismus" quasi genetisch verankert ist. Anders gesagt:
Den dezentralen und nicht vernetzten Praktikern muss wegen der
relativen Ergebnisgleichheit des Prozesses ein relativ einheitlicher
Diskurs zugrunde liegen, den die Praktiker im Lernprozess ihrer
Berufspraxis internalisiert haben.

Fänden wir das Prinzip dieses Mechanismus der positiven Selektion („Welche Meldung schafft es auf die Seite eins?"), hätten
wir zugleich das Prinzip der negativen Selektion: „Warum gelingt
es dieser oder jener PR-geleiteten Message einfach nicht, gedruckt
zu werden?" Würde man also eben jenes Prinzip der Selektion
kennen, könnte man es als eine Leitvorstellung der PR zur Anwendung bringen. Oder man wüsste zumindest, was der impli-
zierte Mechanismus der vermeintlichen Unplanbarkeit erfolgreicher PR ist. Wir könnten gezielt erfolgreiche Journalisten und erfolgreiche PR-Manager ausbilden, die sich dann tagtäglich, so wie
es wegen der gegenläufigen Rollen sein muss, das Leben in der
Mediendemokratie gegenseitig schwer machen. Das wäre gut für
die Studenten und gut für die Demokratie.

Zurück zur Alltagspraxis. Würden wir eine Redaktionskon-
ferenz einer Boulevardzeitung belauschen, hörten wir immer wieder von den über Agenturmeldungen und Korrespondentenbe-
richte gebeugten Ressortleitern und Chefredakteuren die Frage,
was von all dem eine „Geschichte" sein könnte oder voraussicht-
lich sein wird. Gesucht werden Narrateme, so wollen wir „an-
gelegte Geschichten", „implizite Stories" nennen, die man als
appellativen Text aufbereiten kann. Die appellative Wirkung ist
neben vielem anderen für die *frontpage news* eine ganz bestimmte
Handlungsauslösung: Das Blatt soll gekauft werden, weil es reizt,
seine in der Headline angerissene Geschichte ganz zu lesen. Was

hat es mit diesen Narratemen, die animierende Geschichten ermöglichen, auf sich?

Die Redakteure lernen auf den verlagseigenen Journalis-
tenschulen, dass „Hund beißt Briefträger" keine Geschichte ist,
aber „Briefträger beißt Hund". Wir könnten nun vermuten, dass
„Türkischer Briefträger beißt Deutschen Schäferhund" möglicherweise noch besser wäre. Oder „Schwuler Briefträger beißt
lesbische Dogge". Sie bemerken, man gerät nach wenigen Schritten auf diesem Pfad ins geschmacklich Abstruse oder politisch
Abwegige. Solche Albernheiten würden nicht gedruckt. Es war
hier trotzdem anzuführen, da in den „quality papers" und bei den
journalistischen Edelfedern dieses Vorurteil des „ordinär Schwarz-
Weißen" das meist angewandte Argument zur Abgrenzung gegenüber dem Boulevardjournalismus ist. Das mag es ja geben, ge-
schmackliche und politische Entgleisungen, aber als Argument
greift es nicht! Offensichtlich reflektieren die gängigen Vorurteile
gegenüber der Boulevardpresse nicht deren wirkliche Praxis.

Also setzen wir bei anderen Standardsätzen an, die wir in den
Redaktionsstuben hören. Sie drehen sich um die Frage, ob eine
Meldung wirklich neu sei. „Hatten wir das nicht schon?" „Das ist
doch Schnee von gestern!" „Stand im Konkurrenzblatt nicht eine
ähnliche Geschichte?" In der Tat bieten die Zeitungen ja das, was
früher sogar im Titel so hieß: Neueste Nachrichten. Also könnte
das von uns gesuchte Selektionskriterium sein: Das Neueste ist
das Wichtigste. Und doch wissen wir, dass, wenn wir wüssten,
dass gerade erst vor drei Sekunden in China ein Reissack umge-
fallen wäre, er es doch nicht zur ersten Meldung in der Tagesschau brächte. Das Neueste allein ist keine Geschichte.

Wenden wir uns einem weiteren Kriterium der redaktionellen
Praktiken zu, dem der Exklusivität. Eine Redaktion gerät in die
allerhellste Aufregung, wenn sie eine Meldung für sich allein hat
und die Wettbewerber so beschämen kann. Aber ein, wie es heißt,
„*scoop*" ist eben nicht nur durch die Alleinstellung der Nachrich-

tenübermittlung begründet. Exklusiv einen soeben in Sezuan kippenden Reissack zu melden, heißt nicht scoopen. Eine hinreichende Bedingung für den Erfolg ist die reine Exklusivität nicht.

In dem, was US-amerikanische Journalisten, in der dem Lande eigenen Euphorik, eine *„untold story"* – eine bis gerade jetzt verborgene und darum so kostbare Geschichte, nennen, schwingt mehr mit. Die neueste Nachricht muss nicht nur neu, sie muss sensationell sein. Die Mitteilung, dass der Ball rund ist, kann so neu sein, wie sie will; sie ist nun wahrlich keine Sensation. Was aber ist eine Sensation? Eine als sensationell empfundene Mitteilung überrascht und erregt Neugier. Sie durchbricht damit eine Erwartung, eine Gewohnheit der Wahrnehmung. Wir sprechen umgangssprachlich von der durchbrochenen Erwartungshaltung – das trifft es insofern nicht so ganz, weil die Haltung des Zeitungslesers gerade die ist, dass er etwas sensationell Neues erfährt, dass seine Gewohnheiten wohlig erschüttert. Die Sensation trifft auf ein affektives *mixtum compositum* von Schock und Gier. Dies allein könnte aber auch zu Absurdität führen oder zur Groteske, die als solche nicht *frontpage news* wäre. „Nachts ist es kälter als draußen" – keine sensationelle Mitteilung, trotz ihrer Durchbrechung unserer Erwartung an einen plausiblen Satz.

Die Sensation überrascht nicht nur, sie erregt auch unsere Neugier. Kaum angedeutet, wollen wir mehr wissen. Headline und Lead ziehen uns in die Copy – wir wollen die Lese-Ebenen des Artikels durcheilen. Die Mechanismen des appellativen Textes greifen, eine handlungsauslösende Kommunikation fließt in das intendierte Ritual: Die Hand greift an die Hosentasche, holt das Portemonnaie heraus und dies tausendfach am Kiosk ausgelöst – oberhalb der ohnehin verkauften Millionenauflage – macht den Verleger glücklich.

Was aber löst die Neugier aus? Neugier entsteht aus einem lustbesetzten Wiederholungszwang; sie ist eine Gier auf dem Horizont eines geübten Triebmusters. Man muss sich hier nicht vor dem Psychoanalytischen zu verstecken suchen: Der Mensch giert nach dem, was er bereits ersehnt, erahnt hat, und die Erwachsenen wohl auch schon erfahren. Man hört zudem, dass mit der Ausübung des Begehrten der Wiederholungszwang eher steigt als sinkt. Neugier ist ein Suchtverhalten, das immer neu das immer gleiche am wechselnden Gegenstand praktiziert. Hier wäre eine Sozialpsychologie der Kommunikationsrituale gesprochener Sprache, also etwa des Tratschens, anzuschließen. Strukturell sind die Lektüre der Boulevardzeitung, das Anschauen einer TV-Talkshow und der Dorftratsch nämlich nicht so weit auseinander.

Das Weltengeheimnis des Medienprozesses der immer wieder erzählten *„untold story"* liegt in der immer neuen Verbindung des sensationell Neuen mit dem ohnehin Geahnten. Eine „Nachricht" vereint sich mit einem „Mythos" zu einem Oxymoron. Sie wissen, dass das Oxymoron jene Vereinigung des vermeintlich Widersprüchlichen ist, die als besonders genussvoll empfunden wird. „Bitter-süß" ist ein Oxymoron, wenn wir an die feine Confiserie denken oder „sweet sour", wenn es uns in ein Chinarestaurant verschlagen hat.

Die den Medienprozess konstituierende, seine Selektionspraktiken besiegende Eigenschaft einer Mitteilung ist, dass sie eine Geschichte erzählt, die oxymoronisch ist, von einem verlockenden Widerspruch gekennzeichnet, der die überraschende Nachricht mit dem wohl bekannten, unbewussten Mythos verbindet.

Beginnen wir bei der Betrachtung dieses Oxymorons mit dem sensationellen Charakter: Die Mitteilung schockt, sie scheint auf den ersten Blick kaum zu glauben. Dies ist aber nur die Erscheinungsweise, die immer neue Mode, in die sich altbekannte Körper kleiden. Auf den zweiten Blick drehen die von der Sensation konnotierten Sinnzusammenhänge aber nicht ins Groteske oder Absurde ab, sondern bestätigen etwas in uns, das hinter der ersten Überraschung verborgen lag und uns mit unbewusster Gewissheit glauben lässt, was uns dort mitgeteilt wird. In uns klingen tiefer liegende kulturelle Erfahrungen an – als eine Art Resonanzboden des Neuen bewirken sie seine Nachhaltigkeit als „Geschichte".

Wir glauben dann doch, was uns zunächst überraschte. Im
Griechischen heißt dieser Glaube, das Fürwahrhalten, „doxa" und
eine dem Empfinden widersprechende Sinnkonstellation nennen
wir auch umgangssprachlich paradox. Das Gegenteil des Paradoxen, das dem eigenen Empfinden, der allgemein gebilligten Meinung entspricht, ist uns endox. Wir finden den Wechsel einer
kaum zu glaubenden Neuigkeit in eine Geschichte, die wir schon
immer geahnt haben, also eine paradoxe Endoxie. Das Wesen der
den publizistischen Prozess konstituierenden Geschichten ist das
der paradoxen Endoxie. Je größer das Spannungsverhältnis zwischen den beiden Elementen dieses Oxymorons, desto höher die
Chancen der Geschichte im Medienprozess.

Wenn diese Hypothese stimmt, so bestehen die immer neuen
Geschichten der Medien aus einem kulturell vorgegebenen Register uns vertrauter Narrationen oder Mythen, die sich in jeweils
neuer, akzidentiell ungewöhnlicher Weise wiedererzählen. Der
Wiederholungszwang von überlieferten Geschichten ist ein traditionelles Element aller Kulturen mündlicher Überlieferung, und
seit Homer zeichnen wir auf. Aber wir zeichnen nicht immer
Neues auf. Der russische Formalist Propp hat in den dreißiger
Jahren behauptet, dass es eigentlich nur fünf Märchen in seinem
Kulturkreis gebe, die immer wieder erzählt würden, also nur in
jeweils neue Gestalt schlüpfen.

Es mag zwischenzeitlich ein Störgefühl entstanden sein, ob wir
nicht zu formalistisch denken. Schließlich bringen wirkliche Zeitungen doch jeden Morgen wirklich Neues. Räumen wir ein: In
der paradoxen Endoxie bestimmt sich die Form einer publizistisch erfolgreichen Geschichte, aber noch nicht ihr Inhalt. Wir
haben diesen Aspekt *for the sake of the argument* bisher sträflich
zurückgestellt. Natürlich regiert über die zur Geschichte qualifi-

zierten Mitteilungen das Relevanzkriterium. Es findet im publizistischen Prozess natürlich eine Selektion nach der Frage statt, wie interessant eine Geschichte ist, das meint ihre Interferenz mit den Werten und Interessen der Adressaten. Je stärker die Interferenz, desto höher das sensationelle Potential: So lautet die inhaltliche Priorität. Ein Beispiel: Bei einer kleinen, aber wichtigen Teilöffentlichkeit, nämlich der des Kapitalmarktes, also für Banken, Analysten, Anleger und Finanzjournalisten, heißt diese Interferenz „Kursrelevanz": Führt die Geschichte möglicherweise dazu, dass sich Aktienkurse in einer absehbaren Richtung verändern, spricht diese Öffentlichkeit – je nach Interferenz mehr oder weniger aufgeregt – von Kursrelevanz. Zu beachten ist aber folgende, publizistisch relevante Börsenerfahrung: Jeden Tag gäbe es tausend Daten, die wichtig wären zu wissen, da sie die Weltwirtschaft irgendwo, irgendwie beeinflussen könnten. Aber nur ein oder zwei Geschichten „fliegen" an der Börse. „Antikrebsmittel entdeckt" zum Beispiel oder „over-exposed". Im Meer der Geschichten machen diejenigen eine große Welle, die zudem dem Relevanzkriterium gehorchen. Die erfolgreichen Geschichten sind natürlich die, denen ihre Rezipienten Relevanz für sich zubilligen. An dieses Primat der zugebilligten Relevanz, vulgo der sachlichen Bedeutung, wollte ich nicht rühren. Die Relevanz als solche begründet aber noch keinen publizistischen Erfolg. Es bleibt bei der Wesensbestimmung als paradoxe Endoxie; hier liegt das *bottle neck* der publizistischen Selektion. Durch den von uns beschrittenen methodischen Weg sehen die Dinge also etwas anders aus als im reinen referenzorientierten oder inhaltsanalytischen Ansatz – sie sind vom Kopf auf die Füße gestellt.

Ich will hier aussparen, was die bisherigen Annahmen für den Journalismus bedeuten, dem ich andernorts vorgeworfen habe, sich immer stärker mit „fact supported fiction" zu beschäftigen.

Ein, zwei Beispiele kann ich mir aber nicht versagen: Wir sehen in der Tageszeitung des Sommers 2000 eine Meldung zu Nes-

sie, dem Seeungeheuer von LOCH NESS und finden Betty Gallengher, Leiterin des Official Loch Ness Monster Exhibition Center zitiert. Wir wissen, dass diese Meldung erstmals am 2. 5. 1933 im
INVERNESS COURIER von einem Alex Campbell mit Bezug auf die
Beobachtungen des Gastwirtes aus Drumnadrochit verfasst wurde. Nicht nur Pater Gregory Brusey von St. Benedict's Abbey in
Fort Augustus hat die Existenz des Monsters später beschäftigt,
sondern auch der Chemie-Nobelpreisträger Richard L. M. Synge.
Wir wissen auch, dass im 7. Jahrhundert eine Handschrift des
Abtes Adamuan von Beobachtungen des Missionars St. Columba
im Jahre 565 an River Ness berichtet; er sah ein Seeungeheuer
einen Schwimmer attackieren. Vor allem aber schwingt in uns die
alttestamentarische Geschichte des Jona, den das Seeungeheuer,
von Luther etwas irreführend Walfisch genannt, verschlingt. Wir
erinnern uns an unsere Kindertage, in denen uns vor Captain
Ahab gruselte. Wir wissen, warum der Weiße Hai des US-
Erfolges „Jaws" so gerne Frauen schlug. Und wir versuchen zu
vergessen, was die Psychoanalyse über dunkle, sehr tiefe Seen
sagt, aus denen Schlangen auftauchen. Was auch immer Betty
Gallengher im Sommer 2000 zu Nessie Überraschendes zu sagen
weiß, es schlägt als Nachricht eine Saite auf einem gewaltigen
mythischen Resonanzkörper an.

Weitere Beispiele will ich nur andeuten. Erinnern wir uns an
die spektakulären GREENPEACE-Aktionen, etwa die um den See-
tank „Brent Spar". Wir sahen mutige junge Menschen in winzigen
Schlauchbooten vor dem technischen Giganten, bekämpft und be-
droht durch garstige Wasserwerfer, der rauen See ohnehin trot-
zend, vor allem aber dem Multi SHELL und seiner drohenden
Untat, Frevel an den dunklen Gründen der tiefen See, in der die
Nessies wohnen, den aus der See wie ein Gebirge ragenden Stahl-
riesen, Gebild von Menschenhand, schließlich bezwingend. Schon
in der Ikonographie ist dies eine Applikation des Mythos von
David und Goliath – und genau so verteilt sich unsere Sympathie.

Zunächst verwirrt, dass der GREENPEACE-David es wagt, schlägt doch die Gewissheit durch, dass mit unserer Fürbitte er als unser aller David den bösen Goliath bezwingen kann und wir so nicht den Zorn des dunklen Urgrundes der tiefen See erregen. Wir sind damit – profane Folge – bereit, GREENPEACE durch Spenden zu finanzieren.

Freilich müssen die mythischen Urgründe nicht immer bis ins Alttestamentarische reichen. Die Alltagskultur lebt viele jener Geschichten, die sich aus der sozialen und sozialpsychologischen Situation, insbesondere der sexuellen, also den Rollentopoi des Familialismus, ergeben. Liebe, Heirat, Kindersegen. Romeo und Julia, König Ödipus, Maria Stuart, Hänsel und Gretel, Aschenputtel, Kabale und Liebe: der kleine Kaiser des Franz Beckenbauer, Jenny Elvers guter Hoffnung, Mutter Beimer heiratet Christoph Daum ... was immer man sich ausdenken mag.

Aber Journalismus, das ist hier nicht mein eigentliches Thema. Mein Interesse gilt den Public Relations und ihren Möglichkeiten, ein Anliegen zur öffentlichen Geltung zu bringen. Wir wissen nach unserer argumentativen Ableitung, dass endoxe Geschichten allein keine Chance haben, im Kampf um die Aufmerksamkeit zu bestehen. Dass etwas plausibel ist, lockt keinen Hund hinter dem Ofen hervor. Die Geschichten mögen relevant sein, also den Fachmann begeistern; sie mögen richtig sein, also jeder Prüfung Stand halten; sie mögen von hohem pädagogischen Wert sein; also für Leitartikel taugen. Sie bedürfen der paradoxen Endoxie. Den Public Relations würde sich also die Aufgabe stellen, dem endoxen Sinnzusammenhang das paradoxe Moment hinzuzufügen, also eine Story aufzubauen, also dazu geeignete Narrateme anzuwenden, sprich Mythen zu applizieren. PR-Manager sind, ich scheue mich nicht, die bekannte Formel zu wiederholen, Geschichtenerzähler. Journalisten auch, aber das ist, wie Kipling sagt, eine andere Geschichte.

In der Narrativik heißt das Spannungsverhältnis des soeben beschriebenen Oxymorons „Spannungsbogen": Geschichten haben einen Anfang und ein Ende. Sie verlaufen, wenn sie gut sind, wie ein Krimi, sprich spannend. Dies ist eine wichtige, wenig beachtete Erkenntnis für jene praktizierenden Ideologen unter den PR-Managern, die immer alles sogleich ausplaudern müssen. Spannung kostet nämlich nicht nur die Nerven beim Zuhörer, sondern es braucht vor allem Nerven beim Erzähler, der die Taten seiner Helden in eine geschickte Ordnung bringen muss. Ein Happy End will vorbereitet sein, ein tragischer Schluss vermieden, vor allem aber, wenn die Dinge schon so laufen, wie sie nicht laufen sollen, muss die Never-ending-Story von der Tragödie ins komische Fach hinüber gerettet werden. Es bedarf der Dramatik und der Dramaturgie. Wir brauchen Helden, gute wie böse, einen „plot", eine Wende zum Guten, die Maske, die Requisite, den Regisseur. Und wir würden durch das ungläubige, ach so gläubige Staunen des Publikums belohnt.

Bibliographische Hinweise

Der Band versammelt Aufsätze und Vorträge von Klaus Kocks aus den Jahren 1992 bis 2000. Teilweise wurden die Beiträge bereits unter anderem Titel in Fachzeitschriften oder Sammelbänden publiziert oder fanden als Manuskripte Verwendung. Alle Beiträge haben hier durch Peter Szyszka Überarbeitungen erfahren, ohne dass dies im Folgenden gesondert ausgewiesen wird.

Das Verhältnis von Theorie und Praxis in den Public Relations: zu Glanz und Elend der PR
Zum wissenschaftlichen Ort der Public Relations. Eine Rede der PR-Praktiker an die PR-Wissenschaft. In: PRMAGAZIN Nr. 7/96, S. 39–44; ursprünglich Vortrag im Rahmen des Symposiums „Zwischen Datenautobahn und PR – Brauchen wir den Journalismus noch?" an der Universität Hohenheim, 14. Mai 1996, mit dem Untertitel „Zur Restitution der Publizistik als praxisregulative Wissenschaft".

Die lebensphilosophische Haltung der PR: das Gnomonische Prinzip
Das Gnomonische Prinzip. Eine Glosse zur Panfiktionalisierung der konstruktivistischen Publizistik. Vortrag anlässlich der Ernennung zum Gastprofessor der Donau-Universität Krems – Europäische Journalismus Akademie – am 18. Dezember 1997; als Sonderdruck verbreitet.

Was ist Konstruktivismus?
Zur philosophischen Verwirrung in der Publizistik
Was ist Konstruktivismus? Ein Essay zur allfälligen Verwirrung der Publizistik. Als Manuskript im Oktober 1999 verbreitet.

Endzeitphilosophie: der Exitus der Public Relations
Das Ende der Public Relations. Ein Nachruf. In: PRMAGAZIN Nr. 4/94, S. 35–42; der Beitrag war eine Reaktion auf die Anfrage, ob

der Verfasser für das Amt des Präsidenten der Deutschen Public Relations-Gesellschaft zur Verfügung stünde (er stand nicht).

Öffentlichkeit und keine Aufklärung:
ein Nachruf auf die Konsensphilosophie
Öffentlichkeit und Aufklärung. Ein Nachruf. Vortrag an der Donau-Universität Krems; im Manuskript im Mai 1999 verbreitet.

Verlust der Ordnung:
Kommunikation in atektonischen Räumen
Kommunikation in atektonischen Räumen am Beispiel der Automobilindustrie. In: PRMAGAZIN Nr. 9/98, S. 33–38. Ursprünglich Vortrag an der Universität Wien, 22. Januar 1998 und der Freien Universität Berlin, 6. Mai 1998, danach auch in Münster, Leipzig und Zürich.

Dialog-Illusion:
zwischen Sokrates und partizipatorischer Soziokultur
Auszug aus: Dialog-PR, partizipatorische Soziokultur und interaktive Medien. Zur sozialwissenschaftlichen Einordnung eines Projektes der Ruhrgas-Öffentlichkeitsarbeit (gem. mit Dieter Krause). In: Günter Bentele/Horst Steinmann/Ansgar Zerfaß (Hrsg.) (1996): Dialogorientierte Unternehmenskommunikation. Berlin: S. 425–443. Die theoretischen Überlegungen wurden um Auszüge eines Vortrags über Zentrifugale und zentripetale Kommunikationsprozesse vom Januar 1996 ergänzt.

Ein PR-Dilemma:
institutionelle und keine personale Kommunikation
Ist PR delegierbar? Kommunikationsmanagement zwischen Strategie und Taktik. Vortrag auf der Veranstaltung „Presse- und Medienarbeit 2000" der Bringmann Managemententwicklung am 22. November 1999 in Hamburg; im Manuskript verbreitet.

Der informierte Mitarbeiter: ein Phantom?

Der informierte Mitarbeiter – ein Phantom? In: PRMAGAZIN Nr. 2/97, S. 39–42. Ursprünglich Vortrag zum 50. Deutschen Betriebswirtschaftler-Tag „Information als Wettbewerbsfaktor" der Schmalenbach-Gesellschaft am 8. Oktober 1996 in Berlin.

Politische Philosophie:
Was und worüber spinnt ein *spin-doctor*?

In gekürzter Fassung: Welche Fäden spinnt denn diese neue Spezies? Die Rolle der „spin-doctors" und die Amerikanisierung der politischen PR. In: FRANKFURTER RUNDSCHAU vom 15. Juli 1998, S. 18. Ursprünglich Vortrag mit dem Titel „Was oder worüber spinnt ein spin-doctor? Akademische Anmerkungen zur so genannten Amerikanisierung der Politischen Public Relations" zum 25. Jahrestag der Gesellschaft Public Relations Agenturen am 30. April 1998 in Frankfurt.

PR-Krisen durch Krisen-PR? Ein philosophisches Exempel

PR-Krisen durch Krisen-PR? Ein publizistischer Exkurs. In: Klaus Merten/Rainer Zimmermann (Hrsg.) (1998): Das Handbuch der Unternehmenskommunikation. Köln/Neuwied: S. 134–140.

Schöne Neue Medienwelt:
Plädoyer gegen eine Deregulierung der Publizistik

Schöne neue Medienwelt und hässliche alte Regeln – Plädoyer gegen eine Deregulierung der Publizistik. Vortrag beim Journalisten-Verband Berlin am 25. Mai 1998 anlässlich der Verleihung der Goldenen Ehrennadel. Erweitert um Auszüge des in der Sonderveröffentlichung „50 Jahre DJV" des JOURNALIST Nr. 12/99 publizierten Beitrags „Die journalistische Gans als PR-Fuchs? Zur Rolle von Journalisten in den Public Relations."

Der Internet-Mythos: Philosophische Anmerkungen zur Entropie kybernetischer Systeme.
Der Internetmythos: Philosophische Anmerkungen zur Entropie kybernetischer Systeme. In: Klaus Merten/Rainer Zimmermann (Hrsg.) (2000): Das Handbuch der Unternehmenskommunikation. Köln/Neuwied: S. 162–175.

Von Kennedy und Blair lernen: Wie wird aus Berlin Camelot?
Die politische Welt der Spindoctors
Von Kennedy über Blair zu Schröder: Wie wird aus Berlin Camelot? – Die politische Welt der Spindoctors. Vortrag im Rahmen des *Salon de la Vie* am 2. November 2000 in Osnabrück.

„Kaum zu glauben aber wahr."
Zum publizistischen Prinzip der paradoxen Endoxie
„Kaum zu glauben aber wahr" – Zum publizistischen Prinzip der paradoxen Endoxie. Vortrag an der Fachhochschule Osnabrück/ Lingen am 3. Dezember 2000

Bibliographische Hinweise auf vorausgegangene Publikationen, die den wissenschaftlichen Ansatz verdeutlichen:

K. K./Klaus Lange (1978): Literarische Destruktion und Konstruktion von Ideologie. In: Jochen Schulte-Sasse (Hrsg.): Literarischer Kitsch. Texte zu seiner Geschichte. Theorie und Einzelinterpretation. Tübingen: S. 156ff.

K. K. (1981): Brechts literarische Evolution – Untersuchungen zum ästhetisch-ideologischen Bruch in den Dreigroschen-Bearbeitungen. München.

K. K. (1983): Montangeschichten und Montangeschichte: Zum Motiv der langen Schicht. In: Der Anschnitt – Zeitschrift für Kunst und Kultur im Bergbau 6/1983. S. 201ff.

Hinweise zu einzelnen Beiträgen:

Der Internet-Mythos. Philosophische Anmerkungen zur Entropie kybernetischer Systeme

Hartmann, F. (2000): Medienphilosophie. Wien.

Küppers, B.-O. (Hrsg.) (2000): Die Einheit der Wirklichkeit, Zum Wissenschaftsverständnis der Gegenwart. München.

More, Max (1997): Europäische Ursprünge – amerikanische Zukunft. In: Telepolis Nr. 3, S. 94–103

„Kaum zu glauben, aber wahr."
Zum publizistischen Prinzip der paradoxen Endoxie

Koehne, T. (2000): Skeptizismus und Epistemologie, Entwicklung und Anwendung der skeptischen Methode in der Philosophie. München.

Lenk, H. (1991): Prometheisches Philosophieren zwischen Praxis und Paradox. Stuttgart.

MIX
Papier aus verantwortungsvollen Quellen
Paper from responsible sources
FSC® C105338

If you have any concerns about our products,
you can contact us on
ProductSafety@springernature.com

In case Publisher is established outside the EU,
the EU authorized representative is:
Springer Nature Customer Service Center GmbH
Europaplatz 3, 69115 Heidelberg, Germany

Printed by Libri Plureos GmbH
in Hamburg, Germany